精读应该如何做

追求深度理解的阅读课

SHAKE UP SHARED READING

〔美〕玛丽亚·沃尔瑟（Maria Walther）◎著
刘成盼◎译

北京科学技术出版社

著作权合同登记号 图字：01-2023-4390

图书在版编目（CIP）数据

精读应该如何做 /（美）玛丽亚·沃尔瑟著；刘成盼译. —北京：北京科学技术出版社，2024.5
书名原文：Shake Up Shared Reading
ISBN 978-7-5714-3451-9

Ⅰ. ①精… Ⅱ. ①玛… ②刘… Ⅲ. ①阅读课—中小学—教学参考资料 Ⅳ. ① G634.333

中国国家版本馆 CIP 数据核字（2023）第 243329 号

策划编辑：	张子璇	电　　话：	0086-10-66135495（总编室）
责任编辑：	张子璇		0086-10-66113227（发行部）
责任校对：	贾　荣	网　　址：	www.bkydw.cn
图文制作：	史维肖	印　　刷：	北京宝隆世纪印刷有限公司
责任印制：	吕　越	开　　本：	710 mm × 1000 mm 1/16
出 版 人：	曾庆宇	字　　数：	400千字
出版发行：	北京科学技术出版社	印　　张：	20.25
社　　址：	北京西直门南大街16号	版　　次：	2024年5月第1版
邮政编码：	100035	印　　次：	2024年5月第1次印刷

ISBN 978-7-5714-3451-9

定　　价：138.00元

目 录

致谢 xi

关于作者 xiii

引言 1

共读，共学 | 1

一切从简！共读活动 | 2

共读的十个理由 | 3

建立友情 | 3

升华作品，重视精读 | 6

鼓励积极参与 | 8

让所有学生参与 | 8

提升口头表达能力 | 9

强化故事感 | 10

培养流利度 | 11

示范阅读过程 | 12

支持具备多语能力的学生 | 12

打造有益的教学环境 | 12

衔接朗读和共读 | 13

朗读和共读：对话是关键 | 13

一睹朗读活动 | 14

本书新内容 | 15

成功进行共读的三个步骤 | 15

第一步：突出某个读写技巧或策略 | 18

第二步：选择趣味十足的内容 | 25
第三步：设计共读活动 | 29
使用本书的四种方法 | 31
强化朗读—共读的联系 | 31
丰富你的读写课程 | 31
愉快地传授基础技能和策略 | 31
线上教学中清晰授课的小窍门 | 31

1 共同阅读、学习与讨论 35
满载希望的一年 | 35
精读书单 | 36
发展自我意识 38
《一只平凡的小猪》 | 38
朗读活动：做自己 | 38
共读活动1——精听发音：音节打拍 | 40
共读活动2——探究作者的写作技巧：过渡语 | 41
《我承诺》 | 42
朗读活动：做最好的自己 | 42
共读活动1——精听发音：是否押韵？ | 45
共读活动2——精读促进理解：读透字里行间的隐含义 | 46
识别感受和情绪 48
《瞧我的》 | 48
朗读活动：推断人物的感受 | 48
共读活动1——匹配字母与发音：-ook 和 -all 词族 | 51
共读活动2——精读提升流利度：感受重复性表达 | 52
《不太像白雪公主的女孩》 | 53
朗读活动：与人物共情 | 53
共读活动1——推敲文字：表演出富有表现力的词 | 56
共读活动2——精读促进理解：注意人物的情感变化 | 56

灵活思考 58

《哈莱姆花园：一个伟大的创意改变了一个社区》 | 58

朗读活动：探讨人物的决定 | 58

共读活动1——琢磨标点符号：并列事物之间的顿号 | 61

共读活动2——探究作者的写作技巧：重复性表达 | 62

《爷爷给的工具箱》 | 63

朗读活动：注意人物的反应 | 63

共读活动1——推敲文字：复合词 | 66

共读活动2——精读促进理解：细节侦探 | 67

策略性解决问题 69

《“土”价出售》 | 69

朗读活动：制订新计划 | 69

共读活动1——精读促进理解：欣赏有趣的部分 | 72

共读活动2——探究作者的写作技巧：隐藏的旁白 | 73

《最后一棵树》 | 74

朗读活动：分析结果 | 74

共读活动1——琢磨标点符号：省略号 | 76

共读活动2——精读促进理解：探究因果关系 | 76

坚持不懈 78

《美人鱼欧娜》 | 78

朗读活动：不要放弃 | 78

共读活动1——琢磨标点符号：括号 | 81

共读活动2——探究作者的写作技巧：借助人物对话和内心思考理解人物 | 82

《勇于尝试的贾巴里》 | 83

朗读活动：保持耐心 | 83

共读活动1——精读促进理解：数字三的魔力 | 86

共读活动2——精读提升流利度：齐读富有表现力的词 | 87

与人共情 88

《怎么了，马洛？》 | 88

朗读活动：表达关怀之情 | 88

共读活动1——精读提升流利度：对话气泡 | 91

共读活动2——精读促进理解：追溯情感的根源 | 92

《我说话像河流》 | 93

朗读活动：学会理解他人 | 93

共读活动1——推敲文字：比喻 | 95

共读活动2——探究作者的写作技巧：第一人称视角 | 96

与他人建立关联 98

《斯瓦施比和大海》 | 98

朗读活动：关注情谊的萌芽 | 98

共读活动1——匹配字母与发音：找寻词块 | 101

共读活动2——推敲文字：形容词三连 | 102

《阿拉伯被子：一个移民的故事》 | 104

朗读活动：注意人物关系的发展变化 | 104

共读活动1——推敲文字："说"的不同表现方式 | 106

共读活动2——探究作者的写作技巧：过渡语 | 107

2 运用阅读策略理解虚构作品 111

读透字里行间的隐含义 111

精读书单 112

描述并理解人物 114

《抓住那只鸡！》 | 114

朗读活动：探究人物行为 | 114

共读活动1——精听发音：头韵 | 117

共读活动2——精读提升流利度：带着兴奋感阅读！ | 118

《呼吁清理沙滩的小火箭》 | 119

朗读活动：通过人物的行为了解人物的性格特征 | 119

共读活动1——琢磨标点符号：感叹号 = 强烈的情感 | 122
共读活动2——探究作者的写作技巧：虚构和非虚构相结合 | 123

探究故事结构 125

《紫色蓬松外套》 | 125
朗读活动：确定故事要素 | 125
共读活动1——推敲文字：形容词 | 128
共读活动2——精读促进理解：注意故事中的转折点 | 129

《海盗来了！》 | 130
朗读活动：根据故事要素进行预测和复述 | 130
共读活动1——匹配字母与发音：与短音 -i 相关的词族 | 133
共读活动2——精读提升流利度：齐读重复部分 | 134

探究插画 135

《西蒙在艺术博物馆》 | 135
朗读活动：发掘现实主义虚构作品中的细节 | 135
共读活动1——精读促进理解：根据图片和文字推断 | 138
共读活动2——探究作者的写作技巧：借助人物对话和内心思考理解人物 | 139

《电梯》 | 140
朗读活动：发掘虚构作品中的细节 | 140
共读活动1——精读促进理解：辨别真实情节与虚构情节 | 143
共读活动2——探究绘者的写作技巧：分格式插画 | 144

用证据进行预测 145

《谢谢您，阿嬷！》 | 145
朗读活动：根据图片线索进行预测 | 145
共读活动1——推敲文字：同义词 | 147
共读活动2——精读促进理解：推断中心思想 | 148

《哈罗德最爱的羊毛帽子》 | 150
朗读活动：预测人物行为 | 150
共读活动1——精读提升流利度：大号加粗字体 | 152
共读活动2——精读促进理解：分析人物的性格特征 | 153

调动感官和情感将文字信息视觉化 154

《爸爸有辆摩托车》 | 154

朗读活动：发现感官语言 | 154

共读活动1——推敲文字：拟声词 | 156

共读活动2——探究作者的写作技巧：重复 | 157

《米洛畅想世界》 | 158

朗读活动：发挥想象力 | 158

共读活动1——推敲文字：感官语言 | 161

共读活动2——探究绘者的写作技巧：展示角色的内心想法 | 162

探究不同视角 163

《与你相伴》 | 163

朗读活动：辨别是谁在说话 | 163

共读活动1——精听发音：押韵词 | 166

共读活动2——精读提升流利度：强调斜体字 166

《我们爱钓鱼！》 | 168

朗读活动：注意人物的观点 168

共读活动1——推敲文字：缩约词（contractions） 170

共读活动2——精读提升流利度：关注标点符号 171

读透字里行间的隐含义 172

《外面真好》 | 172

朗读活动：推断中心思想 | 172

共读活动1——推敲文字：复合词 | 174

共读活动2——精读促进理解：根据图片和文字推断 | 175

《爷爷和时光机》 | 176

朗读活动：从人物身上学道理 | 176

共读活动1——精读促进理解：理解不同视角 | 178

共读活动2——探究作者的写作技巧：重复句 | 179

3 运用阅读策略理解非虚构作品 183

将户外世界带入室内 183

精读书单 184

明确非虚构作品的写作结构 186

《谁的家？》 | 186

朗读活动：留意问答结构 | 186

共读活动1——琢磨标点符号：如何写谜语 | 188

共读活动2——探究作者的写作技巧：对比 189

《我行云一样的思想：正念之诗》 | 191

朗读活动：注意特殊结构 | 191

共读活动1——琢磨标点符号：创造性手法 | 194

共读活动2——探究作者的写作技巧：独特的诗歌写作技巧 | 195

整合文字和图片信息 196

《深入海底：阿尔文号潜水艇的深海之旅》 | 196

朗读活动：留意问答结构 | 196

共读活动1——推敲文字：描述性语言 | 199

共读活动2——探究作者的写作技巧：记录人生中的一天 | 200

《红色探测器：火星上的好奇号》 | 202

朗读活动：探究插画 | 202

共读活动1——精读促进理解：理解不同视角 | 205

共读活动2——探究作者的写作技巧：拟人 | 206

明确主题和重要细节 207

《鸟喙大全》 | 207

朗读活动：发掘说明性非虚构作品中的细节 | 207

共读活动1——推敲文字：动词 | 210

共读活动2——精读促进理解：学习信息图 | 211

《派对之星：太阳系的庆典！》 | 212

朗读活动：发掘叙事类非虚构作品中的细节 | 212

共读活动1——关注高频词：疑问词 | 215

共读活动2——探究作者的写作技巧：创意十足的附加材料 | 216

提出问题并解答 218

《如果蜜蜂消失了》 | 218

朗读活动：阅读前、阅读中和阅读后的思考 | 218

共读活动1——精读促进理解：探究因果关系 | 221

共读活动2——探究作者的写作技巧：借助示意图解释细节 | 222

《水滴：一场水循环之旅》 | 223

朗读活动：学习过程中的提问 | 223

共读活动1——推敲文字：感叹语 | 226

共读活动2——精读促进理解：学习信息图 | 227

推敲作者的写作目的 228

《有时人们结伴游行》 | 228

朗读活动：付诸行动 | 228

共读活动1——关注高频词：people（人们）和 they（他们） | 230

共读活动2——琢磨标点符号：陈述句的句号 | 231

《下一个春天》 | 232

朗读活动：理解重要事件 | 232

共读活动1——推敲文字：复合词 | 235

共读活动2——探究作者的写作技巧：跷跷板结构 | 237

4 激发孩子的写作潜能 241

分享我们的故事 241

精读书单 242

收集灵感 244

《罐中的美好》 | 244

朗读活动：描写回忆 | 244

共读活动1——琢磨标点符号：并列事物中的顿号 | 247

共读活动2——探究作者的写作技巧：加快时间流逝 | 248

《十件美好的事物》 | 249
朗读活动：描写观察到的事物 | 249
共读活动1——关注高频词：数字单词归类 | 252
共读活动2——精读提升流利度：强调斜体字 | 253

讲故事 254

《日出之夏》 | 254
朗读活动：讲述真实的故事 | 254
共读活动1——精读促进理解：通过阅读附加材料加深理解 | 256
共读活动2——探究作者的写作技巧：对比 | 257

《炖章鱼》 | 258
朗读活动：讲述虚构的故事 | 258
共读活动1——推敲文字：拟声词 | 260
共读活动2——探究作者的写作技巧：人物对话中的精准用词 | 261

巧用文本结构 262

《绿意盎然的新一天》 | 262
朗读活动：猜谜语 | 262
共读活动1——琢磨标点符号：引号 | 264
共读活动2——精读提升流利度：轮换朗读 | 265

《我想坐拍拍车》 | 266
朗读活动：一周七天的顺序规律 | 266
共读活动1——匹配字母与发音：-ap 和 -op 词族 | 268
共读活动2——精读促进理解：注意人物的反应 | 269

尝试一种文本结构 271

《寻鸟指南》 | 271
朗读活动：指南式结构 | 271
共读活动1——关注高频词：寻找单词 | 274
共读活动2——精读促进理解：查看标注 | 275

《吃掉苍蝇的十三种方式》 | 276
朗读活动：用别出心裁的方式分享知识 | 276
共读活动1——匹配字母与发音：-ed 词尾 | 278

共读活动2——探究作者的写作技巧：创意十足的附加材料 | 279

搜集词汇 280

《你好，雨！》 | 280

朗读活动：寻找有趣的表达 | 280

共读活动1——推敲文字：拟声词 | 282

共读活动2——探究作者的写作技巧：运用修辞表达 | 283

《雨林里，枝叶间》 | 284

朗读活动：发掘感官语言 | 284

共读活动1——推敲文字：表示方位的词 | 287

共读活动2——精读促进理解：通过阅读附加材料学习更多知识 | 288

创作诗歌 289

《写！写！写！》 | 289

朗读活动：向诗人学习 | 289

共读活动1——精读提升流利度：读者剧场 | 291

共读活动2——探究作者的写作技巧：清单诗 | 292

《最后一根吸管：孩子与塑料》 | 293

朗读活动：尝试写作技巧 | 293

共读活动1——精读提升流利度：读者剧场 | 295

共读活动2——探究作者的写作技巧：象形诗或形状诗 | 296

参考书目 300

致 谢

居家隔离期间，家中只有我和丈夫两人，这让我有充足的时间自学和思考。因此，我想在这份致谢的开篇谈谈我认为最为重要的方面。我在教学生涯中致力于为我所负责的学生传道授业，但是，我深知自己在诸多方面仍存缺憾。我承认这些缺点，并不遗余力地更新所学。我欢迎同事们与我交谈，这让我得以审视自己的错误，并孜孜不倦地朝着做一位对孩子热情、负责的老师这个目标不懈努力，同时也向老师们持续学习。

我编写这本书的时候，图书朗读区被视频会议所取代，同事间不再围桌协作，转而隔空交流。虽然如此，或许正是因为这些转变，我在工作中得到了下列专业人士和组织机构的支持，他们或从真正意义上、或从象征意义上分享了他们的书，让我获益匪浅：

• 感谢凯瑟琳·菲利普斯 - 汤姆斯（Katherine Phillips-Toms）：非常感谢你邀请我到你的家庭教室观摩线上幼儿教学，并邀请我到你的"Room and Zoom"课堂平台对整个学年做总结。看到你在疫情期间的实际教学行动让我肃然起敬。你有着无人能及的乐观态度和对学生的奉献精神。我的朋友，感谢你继续做我的思考伴侣。

• 感谢我在204印第安草原学区33年的任教生涯中有幸接触的朋友、同事和学生：这本书中渗透着我从你们身上获得的无穷智慧。

• 感谢凯伦•比格斯 - 塔克（Karen Biggs-Tucker）：每当我需要创作灵感或些许鼓励时，甚至是在疫情期间给五年级上课时，一个电话或一条短信就能联系到你。你总能帮我找到我需要的书。感激不尽！

• 感谢我的 Here4Teachers 公司同事们——帕梅拉·库塔克斯（Pamela Koutrakos）、梅兰妮·米汉（Melanie Meehan）、朱莉·莱特（Julie Wright）：我能说什么呢？我们在疫情期间走到了一起，并建立了一个教研小组。和你们的每一次互动交流都让我收获良多。

• 感谢写作地带（Writing Zone）的成员——纳瓦尔·卡如尼·卡西亚诺（Nawal Qarooni Casiano）、帕梅拉·库塔克斯（Pamela Koutrakos）、梅兰妮·米汉（Melanie Meehan）、克里斯蒂娜·诺塞克（Christina Nosek）、朱莉·莱特（Julie Wright）：尽管这个写作小组仍处于萌芽阶段，我仍然在它的鞭策下审视与反思我的创造过程，并接受了写作的混乱之美（虽然这对我这个完美主义者来说绝非易事！）。

• 感谢亲爱的编辑托丽 · 巴克曼（Tori Bachman）：感谢你不厌其烦地听我抱怨在疫情期间遭遇的创作瓶颈，也感谢你用你那寡言少语的独有方式鼓励我坚持写下去。如果没有这些温和的敦促，我不知道这本书是否能够面世。

• 感谢莉萨 · 吕德克（Lisa Luedeke）、莎伦 · 吴（Sharon Wu）、南希 · 钟（Nancy Chung）以及科温（Corwin）团队的其他成员：非常感谢你们在疫情期间对作者的支持，感谢你们对我的作品持续不减的热情。

• 感谢以下出版机构为我提供本书涉及的诸多优质出版物，包括烛芯出版社（Candlewick）、迪士尼 / 亥伯龙出版社（Disney/Hyperion）、麦克米伦出版公司（Macmillan Publishing Group）、企鹅兰登出版社（Penguin Random House）和学乐出版社（Scholastic）。

• 感谢奥罗拉公共图书馆（Aurora Public Library）西分馆的馆员们：不知不觉中，我接受了你们太多的帮助。我曾连续多周订购你们刚收获的书，以确保我能获得最新最优质的书。哪怕寒风凛冽，你们仍愉快地把书运到我们的车上。向你们和世界各地的图书馆馆员致敬！

致谢即将收尾，但如果我不在这里向丈夫莱尼（Lenny）、女儿凯蒂（Katie）表达感谢的话，这将是我的失职。雪地中的徒步旅行、依偎在一起的阅读时光、外出聚餐的时光——我们共度的每一个瞬间都是无比快乐的。

出版社致谢

科温出版社（Corwin）谨此向如下审核专家致谢：

保拉 · 布尔克（Paula Bourque）
读写培训师 / 作家

希尔达 · 马丁内斯（Hilda Martinez）
干预反应协调员

维维安娜 · 塔马斯（Viviana Tamas）
学术干预服务阅读教师 / 读写培训师

关于作者

纳迪娅·吉 / 摄

玛丽亚·沃尔瑟（Maria Walther）是一位教师、作家、读写教育咨询师和儿童文学爱好者，她担任一年级教师已有34年。玛丽亚与其他教师在课堂上协作教学，同事从她那趣味十足、专业性强的教学活动中深受启发。玛丽亚对教学的热情和对课堂授课的务实态度让教师们大为赞赏。她在北伊利诺伊大学取得博士学位，后又以学术、公共服务和事业上的成就被北伊利诺伊大学教育系评为杰出校友。她倡导开展朗读教学，曾获“伊利诺伊州年度阅读教育家”称号，并被致力于培养儿童阅读兴趣的伊利诺伊州关注阅读教育委员会（ICARE）授予阅读奖章。玛丽亚最珍视的荣誉是她的一位一年级学生（现在是她的同事）颁发给她的“最具影响力的教育家”称号。玛丽亚是一位多产的作家，她孜孜不倦地为忙碌的教师创作实用教程，曾出版过畅销书《上好一堂绘本课》（*The Ramped-Up Read Aloud*）。

共读将兴奋、投入、快乐和学习融为一体。这就是它的妙处所在。

引言

共读，共学

微暗的灯光中，你在投屏上翻动着书页，此时教室中悄然无声。新的一页刚显现，孩子们便迫不及待指向每行末尾的单词，验证是否与前文押韵的预测。兴奋与投入交织，愉快与学习并存，这就是共读的妙处。

共读植根于逐步释放责任模型（Pearson & Gallagher，1983），它让孩子们有机会聆听声情并茂的朗读，然后逐步成长为熟练的阅读者（Allington，2009）。初次朗读后的每一次共读会进一步提高学生的文本解读能力，并深化对文本的理解。处在读写能力发展初期的学生在共读的过程中既能接触虚构作品中丰富的故事语言，又能学习非虚构作品中五花八门的知识。如果我们将逐步释放责任模型分解为“我做、我们做、你做”三个阶段，那么共读是“我们做”阶段的组成部分，它将初次朗读中的教师示范环节和随后小组成员在教师指导下的实践环节有机连接起来。这些基本的读写练习共同引导学生走向独立。

随着共读文本库日益充盈，学生把从这类教学互动中学到的知识应用到小组学习活动、个人阅读和写作中的能力也有所长进。共读是一种集体活动，鼓励不同能力和经历的孩子相互学习、共同学习（Fisher & Medvic，2000）。与老师和同学共读的经历既拔高了学生的能力，也提振了他们的信心。因此，共读不仅能提高学生的读写技能，而且有助于增进同学间关系，这对于打

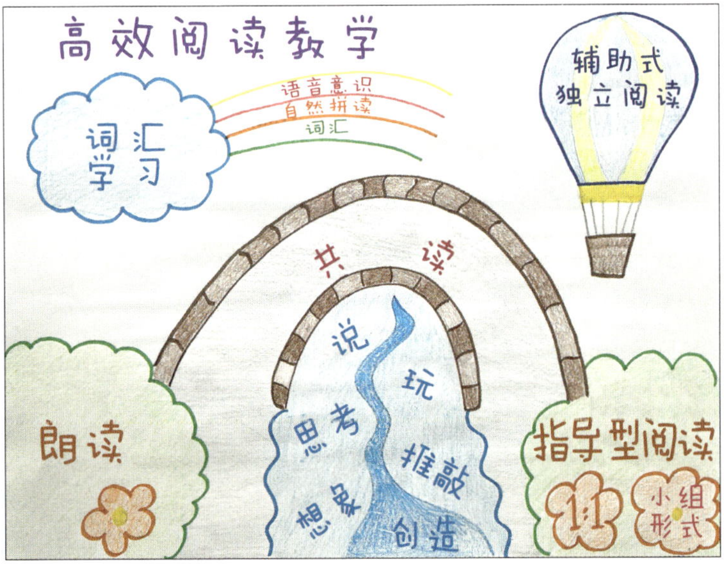

造良好的课堂环境至关重要。因为共读提供了“产出性努力的认知刺激”（Burkins & Yaris，2016，p.53），学生得以积极参与到文本解读中，并训练成长型思维。事实上，瑞吉·劳特曼（Regie Routman）鼓励我们多做共读，因为“通过开展共读活动，教师可将难度较高的内容传授给所有学生——这是一个至关重要的平等获取问题”（Routman，2018，p.144）。这些益处让我们明白为什么共读是高效阅读教学中不可或缺的部分。

一切从简！共读活动

你可能会这么想：“这听起来是不错，但是我可没时间从繁忙的教学安排中挤出时间进行共读。”我明白！学校生活总是忙碌不堪。疫情期间，我和同事们都频频感叹时间更为紧张。我最大限度利用教学时间的方法就是：一切从简！

从简单原则出发，我将分享自己对共读的定义——它以倡导共读的前辈的理念为基础，同时适用于当代的学生和课堂：共读是指教师与学生共同精读和钻研熟悉作品中的关键部分的过程。共读中，文本内容或投屏展示，或以大尺寸纸质版呈现，以便展示给所有的学生。教师和学生在对作品的共同探究中找到某种可迁移的读写技巧或策略——即一种学生可以在阅读或写作时模仿并应用的方法。共读既可以面对面进行，也适用于线上教学；既可以在整个班级或小组范围内开展，亦可以与学生一对一进行。

本书提供了100个篇幅短小、针对性强的共读活动。在共读的诸多益处中，这些有针对性的互动练习激励学生带着明确的目标深度挖掘文本。因为这种活动目标清晰明确，所以也非常适合线上教学（Fisher et al.，2021）。每个活动都遵循固定的结构，以供你轻松使用或改编。

共读活动的益处

- 满足学生的好奇心
- 激发好奇心
- 推动学生深入挖掘内容
- 促进学生从理解到实践
- 强化并拓展朗读活动
- 融通全班式教学和小组式教学
- 聚焦多样的读写技巧和策略，包括写作者写作技巧

共读过程中，教师可以让学生适当暂停，集中思考书中的三个关键点。为什

么是三个关键点呢？首先，将注意力集中在书中的三个关键页或关键部分可保证互动过程短小精悍且妙趣横生。其次，三个关键停顿点的设置遵循“我读—共读—你读”的流程，这可以实现从教师引领示范到学生主动探究的过渡。

每一次共读都被设计成朗读的后续环节，与朗读紧密衔接。换言之，朗读活动为随后的共读奠定了基础。你可以根据自己时间，将共读安排在教学的后半段、第二天，或者在发现学生需要某种策略辅助时。本书提供了50个朗读活动，我为每本书设计了两节不同的共读活动。你可以从中灵活选用。以你的专业视角来决定是两个活动都进行，还是按照需求和兴趣从中选择一个，或是自行设计一个。

请继续阅读下文中关于共读的十大理由以及可行策略——它们让共读在任何学习情境中均能发挥效力。

共读的十个理由

建立友情

孩子和成年人一样也会在分享活动中建立友谊。你可能有健身伙伴或运动发烧友群体。你们每一次共同的流汗或欢呼都会加固彼此情谊。当孩子们为更深入地理解阅读素材中的复杂内容或作者的写作技巧而聚在一起研读时，也会产生同样的效果。在老师和同伴的辅助下，他们可以一起尝试阅读新素材、一起实践刚学过的新策略。你可以用一本旨在增强集体意识的书开启新的学年，例如《你来自哪里？》（*Where Are You From?*，Méndez，2019）。当你们一起反复读这本书的开头几页、共同探讨标点符号在其中的用法时，孩子便会领会故事的主题和共读的意义：“我们在共同学习。”

在共读中，孩子们其实是“共同协作，探讨文意”（Parkes，2000，p.15）。你在教导孩子以这种方式合作的同时，也培养了由美国合作性学术、社会、情感技能研究中心（CASEL）提出的社会情感学习（SEL）能力。以这种新视角重新审视共读，你就会发现它其实节约了大量教学时间，这是因为读写教学和社会情感学习在共读中合二为一了。下表简要列举了老师在共读中培养孩子社会情感能力时可能用到的常用语。表中一些问题和提示语是与具体文本相关联的，另一些则旨在帮助孩子发展自我意识和良好的人际关系。在本书第一章到第四章中，我提供了可供整个学年使用的课堂用语和教学思路，这些都可以用于培养学生的社会情感能力。

共读的十大理由

建立友情

升华作品，重视精读

鼓励积极参与

让所有学生参与

提升口头表达能力

强化故事感

培养流利度

示范阅读过程

支持具备多语能力的学生

打造有益的教学环境

孩子们在共读中探讨意义

在共读中培养孩子的社会情感学习（SEL）能力

培养能力	提示语	推荐书目
自我意识：即理解个人情感、思想指导自身行为的能力。对自己的能力有准确的认识。自信、乐观，并具备成长型思维。	• 你能推断出这个人物的感受吗？ • 如果你是这个角色，你会有什么感受？ • 你居然自己找到答案啦！这正是阅读者该有的能力！ • 如果这个策略用起来有点难度，那就竖起大拇指。 • 我们可以一起来！	《害羞的幽灵古斯塔沃》（*Gustavo the Shy Ghost*，Drago，2020） 墨西哥作家兼插画家弗蕾维亚·Z·德拉戈（Flavia Z. Drago）的这部处女作向读者介绍了古斯塔沃——一个擅长拉小提琴但害怕交朋友的幽灵。他邀请伙伴们参加亡灵节小提琴音乐会，并最终收获了友谊。
社会意识：意识到换位思考和同理心的重要性。重视多样性，尊重他人。	• 你能站在这个人物的角度思考吗？ • 在这种情况下你会怎么做？ • 注意我们是如何以不同的方式思考这个问题的。 • 你和朋友的观点一致吗？ • 你是否曾经因为朋友的话改变了想法？	《西洋菜》（*Watercress*，Wang，2021） 这个感人的故事中，一位小女孩起初背负羞耻感。但听母亲分享了她童年失去亲人的往事后，小女孩渐渐释怀了。作者陈郁如（Andrea Wang）在注释中解释道：“这个故事既是给父母的一封道歉信，也是一封情书。”

续表

在共读中培养孩子的社会情感学习（SEL）能力		
培养能力	**提示语**	**推荐书目**
负责任的决策：在决策过程中既权衡后果，又心系自己和他人的福祉。	• 问题是什么？ • 我们该如何通过合作解决这个问题？ • 还有其他方法吗？ • 通过尝试不同的方法，我们能学到什么？ • 我们的解决方法可能给他人带来什么影响？ • 即使我们的尝试失败了，我们的思维仍然得到了训练。	**阿玛拉和蝙蝠**（*Amara and the Bats*，Reynolds，2021） 热爱蝙蝠的阿玛拉搬到新家后发现蝙蝠已不在附近的公园中栖息。她先与同学分享了这个问题，随后，整个社区也都加入进来，协力倡导建立自然保护区，并致力于为蝙蝠创建友好的栖息地。本书在附加材料中提供了更多蝙蝠的相关知识和保护蝙蝠的方法，为故事增色不少。
自我管理：在多种情境中自我调节情绪、思想和行动。	• 这个人物的感受是什么？ • 你有过同样的感受吗？ • 如果你有同感，你会怎么做？ • 这个人物的情绪和行为是如何关联的？ • 这个人物是否可以通过其他方式处理这种情绪？	**《我自己的空间》**（*A Little Space for Me*，Olson，2020） 一个生活在忙碌不堪、几代同堂的大家庭中的女孩渴望属于自己的空间。在学校里，她爬上猴架，收集头顶的星空。她将过多的“空间”占为己有，直到别人再无空间。这让她最终领悟到了平衡的重要性。
人际能力：与不同的人建立并保持良好的人际关系。	• 积极聆听朋友的想法。 • 邀请朋友分享想法。你们的想法有哪些相同之处？又有哪些不同之处？ • 如果不赞同对方，你会怎么说？ • 当你和朋友同时想表达观点时，你会怎么做？	**《聆听》**（*Listen*，Snyder，2021） 一个女孩带领读者体验了一场聆听之旅。在这个过程中，她展示了如何聆听某个读音、故事中的词汇、朋友的内心世界以及我们自己的心声。本书在附加材料中提供了关于聆听的额外信息。

升华作品，重视精读

那些你朗读过、并作为共读中精读材料的珍贵作品很快就会变成教室图书馆中的香饽饽——这是自然而然的事。我的教室中盛传一首诗，它是这样开头的：“书飞上天花板，书翱翔于苍天”（Lobel，1985）。重复几次后，学生便背熟了，甚至连我读这句诗时的动作都记牢了。孩子们齐声吟诵、歌唱、朗读的文字，就像朗朗上口的曲调一样印刻在他们的记忆中，在他们日后读书时如同和声一样如影随形，帮助他们深入理解文意。不妨这样想：如果你能在共读中增加精读的内容，那么可以引导学生在通往独立阅读的道路上更进一步。与此同时，学生也能在你的示范下通过精读发掘更多的内容——这是共读的另一个益处。

当我们带着兴奋和好奇心投入共读时，孩子们很快会发现它的诸多益处。我会将共读活动贯穿整个学年，并在学年之初教给学生们一首我和女儿共同改编的旧歌。随后，我们会把共读的原因记录在一个持续更新的列表中（详见第8页）。

每个共读活动都围绕着一个明确的目的展开，这让孩子花在精读上的时间达到了最大化。每一个活动上，我都标明了三个关键页或三个关键部分，供你和学

为何共读

曲调：“Do Re Mi” 源自：《音乐之声》（The Sound of Music）

作词：玛丽亚·沃尔瑟（Maria Walther）&凯蒂·沃尔瑟（Katie Walther）

共读助你理解。

共读你爱的故事。

在共读中发掘新知，

在共读中增长见识。

共读将心中疑惑消释。

共读将词义明示。

带着活力去读。

打开一本书

再重温一次……

《为何共读》歌曲

生驻足思考。你可以自己斟酌是精读全文，还是只读其中的关键部分；如果时间紧张，可以只精读三个关键部分。

共读的原因

鼓励积极参与

共读课本质上是让学生围绕一个共同的目标和一段文本聚在一起阅读。唐·霍德威（Don Holdaway）说过：“在这种学习环境中，人们彼此信任、有安全感，且充满期待。”（Holdaway，1982，p.815）我喜欢霍德威对共读活动的描述——彼此信任、有安全感，且充满期待。孩子们对这种既鼓励出错、又接纳不同意见的课堂着迷，这是因为他们相信自己，相信彼此，当然，还有老师。在共读的过程中，他们信心满满地去求证自己学到的知识。当老师即将打开书，与孩子们共享其中的惊喜时，他们会迫不及待坐在凳子边缘，因为他们确信将会看到有趣的东西。通过积极参与共读活动，孩子们从各个方面都学有所获——你的示范、同伴的见解，以及你重点强调的、可供他们日后阅读或写作时使用的策略。

让所有学生参与

以亚斯明·伊斯梅尔（Yasmeen Ismail，2020）的韵律绘本《欢乐之歌》（Joy，Ismail，2020）为例，书中的句子朗朗上口。如果你身边的所有人都在吟诵那句“挠痒痒、爽朗朗”时，你绝不可能无动于衷。如果你选择的作品是为共读量身定制的，那么你的学生一定会情不自禁地投入其中。无论是押韵的文本、反复出现的词语或短语、熟悉的故事结构，还是引人入胜的非虚构类话题，都能让孩子们在阅读任务中积极运用以往掌握的口头表达技能。如果你在自己的教学时间表中发现了一些零星的空余时间，那么这种共读活动就是填补这些空余时间的理想方式。它的高度参与性意味着其适配于教学日程的任何时段。

调动参与积极性的实用技巧

- 确保互动简短、目标明确、趣味十足
- 鼓励探究精神
- 鼓励在合作中解决问题
- 重视不同观点
- 提供有针对性的反馈

提升口头表达能力

对大多数孩子来说，读写学习的过程实际上始于口头表达，即谈论自我和讲述身边的事。谈论自身经历可以拓宽孩子的背景知识，这反过来也促进他们的语言发展。随着词汇量的增加，他们会更善于表达自己的所见所思。如同一个上升螺旋——孩子被越多的语言扩展性对话包围，他们的词汇量就会变得越丰富，如此往复。语言扩展性对话既可以在家中与看护人的互动中发生，也可以在学校中发生。第10页表格中提供的例子表明语言扩展性对话可以帮助孩子锻炼以下能力：

- 留意
- 关联起已知和新知
- 挖掘更多细节
- 对比
- 好奇

在好的读写课堂中，这类语言扩展性对话大都以共享式学习活动和集体阅读的作品为基础。孩子们正是通过口头表达学会了组织思维、倾听同龄人对自己观点的回应、留意他人对自己初始想法的补充或拓展（Hammond，2015）。孩子在思想火花碰撞的过程中，老师可以借助如下提示语来帮助他们通过口头表达来训练阅读技能：

- 和我们分享一下你在这页中发现了什么。
- 告诉我们你是如何找到答案的。
- 向旁边的同学解释一下你刚刚学到了什么。
- 问问同学他在这页发现了什么。
- 再讲讲你那个聪明的想法，让我们都听听。

在类似这样的互动中，如果你不确定作为老师应该如何扮演好这个角色，那么不妨听一听音乐剧《汉密尔顿》(*Hamilton*)中阿龙·伯尔(Aaron Burr)的智慧之言:“少说话，多微笑”。

语言扩展性对话	
秋天户外课中的语言扩展性对话	看，地上落满了树叶！（留意） 它们从哪来的呢？（关联） 叶子是什么颜色的？把它捡起来，放在手中是什么感觉？闻起来有什么味道？（增加感官细节） 所有树的叶子都有颜色吗？（对比） 你觉得为什么有些叶子还保留着绿色？（好奇）
阅读《夏天再见，你好秋天》(*Goodbye Summer, Hello Autumn*, Pak, 2016)时的语言扩展性对话 一个女孩走在街巷中，向所有象征秋天来临的事物打招呼。大自然中的每个生物或物体都用自己的方式对她回应“你好”，由此构建了“跷跷板式”的写作结构。因此，读者必须格外留意文中不断变换的视角。	你注意到了什么？（留意） 这让你想起了我们读过的其他书吗？（关联） 她向哪些事物打过招呼？（增加细节） 所有跨页的设计都一样吗？（对比） 你认为作者为什么采用这种写作结构？（好奇）

强化故事感

凯特·里德(Kate Read)2019年出版的悬疑类数数书以“一只饥饿的狐狸”(One famished fox)开篇和“一只受惊的狐狸”(One frightened fox)结尾。书中悬疑感十足的故事以及出乎意料的结局为读者带来连连惊喜。在共读活动中精读这本书时，你可能会让孩子重点关注数字词汇或作者高超的形容词用法。正是因为这些高频词和表达被装在一个引人入胜的故事中，孩子在阅读的时候也是在学习图式[①]，或故事感。我可以将故事图式比作一位年轻艺术家画一个线条人。一个孩子在学习故事图式的同时也是在学习故事的基本元素。同样的，年轻的艺术家了解人体的基本组成部分——胳膊、腿和头部。一个又一个的故事让孩子把从提问、交谈和反思中学到的知识补充进细节中，从而强化图式，并最终形成对故

① 图式：一个有组织、可重复的模式或结构。

事的内部机理的深度理解。同样的，初出茅庐的艺术家在为自己、朋友和家人作画时也是在学习如何挖掘更多细节。

培养流利度

流利的读者能准确、轻松地阅读内容连贯的作品。他们能以日常讲话的速度阅读，注重断句和表达，同时掌握作品含义。培养孩子阅读流利度的方法之一是聆听流利的读者（你！）朗读，由此可见朗读活动的重要性。长期以来，人们将共读视为一种理想的学习方式——它让孩子沉浸在反复阅读中，即另一种关键的流利度提升活动。共读活动中提供了很多精读的有效方法。当你们一起品读作品的时候，不妨尝试下列已被证实有效的流利度提升方式：

- 齐声朗读：所有人齐声朗读文本。
- 跟读：老师朗读一句，孩子跟着重复一句。
- 轮换朗读：老师朗读一句或一页，孩子接着朗读下一句或下一页，如此反复。
- 填空式朗读：老师朗读时省去某个词，学生运用字母线索、上下文线索或押韵规律补上该词。
- 除了围绕文本进行以流利度为重点的互动之外，孩子们还需要时间静心阅读、阅读、再阅读，并想象着老师和同伴的声音，在脑海中时刻指导自己。

孩子需要大量阅读以提升流利度

示范阅读过程

我们可以将共读视为帮助孩子拨开迷雾、一探阅读时大脑隐秘机制的机会。你可以借助有声思维揭示那表面上谜一样的内容。在共读活动中的“我先示范”环节，发挥你的主导作用，向孩子明确示范目标技能或策略。然后，在“我们一起”环节，辅导孩子在挑战性不高、但耗费脑力的氛围中学习这些技能或策略。围绕我们给孩子设定的教学目标亲身示范、提供指导并解惑释疑，这不仅可以帮助孩子理解文化，同时也促进学习（Souto-Manning et al.，2018）。无论你是在示范如何借助字母与发音的匹配练习自然拼读，还是示范如何推断人物情感，关键都在于清晰明确，杜绝冗长的表述。我在每个共读活动都使用了自己教学时采用的通俗易懂的语言，以供你观摩如何清楚地讲解阅读过程。

支持具备多语能力的学生

共读，顾名思义，阐释了读者与文本之间，以及读者与读者之间的互动关系。对于具备多语能力的孩子来说，这种互动关系意味着既尊重他们已有的语言知识，也鼓励他们用自己最熟悉的语言与作品进行互动，同时也与他人互动（España & Herrera，2020）。以知识储备为基础，共读鼓励孩子探究性学习，从而拓展孩子使用语言的体验。在同龄人的陪伴下，具备多语能力的孩子既拓展了词汇知识，加深了理解，又洞见了语言的精妙之处。

打造有益的教学环境

共读环境的魔力在于它的简洁性——读者、目标、文本和对话等元素有机融合。共读活动就像搭积木一样，逐个叠加，帮助读者攻克越来越复杂的文本。对于初始阶段的读者，这种语言丰富的环境为其解码文字的运作机制以及学习其他知识提供了理想的氛围。在老师发挥主导作用、示范了娴熟读者的动作后，孩子可以通过互助协作解开书中隐藏的秘密。孩子在探寻书中含义，也在学习如何倾听彼此、如何借鉴同伴观点、如何在持不同意见时进行反驳——这些都是基本的对话技能。孩子无论是在老师的指导下进行小组练习，还是独立阅读，这些在共读中掌握的技能和策略都会派上用场。总而言之，从一个整体连贯的文本中选择一小段内容进行深究，最终能让孩子达成那个令人振奋的目标——透彻的理解。

衔接朗读和共读

若运用得当，共读可有效衔接朗读活动和引导式阅读（Burkins & Yaris，2016），也为学生通往独立阅读之路奠定基础。盖伊·苏·皮奈尔（Gay Su Pinnell）和艾琳·方丹斯（Irene Fountas）将共读描述为一种帮助学生洞悉阅读过程中内部运作机制的“过渡工具”（Pinnell & Fountas，1998）。然而，在35年的教育生涯中，我却无法找到一种将朗读和共读无缝衔接的专业教程。于是，我亲手写了一本。第一章到第四章中的阅读活动引导你在朗读和共读间构筑坚固的桥梁。它们将助你发挥共读作为过渡工具的功能、以小组形式指导学生，并引导他们独立阅读。你不仅为孩子们提供了连贯衔接的学习体验，同时也为他们的读写学习指明了方向，让他们满载信心和能力继续前行。

朗读和共读：对话是关键

在朗读和共读中，你的目标是以对话推动彼得·约翰斯顿（Peter Johnston）和同事提出的概念，即“对话参与”——当不同的观点被一视同仁、积极接纳时，人们会更加投入，学习新知识，并以更为积极的态度对待同伴（Johnston，et al.，2020，p.5）。你可以借助下列问题、有目的地示范对话用语：

- 你注意到了什么？
- 你是怎么想的？
- 你能否把自己和朋友的思考联系起来？
- 你要反驳他们的观点吗？
- 有谁也是这么想的？
- 有谁持不同的观点吗？

从上面选出一个问题后，接下来就要进入我认为最棘手的环节——保持安静、认真聆听。给所有孩子探究和反思的时间，然后再引导他们给出回应。当孩子开始交谈后，你要全神贯注聆听他们谈论的内容，同时用最适合的方式记录他们的见解。只在必要的时候介入他们的对话，并尽快撤出。我发现比起线上教学，这在面对面的环境中更容易实现，所以我在第14页的列表和内容中为线上交流提供了一些激励互动和对话的技巧。

线上教学中孩子的反馈方式

- 使用彩色反馈卡片。（让孩子们准备红、黄、绿、蓝卡片，或者找来这些颜色的物品。为不同颜色指定不同的含义，使其与教学目的和对话匹配，比如红色代表同意，蓝色代表不同意。孩子们通过展示卡片给出反馈。）
- 在聊天框中输入文字。
- 在线上教学软件中展示想法。
- 将想法写在白板上，并将白板举到相机前。
- 将学生的反馈录成音频或视频。

一睹朗读活动

疫情期间，面对面教学转为线上模式，我们竭尽全力探寻与学生保持联系的最佳方式。一片嘈杂声中，老师们纷纷向出版社求救：“求助求助！我们需要继续朗读活动，你们能帮忙吗？”于是出版社放松了版权规定，创作者们也发布了朗读的教程。多亏了老师们的智慧和决心，师生关系在朗读中保持了良好发展。在我看来，这真实佐证了朗读活动的力量。在《上好一堂绘本课》（*The Ramped-Up Read Aloud*，2019）中，我分享了101个朗读活动。在听取了老师和学生的反馈后，我在这本书的朗读活动中引入了一些新内容。

聊聊书

- 用一个词或一句话回答问题；
- 用一个词或一句话写一篇书评；
- 提一个问题；
- 把你的思考和朋友的思考联系起来，
  - 我赞同__________，
  - 我想在__________的观点上补充一点：__________。

线上教学：聊聊书

本书新内容

重要词汇和便于孩子理解的定义

教孩子学习单词时，使用便于孩子理解的定义至关重要（Cobb & Blachowicz，2014）。这说起来容易做起来难。我经常在需要现场给出一个定义时左支右绌。在本书中，我列举了一些便于孩子理解的定义，其中包含了他们普遍掌握的词汇。为了强化定义，你可以引入与孩子相关的例子，或者展示图片。

拓展练习

该环节根据作品和阅读活动的不同目标导向呈现不同特征。为了保持连贯性并协助你制订教学计划，拓展练习将遵循以下模式：第一个拓展练习与学习目标和带着问题阅读相匹配；第二个拓展练习可能会将阅读活动引至不同方向，并偶尔包含以下模块：

- "对比多元体裁作品集"模块：这些书与朗读活动的主题相关，孩子可以独立阅读，并思考这些作品与精读作品的异同。
- "认识创作者"模块：通过了解作者或绘者获得对文本的深层理解。
- "认真观察"模块：鼓励学生以精读图书为原材料建立探究性学习中心或研究站。

如果你对《上好一堂绘本课》（*The Ramped-Up Read Aloud*，Walther，2019）中的朗读活动比较熟悉，那么你会对第16～17页的信息图一见如故。如果没读过，这里将简要解释本书朗读活动结构的设计思路。

成功进行共读的三个步骤

教师是规划师。你可能会像我一样反复设计清单，以确保万无一失。这种规划式思维有时对我颇有帮助，但有时候却牺牲了以学生诉求为主导所需的灵活性。灵活性对于布局共读课堂颇为关键。以现有的规划为基础，你既可以让学生近距离浏览图书，也可以将图书投屏展示，以确保安全的观看距离。你可以根据教学目标和学生的需求在整个班级或者部分同学中开展共读，甚至只针对一个学生开展。

共读不限场合；只需要稍微开动脑筋便能在线上教学中实践。针对线上教学

一睹朗读活动

朗读活动的标题

我将每个朗读活动的标题按照策略和学习目标进行了分类，以助你有针对性地选择合适的书。你可以在“学习目标图”中查看完整的标题和学习目标列表。将一本精心制作的书简单地归到某一类别几乎是不可能的。我希望你仅以此作为初始参考，后期归类时应重点考虑学生和他们对所选图书的态度。

书名

本书中精选的50本绘本代表了近几年出版的一系列图书，并突出了那些话语权低微、背景边缘化的创作者的书。

内容简介

我在这部分给出了专供教师阅读的内容总结，包括我对作者和绘者的了解，以及该书创作或设计的幕后趣闻。

学习目标

本环节聚焦于你为学生设置的目标，即在朗读活动中所需掌握和实践的能力。

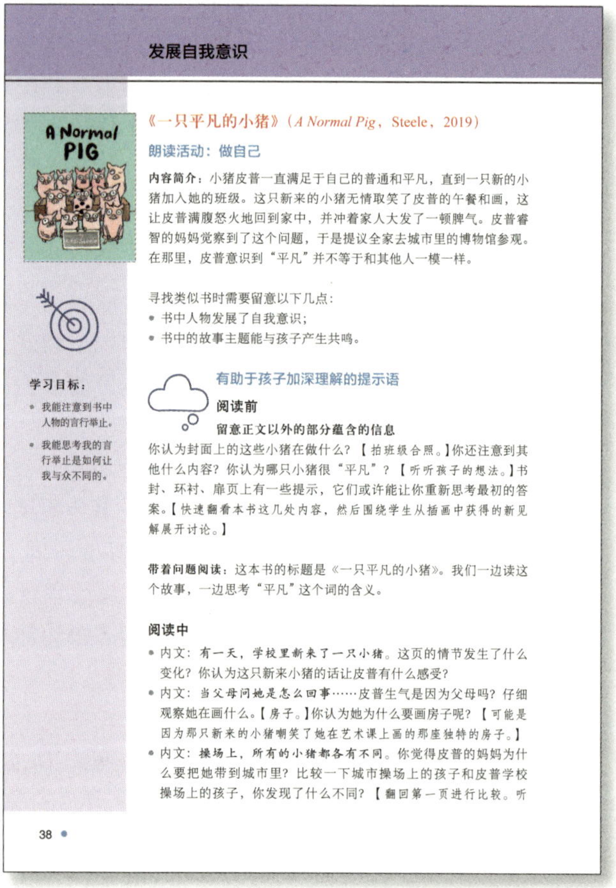

发展自我意识

《一只平凡的小猪》（*A Normal Pig*，Steele，2019）

朗读活动：做自己

内容简介：小猪皮普一直满足于自己的普通和平凡，直到一只新的小猪加入她的班级。这只新来的小猪无情取笑了皮普的午餐和画，这让皮普满腹怒火地回到家中，并冲着家人大发了一顿脾气。皮普睿智的妈妈觉察到了这个问题，于是提议全家去城市里的博物馆参观。在那里，皮普意识到“平凡”并不等于和其他人一模一样。

寻找类似书时需要留意以下几点：

- 书中人物发展了自我意识；
- 书中的故事主题能与孩子产生共鸣。

学习目标：

- 我能注意到书中人物的言行举止。
- 我能思考我的言行举止是如何让我与众不同的。

有助于孩子加深理解的提示语

阅读前

留意正文以外的部分蕴含的信息

你认为封面上的这些小猪在做什么？【拍班级合照。】你还注意到其他什么内容？你认为哪只小猪很“平凡”？【听听孩子的想法。】书封、环衬、扉页上有一些提示，它们或许能让你重新思考最初的答案。【快速翻看本书这几处内容，然后围绕学生从插画中获得的新见解展开讨论。】

带着问题阅读：这本书的标题是《一只平凡的小猪》。我们一边读这个故事，一边思考“平凡”这个词的含义。

阅读中

- 内文：有一天，学校里新来了一只小猪。这页的情节发生了什么变化？你认为这只新来小猪的话让皮普有什么感受？
- 内文：当父母问她是怎么回事……皮普生气是因为父母吗？仔细观察她在画什么。【房子。】你认为她为什么要画房子呢？【可能是因为那只新来的小猪嘲笑了她在艺术课上画的那座独特的房子。】
- 内文：操场上，所有的小猪都各有不同。你觉得皮普的妈妈为什么要把她带到城市里？比较一下城市操场上的孩子和皮普学校操场上的孩子，你发现了什么不同？【翻回第一页进行比较。听

38

有助于孩子加深理解的提示语

阅读前

留意正文以外的部分蕴含的信息

每次朗读活动中，简要浏览一下书的封面。我在这一部分将指导你如何预览所选图书。这样做可以调动孩子的热情、激发其好奇心，具体策略包括观察护封或书壳（即纸质护封之下的硬壳封面）的艺术风格和设计技巧、思考封面和封底的联系、探讨书名、探究其他内容等方式。

设置阅读目标

可以借助该环节的目标陈述引导孩子开始探究书中的内容。目标陈述与学习目标保持一致。

方括号中的文字

方括号中的文字包括专供你（即教师，而非学生）使用的授课小窍门，也提供了其他方面的见解等。

阅读中

因为大多数绘本没有标注页码，所以我从所选绘本摘出了一些文字以标明讲解的页面。为了不打断你的朗读活动，我只在关键处提出了少量问题。我认为问太多问题会分散孩子的注意力，所以最好还是让孩子沉浸在作者和绘者的美妙作品中吧。

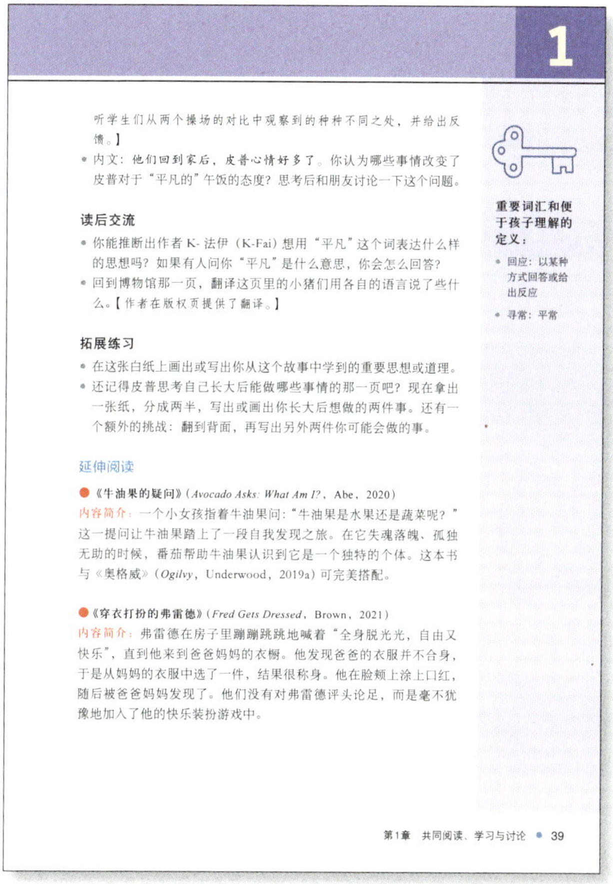

1

听学生们从两个操场的对比中观察到的种种不同之处，并给出反馈。】

- 内文：**他们回到家后，皮普心情好多了**。你认为哪些事情改变了皮普对于“平凡的”午饭的态度？思考后和朋友讨论一下这个问题。

读后交流

- 你能推断出作者K-法伊（K-Fai）想用“平凡”这个词表达什么样的思想吗？如果有人问你“平凡”是什么意思，你会怎么回答？
- 回到博物馆那一页，翻译这页里的小猪们用各自的语言说了些什么。【作者在版权页提供了翻译。】

拓展练习

- 在这张白纸上画出或写出你从这个故事中学到的重要思想或道理。
- 还记得皮普思考自己长大后能做哪些事情的那一页吧？现在拿出一张纸，分成两半，写出或画出你长大后想做的两件事。还有一个额外的挑战：翻到背面，再写出另外两件你可能会做的事。

延伸阅读

- **《牛油果的疑问》**（*Avocado Asks: What Am I?*，Abe，2020）
内容简介：一个小女孩指着牛油果问：“牛油果是水果还是蔬菜呢？”这一提问让牛油果踏上了一段自我发现之旅。在它失魂落魄、孤独无助的时候，番茄帮助牛油果认识到它是一个独特的个体。这本书与《奥格威》（*Ogilvy*，Underwood，2019a）可完美搭配。

- **《穿衣打扮的弗雷德》**（*Fred Gets Dressed*，Brown，2021）
内容简介：弗雷德在房子里蹦蹦跳跳地喊着“全身脱光光，自由又快乐”，直到他来到爸爸妈妈的衣橱。他发现爸爸的衣服并不合身，于是从妈妈的衣服中选了一件，结果很称身。他在脸颊上涂上口红，随后被爸爸妈妈发现了。他们没有对弗雷德评头论足，而是毫不犹豫地加入了他的快乐装扮游戏中。

重要词汇和便于孩子理解的定义：

- 回应：以某种方式回答或给出反应
- 寻常：平常

第1章 共同阅读、学习与讨论 • 39

重要词汇和便于孩子理解的定义

如需在朗读活动中讲解词汇，提供便于孩子理解的定义颇为有效。这个环节列举了一些重要词汇以及定义，供你和学生分享。

拓展练习

该环节根据作品和阅读活动的不同目标导向呈现不同特征。为了保持连贯性并协助你制订教学计划，拓展练习将遵循以下模式：第一个拓展练习与学习目标和目标陈述相匹配；第二个拓展练习会有所不同（15页对此有简短的解释）。

延伸阅读

我还从我的个人藏书和公共图书馆中搜罗到一些与活动主题相关的书，可供你和孩子们开展类似的朗读活动。你们可以阅读这些书，进一步强化学习目标，并将其与前面环节的精选作品进行对比，或者以小组形式继续对话。请注意，如果活动中引入了作品集，那么就不用设计延伸阅读环节。

阅读后

收尾的问题和课堂对话开场白让孩子的注意力回归到朗读活动的目的上，从而实现整个活动的闭环，而不是仅仅为了乐趣！设计这个环节的目的在于鼓励学生将书中所学应用到生活、学习或个人创作中。

的共读，我建议用投影仪展示书本。在摄像机下面放上实体书，然后只是挥舞手指，便能把学生的注意力吸引到关键内容上来。此外，你可以在便利贴上快速记下学生对书本的思考或观点，并将便利贴存于书中，以备将来回顾。

和孩子无论是共聚在线上课堂，还是面对面交流，你手边需要的设备并无二致。继续读下文时，请牢记教学是一个流动的过程。因此，你需要将做好的规划视为一个粗略的框架，并根据学生的思考和回答往其中填充细节。

共读中的常备教具

- 便利贴
- 句子条
- 磁性小白板
- 干擦板
- 磁性字母
- 可擦除的标记带

第一步：突出某个读写技巧或策略

针对每本书的共读，我都提供了两种读写技巧或策略，这在后文中有详细介绍：

- 精听发音（语音意识）
- 匹配字母与发音（拼读法）
- 关注高频词
- 琢磨标点符号
- 精读提升流利度
- 推敲文字
- 精读促进理解
- 探究作者的写作技巧

我根据这几十年来对初段读者的近距离观察，加上职业生涯中对于儿童文学的研究选择了书中的活动。不过，你掌握着一条我并不知悉的关键信息，即对自己学生的了解。你可以根据下表中的“形成性评价来源”决定让孩子做哪种巩固练习，从而激励他们走向独立。无论是选用我提供的两个活动，还是设计适合自己的活动，都要结合孩子的情况。

形成性评价来源
• 日常记录 • 拼写记录 • 学生的书面作业分析 • 交谈 • 观察学生 • 朗读活动中的观察

精听发音（语音意识）

三十多年前，玛里琳 · 亚当斯（Marilyn Adams）的研究使人们开始关注语音意识在孩子的读写能力发展中的重要作用（Adams，2019）。共读中，如果你要求孩子精听发音，那么他们就会注意到这样一个事实：语言是由被称作“音素”的短音构成的。我们可以通过引导孩子注意同音和异音、留意词汇中这些音的数量和顺序来巩固语音意识。给孩子留出时间练习分割语音（即拆分单词的发音），并将拆分后的音重新组合。在以发音为重点的环节，记住老师一定要朗读，且一定要隐去文字，孩子则需要精听，而无需读出来。开展以语音意识为重点的精读，可以挑选那些包含尾韵、头韵、文字游戏、拟声和令人印象深刻的重复性表达等特殊写作技巧的关键页。我在下表中为每个写作技巧都举了例子。

寻找可供精听发音的关键页		
创作手法	教师用语	推荐书目
尾韵 建议要点：强化孩子对尾韵（即语音意识最基本的形式）的听辨能力。	【精读那些可助孩子凭借尾韵规律推测单词的句子。】我现在要读书中的几个句子，同时会省去几个词。用心听，看看你是否能听出来漏掉了哪些词，并说出它们。	《秘密的孩子特工》（*Secret, Secret Agent Guy*，Bigwood，2021） 富兰克林兄弟投身到一次“棒棒糖行动”中。两人亲手制作了儿童特工装备，互相配合，几乎成功完成了行动。然而，他们却被隐藏在暗处的秘密特工妹妹给出卖了。伴着“一闪一闪小星星”（Twinkle，Twinkle，Little Star）的调子读这本书。

续表

寻找可供精听发音的关键页		
创作手法	教师用语	推荐书目
头韵 建议要点：孩子精听相同的词首发音，然后将发音与对应字母匹配。你也可以玩一玩删除或替换词首音素的文字游戏。	我要说几个词。你听出什么规律没？是的！它们开头的发音都一样。每个单词的开头都是什么音？哪个字母代表这个音？作者重复词首音的手法叫头韵。它让语言变得更加有趣。我们再听一个例子！	**《抓住那只鸡！》**（*Catch That Chicken!* Atinuke，2020） 先浏览书中拉米在西非的村庄跑来跑去抓鸡的故事，然后再读一遍，并细听重复出现的词首音【详见第二章114～118页中的阅读活动。】
文字游戏 建议要点：选择那些富含文字游戏的文本，包括诗歌、歌曲等体裁，让孩子喜欢上听这类文字并愿意跟读。	用心听这本书中的词。注意到什么了吗？跟着我重复一遍吧。读快一点。读慢一点。大声一点。小声一点。	**《阿迪克斯猫》**（*Atticus Caticus*，Maizes，2021） 朗读这本拗口的书之前，你可能需要先自行练习一番。我可真练了！书中的男孩用纸板鼓敲出“咔嚓咔嚓”的声音，把“阿迪克斯猫”唤醒。然后，伴随着欢快的韵律，他一整天都跟着猫咪东奔西跑。
拟声 建议要点：先从培养听力技能开始，可以让孩子将表音单词与其对应的物体或动作相匹配。然后重点关注单词中的特殊音素，包括首尾音、混合音、连音[①]等。重点做一些能让孩子练习拆分、合并发音的活动。	用心听这些表音词的发音：“plunk（咚咚）、plunk（咚咚）、plunk（咚咚）。”故事里听到这些词时，可能发生了什么？单词 plunk 以 /pl/ 混合音开头。现在我们做一个 /pl/ 混合音游戏。【给孩子四个方块、木条或积木。从下面列表中选一组单词并读出来。孩子复述单词，并用积木表示。接着读第二个单词。学生在开头加一个积木，用以代表混和音中的第一个音。跟着移除和添加积木的节奏，反复读这组单词。然后再以同样的方式练习另外一两个词。】 lay（躺）- play（玩） lot（一批）- plot（密谋） lug（手柄）- plug（插头） lace（系带）- place（地方） lane（小路）- plane（飞机） lump（大块）- plump（丰满）	**《低音提琴蓝调》**（*Double Bass Blues*，Loney，2019） 小尼克背着心爱的低音提琴踏上了一场满是拟声词的旅程。他暂时告别郊区学校的管弦乐练习，穿越城市，一路走到祖父家里，恰好赶上那儿的演奏会。

① 连音（diagraph）：在自然拼读中，两个辅音组合在一起发一个单音。常见的有 sh，ch，th 等。——编者注

续表

寻找可供精听发音的关键页		
创作手法	教师用语	推荐书目
令人印象深刻的重复性表达 建议要点：精听重复句中的词，并练习拆分句中的单词。	【给每个孩子五到七个方块、积木，或计数木条。】 我要再读一读这本书中我们最爱的那部分中的一个句子，大家听听这句中有多少单词。【重读一个令人印象深刻的句子。】慢慢读出这个句子，并在每个词下面做个记号。【以同样的方式再多练几个句子。】	《海盗来了！》(*The Pirates Are Coming!* Condon，2020) “海盗来了！海盗来了！快！大家快躲起来！”每当汤姆以为自己发现了海盗船时，就会这样高喊。这个故事包含熟悉的重复性表达，是《狼来了》的新版，情节惊险刺激，孩子们会爱上它出人意料的结局。【详见第二章130～134页中的阅读活动。】

匹配字母与发音（拼读法）

辅音、短元音、长元音、混合音、连音——这些单独的音本身并无意义，但是作者用其构成单词，以此为它们赋予了生命。指导孩子借助字母和发音的匹配关系理解文意至关重要。共读中，我们可创造大量的机会让孩子们重点关注字母与发音的对应关系。下面是一些课堂提示语：

- 这个人物的名字以 /r/ 音开头。哪位同学的名字也是以这个音开头的？哪个字母发 /r/ 音？
- 等等！我不清楚这个单词怎么读。我要用手划过这个单词，搞清楚它的发音。大家跟随我手指的动作，用心听，仔细看。
- 看！这句中所有的单词都以同一个字母开头。这是什么字母？它发什么音？我用手指到每个词的第一个音时，大家一起朗读这个单词。

我在博士论文中把这些围绕书面语特征展开的实景对话称为“拼读对话”（Walther，1998）。在教学中开展目的明确的拼读对话有助于孩子理解文字的运作机制（Hiebert & Raphael，1998）。这种隐性的拼读教学法有效弥补和拓展了教学日程中的显性拼读教学法。本书并不涉及针对年幼的孩子开展显性拼读教学法的种种细节，但我在这里提供了一些可能会对你有用的专业读物：

- 《预防阅读障碍：PK-3阶段幼儿阅读的积极教育实践》（*How to Prevent Reading Difficulties: Proactive Practices for Teaching Young Children to Read PK–3*，Weakland，2021）
- 《字母课程和早期单词识读：PK-2阶段拼读基础教学》（*Letter Lessons and First Words: Phonics Foundations That Work PK–2*，Mesmer，2019）
- 《新的平衡：将阅读理论融入平衡的读写课堂的6种方法》（*Shifting the Balance: 6 Ways to Bring the Science of Reading Into the Balanced Literacy Classroom*，Burkins & Yates，2021）

给孩子创造机会探究字母与发音的对应关系

关注高频词

我总是惊讶于这样一个事实：如果孩子认识并能写出这十个高频单词——the、of、and、a、to、in、is、you、that、it——那么他们几乎懂得所读所写内容中四分之一的词汇（Cunningham，2013，p.88）。如果连这点都不能算作要求孩

反复接触的语境中的高频词汇

子掌握高频词的原因的话，我真不知道还有什么更好的理由。此外，能否自动识别高频词是衡量流利度的标志之一。很多高频词在孤立的状态下并无意义，且有些发音或拼写并不符合常规。这对所有的孩子都构成挑战，尤其是那些多语环境中成长的孩子。而共读让你有机会以趣味十足的方式向孩子反复展示语境中的高频词汇。

琢磨标点符号

注意这个标题——琢磨标点符号。作者为什么要使用标点符号？它们对阅读和写作起到什么作用？特定的标点符号是如何影响我们对文本的理解的？为什么作者以这种方式加标点？我希望孩子在参与以探究写作技巧为重点的学习活动后能回答这类问题。如果课堂讨论重点围绕解析标点符号的使用目的展开，那么你能帮助孩子从阅读和写作的双重角度审视作者的写作技巧，而不是让他们将标点符号仅仅视为“老师要求必须添加的东西”。

精读提升流利度

蒂姆·拉辛斯基（Tim Rasinski）和梅丽莎·奇斯曼·史密斯（Melissa Cheesman Smith）在著作《流利度面面观》（*The Megabook of Fluency*）中提供了一个颇为有效的 EARS 模式（Rasinski & Smith，2018，p.8），我们可以以此为参考在课堂中重点提升流利度。本书中提到的流利度是指在阅读时能够兼顾如下方面的能力：

表达（Expression）
自动识别单词（Automatic word recognition）
节奏和断句（Rhythm and phrasing）
流畅性（Smoothness）

以 EARS 模式为参考，我们先在朗读活动中示范流利的阅读，然后为学生打造一个环境，在随后的共读活动中精读。指导学生精读的最终目的是将其精准解读文本的能力升级为自动解读文本的能力。

推敲文字

简而言之，推敲文字是指带着好奇心学习文字。在共读中，你可以返回至文本，从下面几个方面给孩子提供指导：

- 探究发音与字母的对应关系

- 深挖词义
- 探究不同词性
- 思考文字如何激发情感
- 注意修辞表达
- 为写作积累词汇

从熟悉的作品中挖掘并分析文字的目的并不仅仅在于帮助孩子加深理解，也在于帮助他们在以后的读写活动中遇到相似文字时能将自己掌握的各类文字知识学以致用（Rawlins & Invernizzi，2019）。

精读促进理解

想象一下课堂上的孩子，他们能够轻易回答出阅读素材中关于什么人、什么事、哪里、何时之类的问题，但是当你继续深究，问“为什么？”这类问题时，他们却支支吾吾。引导他们把思维从字面含义的理解提升至推断理解既需要时间也需要支架式教学。以理解为重点的精读中，孩子们需要精读那些提供了与人物行为和反应相关的线索的关键页。他们需要实时运用阅读策略，重点围绕阅读教学的两个关键元素：应用和社交，积极投身于“讨论的海洋中”（Britton，1983，p.11）。

探究作者的写作技巧

孩子或是叹服于《户外与室内》（*Outside*, *Inside*, Pham，2021）的作者卢延·潘

孩子在写作时以作者或绘者的作品为范例去寻找灵感

姆（LeUyen Pham）高超的文字运用技巧，或是被丹·桑塔特（Dan Santat）在《电梯》（*Lift*，Lê，2020）中天马行空的插画所折服，并琢磨“作者用了什么写作技巧？我自己在写作时是否也能效仿？”。在写作时以作者和绘者的作品为范例，就会产生这样的思考。精读催生深度学习，而孩子从写作的角度品读书籍时也伴随着学习和知识迁移，这两个方面在精读这个绝佳的机会中合二为一。为更好地理解这两方面的融合，我设计了一些旨在探明作者写作技巧的共读活动。

第二步：选择趣味十足的内容

我刚步入教学生涯时，正处于超大绘本和卡片袋盛行的时期。多年来，我制作、收集了大量的大字体作品，并将它们分享给我的学生。而现在超大绘本和卡片袋已不像以往随处可见，因此我们必须重新思考别的能够放大文字、与孩子分享的方式；下面的列表提供了一些对我颇为有效的教学建议，我相信你也可以把自己教学中的好点子加进来：

- 选择大字体书。
- 使用投影仪展示文本。
- 在交互式电子白板上展示电子书。
- 访问网络数据库浏览文本。
- 复印诗歌和其他的短文本（记住不要违反版权规定）。
- 共同创作可供精读的作品（包括课堂要点图故事、歌曲或诗歌）。

下面是我为本书选取书的标准：

- **节奏和押韵**：如果以节奏感为标准选书，那么可以搜索那些富有诗意的书以及那些能让你在朗读时情不自禁抖动脚趾打节拍的书，例如《快乐的跳跳蛙》（*A Hippy-Hoppy Toad*，Archer，2018）。富有节奏感的书既让听者沉浸其中，也为共读中的齐声朗读提供了绝佳的素材。可能你也注意到了，押韵的图书比比皆是，例如马凯特·谢泼德（Markette Sheppard）的《雨天的火箭舰船》（*My Rainy Day Rocket Ship*，Sheppard，2020）。它讲述了一个“因为妈妈说今天下雨不能去户外玩耍所以必须找点其他乐子”的男孩的故事。我建议你选择这本书，不仅是因为它的文字押韵，还因为它彰显了想象力的重要性，而想象力可以启发创意十足的课堂对话和拓展练习。
- **令人印象深刻的表达**：优秀的作者在词汇和句子的运用上会别出心裁。他们用文字勾勒出生动形象的画面，让读者仿佛身临其境，真切感受到故事传递的情感。要判断一本书中是否富含令人印象深刻的表达，可以重点关注那些阅读之后仍留在读者脑海中、久久挥之不去的文字。例如读完克里斯蒂娜·索恩托尔瓦特（Christina Soontornvat）的《一群脏兮兮的孩子》（*Ramble Shamble Children*，Soontornvat，2021）后，孩子们一定会四处寻找那些应该被“美化”的事物。这类书中通常包含高超的文字用法和修辞表达。再如，米歇尔·斯特林（Michelle Sterling）的《洛拉来访》（*When Lola Visits*，Sterling，2021）一书中含有丰富的比喻，它讲述了来自菲律宾的祖母洛拉在夏季探望小外孙女的故事。在小女孩看来，夏天的味道就像“炉子上炖着的杧果酱”和“一罐刚打开的网球”。这类书中令人印象深刻的表达值得在阅读中细细品味、重点解读。

- **重复性语言结构**：语言规律性较强的图书向来是精读的首选材料。富含重复性、或可预测的语言结构对初阶的读者颇有帮助，因为读者可以将已有的口语能力运用于阅读任务中。此外，反复出现的语言结构能调动孩子的参与感。例如，读者可以反复跟唱卢基·迪亚兹（Lucky Diaz）的《冰激凌叔叔》（*Paletero Man*，Diaz，2021）中的叠句：“丁零零！丁零零！是否听到他的叫喊？冰激凌人人有份，冰激凌一块一元！”有时候，他们也会跟着《如何帮南瓜生长》（*How to Help a Pumpkin Grow*，Wolff，2021）中的那只把南瓜从播种到做成馅饼的狗狗一起反复唱：“你愿帮南瓜生长吗？”运用了重复语言结构的图书对孩子的另一个益处在于其中的重复性表达可为其日后的创意写作奠定基础。
- **丰富的词汇**：词汇丰富的图书有助于激发孩子对词汇的好奇心，并让他们有机会运用阅读策略加深对词义的理解。例如在讲解辅音 /s/ 的时候，为了激发学生的好奇心，教师可以分享查尔斯·特维诺（Charles Trevino）的《海边漫步》（*Seaside Stroll*，Trevino，2021），跟随书中的女孩和母亲在冬天的海滩散步。本书里所有单词的首字母都是 s，这会让孩子叹服不已。教师可以借助说明性非虚构作品示范词义解析策略。孩子可以在练习中借助文本特征、视觉图像和词汇表增加词汇知识。你可以选择含有基于特定主题的词汇表的图书，这为即将开启的某学科单元教学铺垫了背景知识。例如，讲解科学中力和运动的概念时，交通爱好者可以学习《酷酷的旅程》（*On the Go Awesome*，Detlefsen，2020）中的“操纵”“驾驶”和“掌舵”这类词汇；而他们的想象力会随着这些词语飞跃到火车、飞机、船只等各式各样的交通工具上。如果你所教的社会课以识别情绪为主题，那么《负面情绪》（*Big Feelings*，Penfold，2021）是一个不错的选择，书中用到了很多表示情感、情绪的词汇。精读这些词汇丰富的图书，可为孩子提供真实的

词汇丰富的图书有助于激发孩子对词汇的好奇心

语言体验。

- **回味无穷的思想：**如果以深化理解为重点，那么可以选择能够引发深思的图书，以及那些富含动作描写、刺激情节、悬念和冲突等元素的故事。它们可以是能引发孩子共鸣的书，也可以是能激发孩子就其中内容展开辩论的书。泽塔·艾略特（Zetta Elliott）合乎时宜、感人至深的诗《我内心的地方》（*A Place Inside of Me*，Elliott，2020）描写了一次警察枪击事件对一个男孩所在的社区造成的伤害；读完诗后，孩子们围绕书中男孩一年中的情绪变化展开了讨论。另外一种借助书提高理解力的方式是整理出作品集，以供学生对比探究。例如，如果你们探讨的主题是善良，那么可以让孩子们对比《小善良》（*Small Kindness*，McAnulty，2021a）与《一的力量：每一个重要的善举》（*The Power of One*：*Every Act of Kindness Counts*，Ludwig，2020）。我在本书中零零散散插入了这类作品集，供你参考。
- **有趣的主题：**在阅读课堂上传授一些学科内容对师生均有益处。对你来说，它节省了教学时间。对于孩子来说，知识类作品既激发了他们对相关主题的兴趣，又强化了背景知识。精读这些书中的关键页时，你可以重点指导孩子如何运用文本特征、提取写作结构、理解与主题相关的词语等。在我的经验里，最佳的书选是梅丽莎·斯图尔特（Melissa Stewart）的《动物界弱者的赞歌》（*Pipsqueaks*, *Slowpokes*, *and Stinkers*: *Celebrating Animal Underdogs*, Stewart，2018），我们主讲的是书中那些浑身发臭的动物。本书的第三章主讲非虚构作品，旨在助你扩充孩子的学科知识并提高语言理解力。其他章节给出了两种将知识类作品引入读写教学中的简单方法。第一个方法是拓展精读作品的范围、设计多元体裁作品集，以进行拓展学习。第二个方法是给孩子留些时间，让他们在堆满图书和相关资源的观察中心进一步深究主题。本书的其他章节中也分享了作品集以及观察中心的设计点子，你可以参考，并重点围绕孩子感兴趣的主题设计适合他们的拓展练习。

除了上述的选书标准，还有一个高于一切的标准，即尽量选择那些话语权低微、背景平凡的作者的书。

为帮你选好精读用书，下表针对选书标准列出了对应的教学要点建议。

选书标准与相应的读写技巧或策略	
选书标准	**读写技巧或策略**
节奏和押韵	精听发音 琢磨标点符号 探究作者的写作技巧
令人印象深刻的表达	推敲文字 精读提升流利度 探究作者的写作技巧
重复性表达	精读提升流利度 琢磨标点符号 探究作者的写作技巧
丰富的词汇	推敲文字
回味无穷的思想	推敲文字 精读促进理解
有趣的主题	推敲文字 精读促进理解
可供孩子写作参考的范文	探究作者的写作技巧

第三步：设计共读活动

设计共读活动时，粗略做出共读之前、期间和之后的计划。针对“阅读前”环节，规划一下如何将孩子引入到课堂中，并清楚地表述共读的目的。接下来，规划“阅读中”环节，明确三个可供暂停、重读、深究的关键节点。所选关键页应能帮助孩子获取与教学重点直接相关的全新知识。该环节收尾时，指导孩子将所学新知识应用于独立阅读或写作活动中，明确引导孩子走向独立。最后，在“阅读后”环节，你可以鼓励他们依托书进行创新写作，前提是这对他们确有帮助，且符合你的教学目标。换言之，你可以让孩子借鉴书中的文字、概念或结构进行写作或绘画。下面我将详细解释这几个环节。

阅读前

- **引入活动**。教学时间可谓一刻千金，所以在孩子们共聚一堂为共读做准备时，请设计一个引人入胜的活动，或者如扎雷塔·哈蒙德（Zaretta Hammond，2015）所提出的“启动”活动，你可以播放一首新歌、一首耳熟能详的歌、颂歌或押韵儿歌，或者展示与所选图书、重点阅读技巧或策略相关的图片或视频片段。尽量在第一波孩子进入教室时就开始这个引入活动，不要等到所有人都归位后再开始。这个热身环节以友好的姿态将孩子带入共读活动中。如果你分享的是歌曲和诗歌，不妨展示他们最爱的作品，并将其汇总到名为《歌曲、诗歌和押韵儿歌》的活页夹或笔记本中。然后，抽出一点时间一起读这个珍贵的作品集，或者在指导小组阅读时不定期地拿出来阅读一番。孩子也可以在独立阅读时欣赏这些熟悉的作品。
- **背景铺垫**。孩子们准备就绪后，迅速将他们的注意力吸引到你的教学重点或学习目标上，以此开启共读活动。背景铺垫能让孩子们认识到精读书的目的和重要性。我在每个共读活动中都加入了一段用于铺垫背景的陈述。你的目标是满足孩子的需求。我鼓励你根据他们的兴趣、问题或错误理解来调整目标。

阅读中

- **解读关键页**。我选择了一些关键停顿点供你们深入探究，以确保共读活动中的互动简短但又不失乐趣。围绕选出的三个停顿点，首先你可以示范阅读技巧或策略（“我先示范”环节），然后引导孩子和你一起尝试（“我们一起”环节），最后让他们将所学内容独立运用或与朋友一起实践（“该你了”环节）。每个环节过后，可以依据你对他们的观察确定接下来的步骤。以你通过观察孩子所收集的形成性数据为参考，你或许会延长活动时间以确保所有孩子都理解，或许有必要重新示范一遍。

- **引导独立阅读**。共读的核心目标是让孩子对读写技巧和策略获得更深的理解，并将其运用到自己独立的读写活动中。引导独立阅读是指借助问题或提示语引导他们回归到教学重点，并教会他们将自己所掌握的能力应用于实践。引导独立阅读的提示语多种多样，下面试举几例：

  - 想一想你是否可以……
  - 你可以通过……来练习。
  - 你可以借助这个要点图 / 工具来……
  - ……非常有效。
  - 要想运用今天的所学内容，你可以……

每个共读活动中都列举了更多旨在鼓励孩子持续学习的话。

阅读后

- **创新写作**。如果孩子们有足够多的机会进行目标明确的写作，那么他们会将它视为一种自我表达的方式。孩子们在精读的过程中逐步学会如何做一个合格的读者。创新写作另一个益处在于它能让孩子们对写作技巧获得更深刻的见解。给他们示范如何将这些见解应用于创新写作大有裨益。他们在该环节中通过借鉴书中的观点、概念、结构、短语或插画来创作自己的文章或绘画，以此将精读拔高至新水平。你可以与他们一道以共享或互动的方式进行创新写作，也可以让他们独立写作，或与同伴携手写作。下面列举了一些其他方式，供你模仿或改编该环节：

  - 介绍和示范创新写作的方法，然后将所需材料放在写作中心或写作站。
  - 依托在线平台，让孩子以图片或视频形式记录他们的作品。
  - 让每个孩子写一页内容，然后把所有作品汇总成一本班级之书。
  - 制作一个读写笔记本（Walther & Biggs-Tucker，2020），供学生记录在朗读活动和共读活动中读过的作品。

第一章到第四章中的共读活动中提供了一种创作机会，既可以帮助孩子运用课堂互动所学知识，同时加强了读写之间的关联。有时候，孩子可能会把你引向不同的方向，以自己的方式写作。这种情形下，不妨跟随他们，看看会将你引到什么方向。

使用本书的四种方法

将本书当作多用途的读写教程来使用。我将书中每个朗读活动都设计成了内容连贯的跨页形式，以供你快速决定哪个环节能发挥最佳的教学效果。共读活动也是以类似的形式设计的。两个活动一前一后、顺畅衔接，供你通过如下方式指导孩子进行读写练习。

强化朗读—共读的联系

之所以让共读跟在氛围炽热的朗读的后面，是因为这样可以让孩子先欣赏整本书。然后，在教学日或教学周的后半段，可以将朗读活动顺畅地过渡到共读活动，从而让孩子在对整本书有一定了解的基础上继续精读部分重点内容。这种从整体聚焦至部分的学习方式能帮助孩子更轻松地掌握读写相关的概念。我特意将这两种教学情境设计成前后自然衔接，同时也给孩子留出足够的、独立探究的空间。

丰富你的读写课程

无论你是围绕单元内容设计读写教学、还是设计某个核心阅读项目、或规划自己的课程，本书都能助你拓展和拔高学生的读写能力。每一个活动均旨在帮助孩子理解基于核心标准的学习目标。你可以通过将孩子的学习目标与本书配套的“学习目标图”进行匹配来轻松实现这点。“学习目标图”全面覆盖了精读作品、延伸阅读书目、学习目标、重要词汇和相关链接等内容。此外，该图详细阐述了共读中的两个活动的目标。

愉快地传授基础技能和策略

如果我们可以依托纸质图书进行语境中的读写学习，那又何必要下载电子版呢？朗读和共读为孩子有目的、快乐地学习和运用阅读策略提供了真实情境。共读活动激发了学生的好奇心。不妨把每次共读当作一个待解的谜题或问题。探究式方法不仅对学生已掌握的特定技巧或策略给予肯定和欣赏，同时也让你有机会向孩子示范你希望他们在独立阅读时具备的技能。将他们引入这个阅读探究过程，可以帮助他们独立地将所学技巧运用到个人的读写活动中去。

线上教学中清晰授课的小窍门

疫情期间，我加入了一个同事的小组，阅读和讨论《远程学习指南》（*The*

Distance Learning Playbook，Fisher et al.，2021)。我发现远程教学最实用的原则之一是教师的清晰表达，即保证线上教学中各个方面的清晰度。无论是面对面授课还是线上教学，教师的清晰表达都是至关重要的！基于这个原因，我在本书的活动设计中兼顾了如下两个方面，以助你打造连贯的阅读活动。首先，为了帮助你清晰表述学习目标，每一个朗读活动中都设置了便于孩子理解的目标陈述，该陈述与学习目标紧密契合。在共读活动中，则是以旨在明确学习目标的“背景铺垫”作为开端。其次，我还加入了“拓展练习”环节，以助你将形成性评价融入到活动中。上述很多环节均可以在面对面授课模式中借助空白纸或便利贴实现；当然，我们也可以借助其他电子便签条、视频或音频、或其他数字工具，轻而易举地将孩子的反馈转化成电子格式。

现在，是时候调暗灯光、在朗读和共读活动中充分阅读、交谈、思考、互动了。我希望你和学生阅读本书推荐的书目时能获得我在择取它们时所享受到的同等快乐。愿你们在分享图书和分享学习的过程中享受欢乐和惊喜。

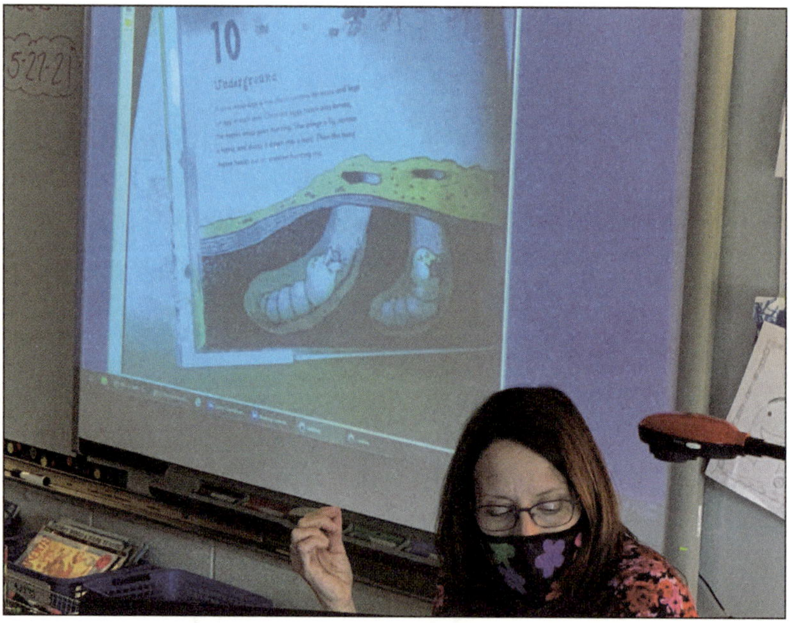

无论是面对面授课还是线上教学，教师的清晰表达都是至关重要的

我最爱的用于共读的资源

我承诺翻越桥梁，推倒重重厚壁，与朝阳一同早起，从每次跌倒中学习。

——《我承诺》

（*I Promise*）

勒布朗·詹姆斯（LeBron James）著

尼娜·玛塔（Nina Mata）绘

共同阅读、学习与讨论

1

满载希望的一年

告诉你一个小秘密，我对学校的教具非常痴迷。每当走过学校的走廊，我都忍不住拿起最新的记号笔或新一期杂志……有备无患嘛。开学大促似乎开始得越来越早，而每次我都在门外等候。我好奇“这是出于我对教具的痴迷呢？还是出于对新学年的期待呢？”保罗·泽扎克（Paul Czajak）在《书之树》（*The Book Tree*，Czajak，2018）中写道：“开端是最美好的时刻。从开端中似乎可以嗅出前方充满一切可能。”我由衷喜欢新学年的开端，它满载希望，充满无限可能。

我在本章中整理了一系列适合开学前几周阅读的书，它们均涉及孩子基本的社会情感能力。带着孩子共同阅读和探讨这些书时，你们会全身心投入讨论，为健康友好、充满关爱的班级氛围奠定基础。快速浏览一下第36页的“精读书单”。请注意，在朗读活动之后的共读活动中有一系列的阅读技巧和标准供你选择。你可以挑选那些适合孩子水平，且能促进他们进步的活动。

本章的教学活动可以帮助孩子：

- 发展自我意识
- 识别感受和情绪
- 灵活思考
- 策略性解决问题
- 坚持不懈
- 与人共情
- 与他人建立关联

我不仅要感谢大家邀请我加入你们的教学空间，还要在你们打开一本充满无限可能的书时为你们带来力量、快乐和积极情绪。如果知道你们的名字和地址，我肯定会给你们寄去一把新削的铅笔！

精读书单

书名	共读活动1	共读活动2
《一只平凡的小猪》(*A Normal Pig*，Steele，2019)	精听发音：音节打拍	探究作者的写作技巧：过渡语
《我承诺》(*I Promise*，James，2020)	精听发音：是否押韵？	精读促进理解：读透字里行间的隐含义
《瞧我的》(*Watch Me*，Richards，2021)	匹配字母与发音：-ook 和 -all 词族	精读提升流利度：感受重复性表达
《不太像白雪公主的女孩》(*Not Quite Snow White*，Franklin，2019)	推敲文字：表演出富有表现力的词	精读促进理解：注意人物的情感变化
《哈莱姆花园：一个伟大的创意改变了一个社区》(*Harlem Grown: How One Big Idea Transformed a Neighborhood*，Hillery，2020)	琢磨标点符号：并列事物之间的顿号	探究作者的写作技巧：重复性表达
《爷爷给的工具箱》(*When Grandpa Gives You a Toolbox*，Deenihan，2020)	推敲文字：复合词	精读促进理解：细节侦探
《"土"价出售》(*Dirt Cheap*，Hoffman，2020)	精读促进理解：欣赏有趣的部分	探究作者的写作技巧：隐藏的旁白
《最后一棵树》(*The Last Tree*，Haworth-Booth，2020)	琢磨标点符号：省略号	精读促进理解：探究因果关系
《美人鱼欧娜》(*Oona*，DiPucchio，2021)	琢磨标点符号：括号	探究作者的写作技巧：借助人物对话和内心思考理解人物
《勇于尝试的贾巴里》(*Jabari Tries*，Cornwall，2020)	精读促进理解：数字三的魔力	精读提升流利度：齐读富有表现力的词
《怎么了，马洛？》(*What's the Matter, Marlo？*，Arnold，2020)	精读提升流利度：对话气泡	精读促进理解：追溯情感的根源
《我说话像河流》(*I Talk Like a River*，Scott，2020)	推敲文字：比喻	探究作者的写作技巧：第一人称视角
《斯瓦施比和大海》(*Swashby and the Sea*，Ferry，2020)	匹配字母与发音：找寻词块	推敲文字：形容词三连
《阿拉伯被子：一个移民的故事》(*The Arabic Quilt: An Immigrant Story*，Khalil，2020)	推敲文字："说"的不同表现方式	探究作者的写作技巧：过渡词

我最爱的可供开学前几周使用的资源

《一只平凡的小猪》（*A Normal Pig*，Steele，2019）

朗读活动：做自己

内容简介：小猪皮普一直满足于自己的普通和平凡，直到一只新的小猪加入她的班级。这只新来的小猪无情取笑了皮普的午餐和画，这让皮普满腹怒火地回到家中，并冲着家人大发了一顿脾气。皮普睿智的妈妈觉察到了这个问题，于是提议全家去城市里的博物馆参观。在那里，皮普意识到“平凡”并不等于和其他人一模一样。

寻找类似书时需要留意以下几点：

- 书中人物发展了自我意识；
- 书中的故事主题能与孩子产生共鸣。

学习目标：

- 我能注意到书中人物的言行举止。
- 我能思考我的言行举止是如何让我与众不同的。

有助于孩子加深理解的提示语

阅读前

留意正文以外的部分蕴含的信息

你认为封面上的这些小猪在做什么？【拍班级合照。】你还注意到其他什么内容？你认为哪只小猪很“平凡”？【听听孩子的想法。】书封、环衬、扉页上有一些提示，它们或许能让你重新思考最初的答案。【快速翻看本书这几处内容，然后围绕学生从插画中获得的新见解展开讨论。】

带着问题阅读：这本书的标题是《一只平凡的小猪》。我们一边读这个故事，一边思考“平凡”这个词的含义。

阅读中

- 内文：*有一天，学校里新来了一只小猪。*这页的情节发生了什么变化？你认为这只新来小猪的话让皮普有什么感受？
- 内文：*当父母问她是怎么回事……*皮普生气是因为父母吗？仔细观察她在画什么。【房子。】你认为她为什么要画房子呢？【可能是因为那只新来的小猪嘲笑了她在艺术课上画的那座独特的房子。】
- 内文：*操场上，所有的小猪都各有不同。*你觉得皮普的妈妈为什么要把她带到城市里？比较一下城市操场上的孩子和皮普学校操场上的孩子，你发现了什么不同？【翻回第一页进行比较。听

听学生们从两个操场的对比中观察到的种种不同之处，并给出反馈。】

- 内文：他们回到家后，皮普心情好多了。你认为哪些事情改变了皮普对于“平凡的”午饭的态度？思考后和朋友讨论一下这个问题。

读后交流

- 你能推断出作者K-法伊（K-Fai）想用“平凡”这个词表达什么样的思想吗？如果有人问你“平凡”是什么意思，你会怎么回答？
- 回到博物馆那一页，翻译这页里的小猪们用各自的语言说了些什么。【作者在版权页提供了翻译。】

拓展练习

- 在这张白纸上画出或写出你从这个故事中学到的重要思想或道理。
- 还记得皮普思考自己长大后能做哪些事情的那一页吧？现在拿出一张纸，分成两半，写出或画出你长大后想做的两件事。还有一个额外的挑战：翻到背面，再写出另外两件你可能会做的事。

延伸阅读

● **《牛油果的疑问：我是谁？》**（*Avocado Asks: What Am I?*，Abe，2020）
内容简介：一个小女孩指着牛油果问：“牛油果是水果还是蔬菜呢？”这一提问让牛油果踏上了一段自我发现之旅。在它失魂落魄、孤独无助的时候，番茄帮助牛油果认识到它是一个独特的个体。这本书与《奥格威》（*Ogilvy*，Underwood，2019a）可完美搭配。

● **《穿衣打扮的弗雷德》**（*Fred Gets Dressed*，Brown，2021）
内容简介：弗雷德在房子里蹦蹦跳跳地喊着“全身脱光光，自由又快乐”，直到他来到爸爸妈妈的衣橱。他发现爸爸的衣服并不合身，于是从妈妈的衣服中选了一件，结果很称身。他在脸颊上涂上口红，随后被爸爸妈妈发现了。他们没有对弗雷德评头论足，而是毫不犹豫地加入了他的快乐装扮游戏中。

重要词汇和便于孩子理解的定义：

- 回应：以某种方式回答或给出反应
- 寻常：平常

共读活动1——精听发音：音节打拍

阅读前

背景铺垫：我们将精读《一只平凡的小猪》，并在关键页暂停，选择插画中的某些单词练习音节打拍。【如果学生没有接触过这种语音意识练习活动，那么你可以拿他们的名字举例，教他们如何边听音节边打节拍。】

阅读中

解读关键页

我先示范

内文：*皮普是一只平凡的小猪，过着平凡的生活。*我会重读这页。现在，我每指到一张图片，就会给图中单词的音节打拍。首先，我要为 Pip（皮普）打拍。Pip 是单节拍词，也称为单音节词。然后，我再给单词 playground（操场）打拍。playground 是双节拍词，也称为双音节词。

我们一起

内文：*皮普还是皮普，但她渐渐产生了不一样的感受。*我会指出这一页中的乐器，一边念出对应的单词，大家边听边打拍子。

- drum（鼓）
- tuba（大号）
- clarinet（单簧管）

观察每个单词中音节的数量，你有什么发现？

该你了

内文：*当父母问她是怎么回事时……*我们读接下来的四页，我会从每一页中选一件物品让你给音节打拍。

- refrigerator（冰箱）
- subway（地铁）
- museum（博物馆）
- swing（秋千）

【重读本书剩余部分，继续练习音节打拍。】

阅读后

引导独立阅读

音节打拍练习可以帮你形成对单词发音的敏锐听觉。你可以在学校或家里练习，说出你最爱的东西对应的单词，然后打打拍子，数数单词中包含多少音节。

共读活动2——探究作者的写作技巧：过渡语

阅读前

背景铺垫：《一只平凡的小猪》中，作者K-法伊用了一种时间表达手法推动情节发展。作者并不会反复使用“同时”“然后”之类的常见词汇，而是借助过渡语。过渡语就像一座桥梁，将读者从一个故事情节带到下一个情节。

阅读中

解读关键页

我先示范

内文：*有一天，学校里新来了一只小猪。*我注意到作者在这页的开头用了一个过渡短语。“有一天”这个短语告诉我新的一天到了。

我们一起

内文：*星期六，皮普的妈妈想到一个点子。*重读这页的第一个句子。这里的过渡语是如何推动情节发展的?

该你了

内文：*操场上，所有的小猪都各有不同。*这里的过渡语有什么不同？它告诉你时间和地点了吗?【继续引导学生重点关注过渡语，以及它们常被用在逗号之前这一特征。】

阅读后

引导独立阅读

过渡语是指将读者从一个故事情节带到下一个情节的词或短语。现在我要把我们找到的一些过渡语写在这个要点图中，方便大家写作时使用。【在要点图上写出过渡语，例如：“然后”“有一天”“星期六”“操场上”“他们回到家后”“星期一”】

创新写作：我们从这个故事中了解到皮普喜欢和家人一起画画、一起做饭。你喜欢做什么？找张白纸，先画一幅自画像，然后在脸的周围画出并标注一些你喜欢做的事情。

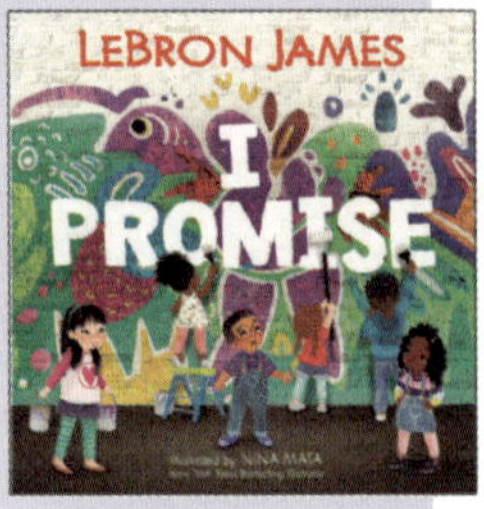

《我承诺》（*I Promise*， James， 2020）

朗读活动：做最好的自己

内容简介：本书讲述了一群孩子履行对自己许下的承诺的故事。作者勒布朗 · 詹姆斯（LeBron James）在家乡建立了“我承诺”公益学校，在这里，孩子们会给自己许下一系列承诺，本书正是取材于这种教学实践。

寻找类似书时需要留意以下几点：

- 书中的主题能够引发关于自我意识和积极心态的讨论；
- 书中含有培养成长型思维的内容。

有助于孩子加深理解的提示语

阅读前

留意正文以外的部分蕴含的信息

绘者尼娜 · 玛塔（Nina Mata）明亮多彩的插画是我喜欢这本书的原因之一。这些插画是她用数字工具创造而成的——很神奇吧！封面上的孩子们在做什么？我看他们像是一个团队在一起合作。大家同意吗？

带着问题阅读：大家听说过篮球运动员勒布朗 · 詹姆斯吗？书背面有他的照片。【展示封底。】他不仅是一名篮球运动员，同时还投入大量时间和金钱帮助他人。为了帮助家乡的孩子，他和朋友们合作开办了这所“我承诺”学校。通过阅读这本书，大家会了解可以对自己许下怎样的承诺。承诺是指你告诉自己或别人你决心完成的事或未来将实现的事。

阅读中

- 内文：*我承诺要好好上学*……你认为勒布朗 · 詹姆斯所说的“尊守游戏规则”是什么意思？【围绕不同的“游戏规则”或“小组计划”展开讨论，例如与朋友一起完成任务，或饭后帮助家人收拾餐具。】
- 内文：*我承诺驰骋全场*……勒布朗· 詹姆斯在这页所说的你的“魔力”是指使你独一无二的所有特征。你有什么方式可以充分发挥自

学习目标：

- 我能注意到书中人物的言行举止。
- 我能思考我的言行举止是如何让我与众不同的。
- 我能说出、写出或画出在生活中如何运用从这本书中学到的内容。

己的魔力？在脑海中想一想。

- 内文：我承诺微笑待人……这页中有两个你可能不太明白的词。我们一块看看。第一个词是“谦虚”。这里的“谦虚”是指即便赢了一场比赛，也不能吹嘘炫耀。第二个词是“失败”。它是胜利的反义词，意思是输了。
- 内文：我承诺勤学好问……我们谈谈“二次机会”。“二次机会”是指因为第一次尝试没能成功，于是要再试一次。有时候你甚至需要不止两次机会！你有没有给过别人二次机会？结果如何？向旁边同学问问这个问题。
- 内文：我承诺给予长辈和同龄人同等的尊重。你可以借助图片线索理解这页中较难的词语。“长辈”是指比你年长的人，“同龄人”是指和你年龄相仿的人。在我们的教室中，你可以对长辈微笑，和同龄人撞肘。

阅读后

- 你对书中人物的哪些言行举止记忆犹新？【如果需要，可以翻回去重读，引导孩子展开讨论。】
- 书中哪些承诺与你曾对自己许下的承诺相似？

拓展练习

- 你在这本书中听到了各式各样的个人承诺——你也可以对自己做出同样的承诺。现在该你了。写下两个承诺：一个是你打算在学校遵守的承诺，另一个是你想在家里实现的承诺。参考配套的“个人承诺”练习纸。
- 以共享或互动的写作形式与全班同学共同做出一份班级承诺。

延伸阅读

《了不起的你》（*Remarkably You*，Miller，2019）

内容简介：这本振奋人心的书传递了乐观积极的思想。读者阅读本书最大的收获是认识到自己有能力改变世界，应该接受自己与众不同的特质，并勇于向他人展示天赋。

《善良之心》（*When We Are Kind*，Smith，2020）

内容简介：这本书的创作者们都是美国原住民，他们在书中强调了善良之举和由此带来的积极情绪之间的关系。

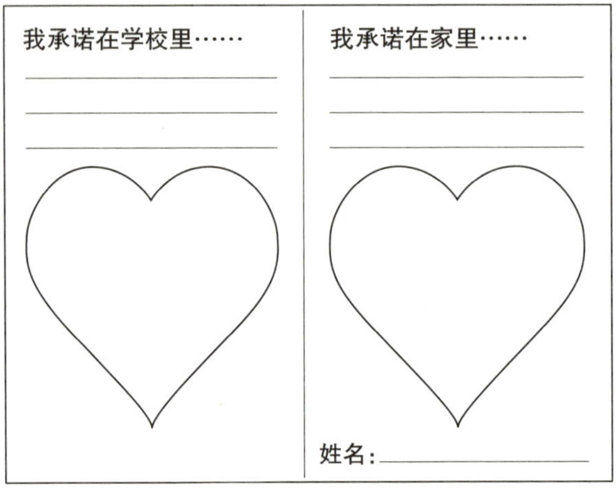
我承诺在学校里……
我承诺在家里……
姓名：

“个人承诺”练习纸

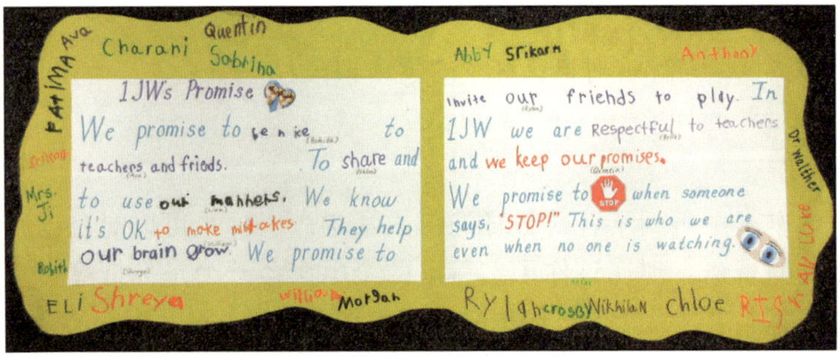

孩子们共同创作的班级承诺

重要词汇和便于孩子理解的定义：

- 勇敢：有胆量
- 谦虚：不吹嘘或炫耀自己所拥有的东西或能力
- 尊重：对他人有礼貌、友善

共读活动1——精听发音：是否押韵？

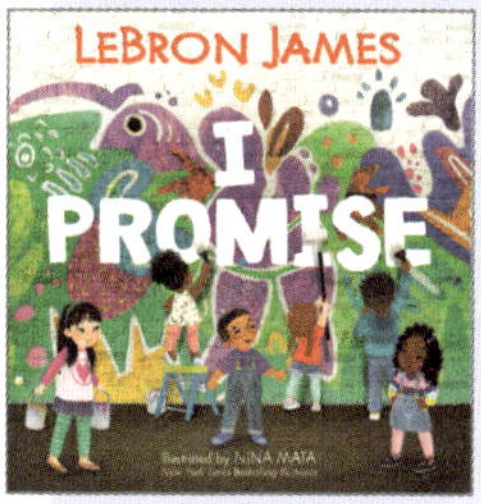

阅读前

背景铺垫：因为勒布朗·詹姆斯在《我承诺》中用了很多押韵词，所以它读起来节奏明快、流畅自然。做好准备，我们再读一遍，大家用心听，并判断句尾的词是否押韵。

阅读中

解读关键页

我先示范

内文：我承诺努力奋斗……【重读这一页】我们要重点听这两个词：right（正确）和 life（生活）。为了精听词尾发音，我会为大家示范韵律弹跳，也就是我假装把第一个单词放在左手里，然后念“right，-ight，-ight”，边说边让左手上下弹跳。接着，我把第二个单词放在右手里，然后念“life，-ife，-ife”，边说边让右手上下弹跳。仔细听两个词的词尾发音，我发现 right 和 life 并不押韵。

我们一起

内文：我承诺要好好上学……【齐声重读这一页】我们要重点听这两个词：can（能）和 plan（计划）。咱们一起练习韵律弹跳吧。假装把第一个单词放在左手里，然后说“can，-an，-an”。接着把第二个单词放在右手里，然后说“plan，-an，-an”。这两个词押韵吗？

该你了

用这种方式继续往下读。【为了帮助孩子建立发音与字母对应关系，你可以重温书中的词对，同时借助《自然拼读法的运用：读写用词》（*Phonics they use：Words for reading and writing*，Cunningham，2017）中的一些策略。】

- 将词对分别写在两张单独的卡片或电子便签条上。
- 仔细听是否押韵。
- 如果两词押韵，就留着它们。
- 如果不押韵，就把卡片撕掉（孩子们可喜欢撕东西了！），或者删除电子便签条。

下面是《我承诺》一书中可以重点探讨的词对：

time	-	shine	right	-	fight
（时间）		（闪耀）	（正确）		（斗争）
same	-	came	things	-	bring
（相同）		（到来）	（事物）		（带来）
got	-	spot	walls	-	falls
（得到）		（发现）	（墙）		（跌落）
speak	-	defeat			
（发言）		（打败）			

阅读后

引导独立阅读

精听并留意押韵的词对于阅读和拼写都很有帮助。

共读活动2——精读促进理解：读透字里行间的隐含义

阅读前

背景铺垫：我们这次精读关键页时，要重点分析字里行间的隐含义。也就是说，我们不能仅停留在图片和文字线索上，还应充分调动我们的图式，解析出勒布朗·詹姆斯想表达的思想。

阅读中

解读关键页

我先示范

内文：*我承诺努力奋斗，做正确的事*……当我第一次读到这页的“做头领”这个表达时，我以为勒布朗·詹姆斯是在鼓励我做个小队长。但是读完整句话之后，我更正了之前的想法。借助文字线索，我知道了他的意思不仅限于此。我推测他是想说我应该在各个方面都发挥引领作用，比如成为第一个主动邀请新朋友一起玩的人。

我们一起

内文：*我承诺驰骋全场*……在篮球比赛中，驰骋全场是指从球场一侧的篮筐跑到另一侧的篮筐，但是图片上显示的却是孩子们在踢足球，所以我认为作者的意思不仅仅是在篮球场上来回跑。你能推断出“驰骋全场”是什么意思吗？【*尽力而为，有始有终，不要放弃。*】

该你了

• 内文：*我承诺要过桥……*。这页最后一句话是“从每次跌倒中学习”。虽然图片中显示的是一个跌倒的孩子，但是你要挑战自己突破表面含义想问题。和同伴一起探讨，看能不能推测出作者真正想表达的意思。【*从错误中总结经验。*】

阅读后

引导独立阅读

有时我们必须超越字面和图片的表面含义才能理解作者真正想表达的意思。这需要多学多练。当你独立做这项练习时，不妨和别的同学一起讨论，这样效果更好。

创新写作：作者在创作中会运用不同的文本模式和结构。勒布朗·詹姆斯用清单体写出了《我承诺》。如果你也想写一本清单体结构的书，构思一个你想写的主题，当然也可以从下面的列表中找灵感：

- 领导者是指……
- 我想尝试……
- 我很特别，因为……

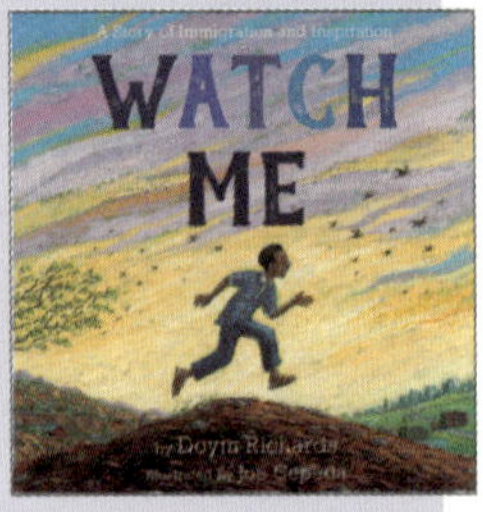

《瞧我的》（*Watch Me*，Richards，2021）

朗读活动：推断人物的感受

内容简介：这本书根据作者多尹·理查兹（Doyin Richards）父亲的真实故事改编，故事的主角乔从塞拉利昂去美国追逐自己的梦想。每次遇到他人的质疑或挑战时，乔从不放弃，而是对别人说："瞧我的。"最后，乔成功当上了一名医生。

寻找类似书时需要留意以下几点：

- 书中的人物有丰富的情感经历；
- 书中的人物克服了种种困难。

学习目标：

- 我能运用图片、文字和我的图式推断人物的感受。
- 我能说出、写出或画出人物的感受。

有助于孩子加深理解的提示语

阅读前

留意正文以外的部分蕴含的信息

观察封面上的风景，你有什么发现？【男孩的左边是山村，此时男孩正向城市奔去。】思考一下书名《瞧我的》，我们可能在书中看到男孩有哪些表现？乔·塞佩达（Joe Cepeda）用油彩绘制了书中的插画。如果仔细观察，你就会发现他笔触的质感。

带着问题阅读：本书的副标题是"一个关于移民和启迪的故事"。"移民"是指人们移居到新的地方。"启迪"是指你通过观看别人的行为而意识到自己也有同样的能力。现在知道了副标题的含义，对于刚才那个问题："我们可能在书中看到男孩有哪些表现"，你是否要更正或补充一下自己之前的答案？

阅读中

- 内文：*和你一样，乔也有自己的目标和梦想。*你能推断出乔的朋友对于他去美国的梦想持什么态度吗？你是依据什么线索推断的？
- 内文：*他的朋友和家人是对的。*你认为这页中的乔是什么感受？如果你听到有人在嘲讽他，你会怎么回应？
- 内文：*因为自己无法掌控的事情而被别人讨厌，这让乔很伤心。*你会用哪些形容词来形容乔？【勇敢无畏、坚持不懈、决心满满。】
- 内文：*我怎么知道呢？*说一说你从这页学到了什么。这本书的故事来源于作者父亲的亲身经历，这会让你感到惊讶吗？

阅读后

- 解释整个故事中乔在情感上的变化。故事一开始乔是什么态度？抵达美国之后他的情感有哪些改变？你能想象他当上医生之后的感受吗？
- 用一个词描述你读完故事之后的感受。和旁边的同学分享一下这个词。你们用的词一样吗？

拓展练习

- 找到“推断人物感受”练习纸，在上面写出并画出故事中乔的情感变化。
- 乔到美国后遇到的人不太友好。你的一生中可能会遇到很多向别人表示友好的机会。有哪些友好的待人方式呢？我们现在一起做一个清单，列出那些友好的行为。

延伸阅读

● **《福雅·辛格从未止步：有史以来年龄最大的马拉松运动员的真实故事》**（*Fauja Singh Keeps Going: The True Story of the Oldest Person to Ever Run a Marathon*，Singh，2020）

内容简介：和《瞧我的》中的乔一样，主人公福雅在漫长而幸福的一生中打破了非议者的种种断言。童年时期，亲戚们认为他的身体过于羸弱，无法走路，他却坚持了下来，直到100岁的高龄还完成了多伦多水岸马拉松比赛。书中的叠句“福雅从不听劝，福雅从不停歇”

姓名：________________

推断人物感受

起初	后来	最终
人物的感受：______	人物的感受：______	人物的感受：______
原因：______	原因：______	原因：______

“推断人物感受”练习纸

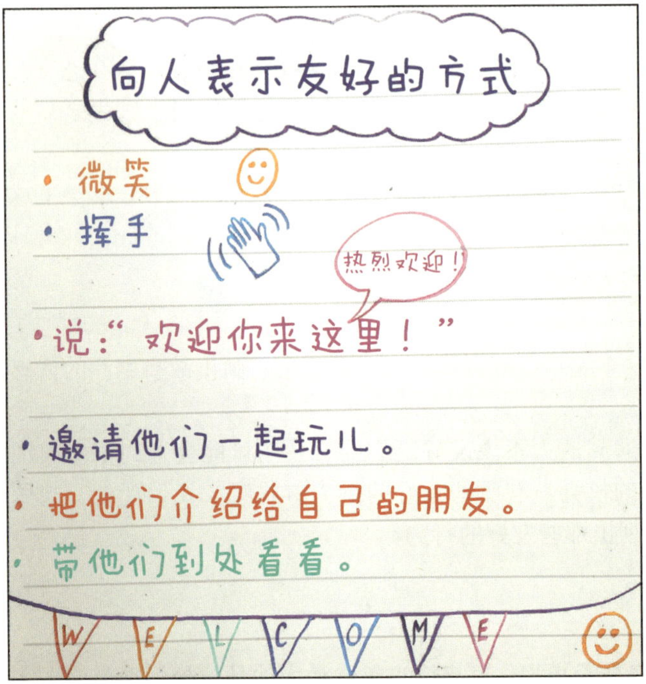

向人表示友好的方式

重要词汇和便于孩子理解的定义：

- 实现：成功达到目标
- 怀疑：认为某事可能不是真的
- 证明：表明某事是正确的

揭示了这本书的主题。这本传记开门见山地引入了一封福雅振奋人心的信，并在结尾处附加了背景信息，包括他跑步生涯中获得的种种成就。

● **《妮雅的漫漫求水路：一步一个脚印》**（*Nya's Long Walk to Water: A Step at a Time*，Park，2019）

内容简介：这本书是作者琳达·苏·帕克（Linda Sue Park）的小说《漫漫求水路》（*A Long Walk to Water*，Park，2010）的配套书，讲述了发生在南苏丹的故事。主人公妮雅和妹妹阿克尔取完水后走在回家的路上，这时妹妹阿克尔却病倒了。视野所及，寻不到任何帮助，于是妮雅不得不背着妹妹和水，走过漫长的路，最终回到了村庄。

共读活动1——匹配字母与发音：-ook 和 -all 词族

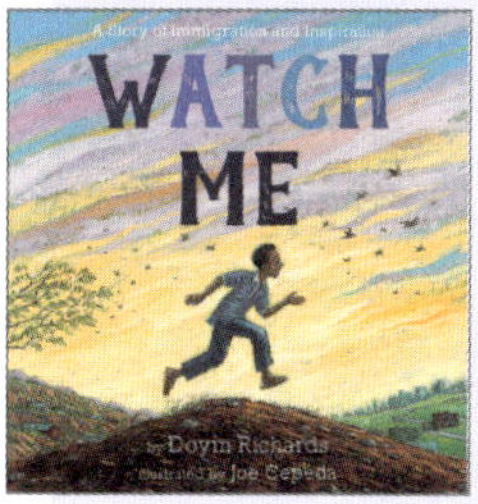

阅读前

背景铺垫： 单词小侦探们，做好准备，竖起耳朵，仔细听单词词尾发音，重点关注押韵规律或词族。如果你能读出并拼出词族中的一个单词，那么便能读出并拼出词族中其他有相同押韵规律的词。

阅读中

解读关键页

我先示范

内文：你看到他们在满是书籍的环境中学习的场景了吗？我注意到这页两个问题结尾的单词是押韵的。它们分别是 looks（长相）和 books（书）。为什么作者多尹·理查兹要让它们押韵呢？单词 looks（长相）和 books（书）同属一个词族。现在我要把它们写在词族表上，这样你可以清楚看到单词结尾的拼写规律。

我们一起

内文：你见过他们投出的漂亮的弧线球吗？你能找到两个属于同一词族的押韵词吗？【curveball（弧线球）和 hall（走廊）。】我在词族表上写单词的时候，大家仔细看每个单词的结尾部分。你发现了什么？大声朗读这些单词，同时重点听它们的词尾音。

该你了

【把所有孩子分成两组，一组代表 -ook 词族，另一组代表 -all 词族。让各组组员相互合作或独立进行头脑风暴，然后尽可能多地写下他们能想到的具有相同拼写规律的单词。孩子可以在白板、电子便签条或纸上记下单词。把这些词添加到班级词族表上。一起朗读这些单词，并用心听词尾发音。】

词族表	
-ook 词族	-all 词族
look（看）	ball（球）
book（书）	hall（厅）

阅读后

引导独立阅读

借助单词或词族中的押韵规律来解码和拼写单词是个十分聪明的策略。如果你想在自己的笔记本中放上一张我们制作的词族表缩印版，只管告诉我。

共读活动2——精读提升流利度：感受重复性表达

阅读前

背景铺垫：我们第一次读这本书的时候注意到作者重复使用了“瞧我的”这个短语。现在我要重读这个短语，大家跟着我一块儿念。

阅读中

解读关键页

我先示范

内文：他与众不同……当我读到“瞧我的”这个短语时，我会在脑海中把自己想象成正在和朋友、家人对话的乔。

我们一起

内文：但是乔的梦想从来不是“无惊无险”和“轻而易举”。把自己想象成乔。当受到他人质疑的时候，你会用什么样的语气对他们说“瞧我的”？

该你了

内文：他的很多老师和同学认为他不可能毕业。大家读“瞧我的”这个短语之前，思考一下这页的情节。

阅读后

引导独立阅读

你认为作者为什么重复使用“瞧我的”这个短语？这个重复短语能帮助你理解乔的故事吗？乔有没有反复说过其他有相似含义的短语呢？

创新写作：有没有人曾对你做某事的能力提出质疑，而你自己却深信不疑？想一些安全无害的活动，然后用下面的句型描述一下你的经历：当有人质疑我不能 ______________ 时，我会说：“瞧我的！”

《不太像白雪公主的女孩》（*Not Quite Snow White*，Franklin，2019）

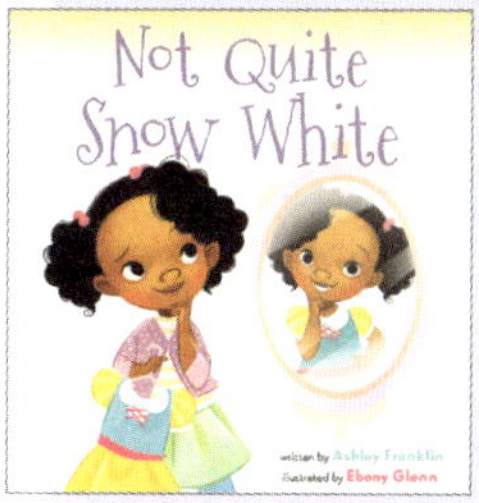

朗读活动：与人物共情

内容简介：塔米卡热爱唱歌跳舞。她喜欢登台表演，但从来没有扮演过公主的角色。她在学校看到了一张《白雪公主》中公主角色试镜的海报，于是第一个报名参加。她在试镜时无意中听到其他孩子在小声议论这个角色不应该由她来扮演。她的爸爸意识到这个问题后，安慰她说“你具备一个公主所有的特质”。塔米卡深受鼓舞，并最终通过了试镜，拿到了这个角色。

寻找类似书时需要留意以下几点：

- 书中有清晰反映人物感受的插画；
- 书中的人物表现出了丰富的情感；
- 书中的人物克服了种种困难。

有助于孩子加深理解的提示语

读前准备

留意正文以外的部分蕴含的信息

对比一下这个女孩的照片和她在镜子中的形象。你发现了什么？为什么绘者艾波尼·格伦（Ebony Glenn）将这两个形象设计成不同的样子呢？和同学讨论下这个问题。如果在这两个形象的头顶上各画一个思考气泡，你认为气泡中应填入什么内容？

带着问题阅读：思考一下书名《不太像白雪公主的女孩》。你认为作者想在书名中表达什么意思？【这个女孩还没有拿到白雪公主这个角色。】我们接着往下读，看看这个女孩最后是否拿下了白雪公主这个角色，同时多留意她的感受，并且思考如果自己在相同的处境中会如何做。

阅读中

- 内文：塔米卡跳着欢快的扭扭舞……观察这些图片中塔米卡的面部和身姿。可以找到哪些线索推断她的情绪？【讨论一下她的身体语言和面部特征。】

学习目标：

- 我能运用图片、文字和我的图式推断人物的感受。
- 我能思考自己在相同处境中会有什么样的感受。
- 我能说出、写出或画出人物的感受。

- 内文：**塔米卡试镜结束后，听到其他孩子窃窃私语。**想象一下，塔米卡此时有什么感想？如果换做你，会有什么感想呢？
- 内文：**塔米卡垂头丧气，拼命收腹。**哇！这页中的塔米卡和故事开始时的状态完全不同。是什么原因导致了她情绪上的变化？问问身边的同学，他在同样的处境中会有什么感想？
- 内文：**“此外，”她爸爸说，“白雪公主只是个虚构的人物。”**我再读一遍塔米卡爸爸鼓励她的话：“你具备一个公主所有的特质。”给同学解释一下你对这句话的理解。

阅读后

- 你会用什么词形容塔米卡在故事结尾时的情绪？
- 思考最后一页的句子。你在前面什么地方读到过这句话呢？【这是塔米卡爸爸在睡前说的鼓励她的话。】

拓展练习

- 你认为这个故事中塔米卡对自己有了什么样的认识？把你的答案写出来或画出来。
- 我注意到大家讨论这本书时，一般用“快乐”“悲伤”和“生气”这类词描述塔米卡的感受。我认为如果大家掌握了更多词汇，就可以挑战用更丰富的词汇，更加精准地描述人物的情感。【搜集那些突出快乐、悲伤、生气等情绪的书。在接下来的几天中，阅读一本重点突出某种情绪的书，并借助词典帮助孩子列出每个情感词的同义词。将孩子分成几个小组，并引导他们按照词义相关度将同义词排序。把这些词记录在图表或电子文档上，并做展示。】

延伸阅读

- **《了不起的格蕾丝》**（*Amazing Grace*，Hoffman，1991）

内容简介：读完了《不太像白雪公主的女孩》，我立刻想到了《了不起的格蕾丝》。和塔米卡一样，格蕾丝想在一个话剧中扮演彼得·潘，却有两个孩子告诉她不可以，因为她是黑人，而且还是女孩。但是在母亲和奶奶的鼓励下，她还是参加了试镜并拿到了这个角色。

● 《**虫虫女孩：一个真实的故事**》（*The Bug Girl (A True Story)*，Spencer & McNamara，2020）

内容简介：索菲亚对于虫子很痴迷。她带着一只蚱蜢去学校，却遭到了朋友们的嘲讽，蚱蜢也被他们弄死了。看到索菲亚沮丧的样子，妈妈去很多昆虫学家那里寻求帮助。这场寻求“虫虫伙伴”的努力为索菲亚换来了一系列与虫子相关的人生建议和研究虫子的机会。本书的附加材料中包含了“更多虫虫知识”模块。

快乐和生气的同义词

重要词汇和便于孩子理解的定义：

- 战战兢兢：紧张、害怕或有点发抖
- 泰然自若：因为知道自己可以做到，所以表现出镇定的样子

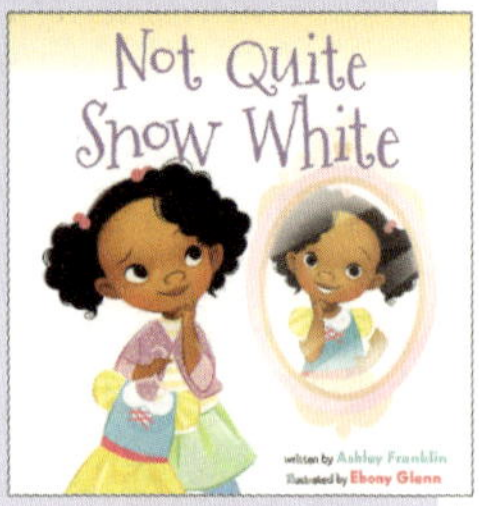

共读活动1——推敲文字：表演出富有表现力的词

阅读前

背景铺垫：塔米卡是个充满活力的女孩。我们可以从作者阿什利·富兰克林（Ashley Franklin）描述她行为时所用的词汇看出这一点。我们一起阅读、思考并表演出书中的这些词语。

阅读中

解读关键页

我先示范

内文：塔米卡跳着欢快的扭扭舞……我注意到“摇曳”和“踢踏”两个词。它们描述了两种截然不同的动作。摇曳式的舞蹈就像芭蕾一样流畅、安静，而我可能会在说唱和嘻哈歌曲中看到踢踏的动作。我给大家展示一下这两种舞姿。现在大家可以跟我一起跳。

我们一起

内文：塔米卡垂头丧气，拼命收腹。再读一遍这页的第一句话。“垂头丧气”是什么意思？大家试着做一个垂头丧气的动作。你认为塔米卡为什么垂头丧气？

该你了

内文：终于轮到塔米卡了。当塔米卡站在舞台上时，“双腿颤抖”。大家站起来表演一下双腿颤抖的样子。你有过这种经历吗？

阅读后

引导独立阅读

读到描写人物动作的词汇时，想象自己做这个动作的样子。看看这种方式是否能帮助你与人物产生共鸣并更好地理解人物。

创新写作：如果你有机会参演戏剧或电影，你想扮演什么角色？把你的答案用文字、绘画或视频的形式记录下来。

共读活动2——精读促进理解：注意人物的情感变化

阅读前

背景铺垫：这次我们要通过精读来探究塔米卡在整个故事中的情感变化，同时思考一下故事的转折点在哪。

阅读中

解读关键页

我先示范

内文：*塔米卡兴奋不已，连着两天都参加了试镜。*我要从故事的开头选择一些精确描述塔米卡情感的形容词。此时的塔米卡兴高采烈、信心满满、兴奋不已。我会把这些形容词写到“人物情感变化图”中。

我们一起

内文：*这是她第一次对唱歌跳舞产生了排斥感。*如果让你描述塔米卡此时的感受，你会用哪些形容词？把它们记在图上。

该你了

内文：*也许她确实具备了一个公主所有的特质。*和同学一起讨论，头脑风暴一些形容词来描述故事结尾处塔米卡的感受。给同学解释一下故事中途所发生的、导致塔米卡情感转变的事情。我们把这样的事情称为转折点。把转折点也记在图上。

阅读后

引导独立阅读

今天我们探讨了在整个故事中塔米卡的情感变化，也注意到了故事的转折点。留意故事的转折点能帮你更好地理解人物在学习新事物时是如何经历成长和转变的。你可以用便利贴在书上标注出这个转折点，这样以后就能更好地运用今天学到的内容。然后，和朋友讨论一下在转折点前后人物的情感发生了哪些变化，同时思考一下人物从整个经历中学到的道理。

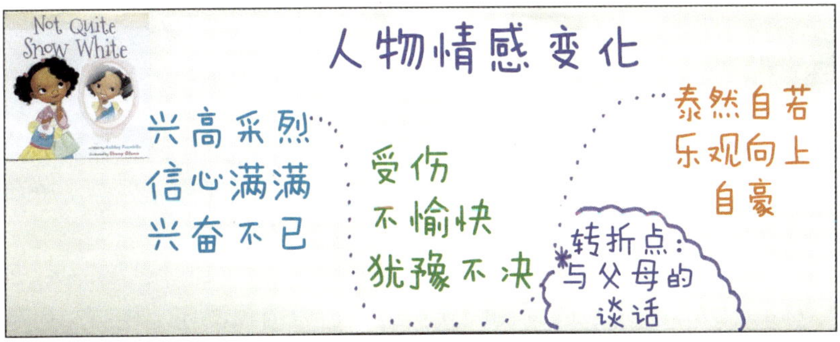

人物情感变化图

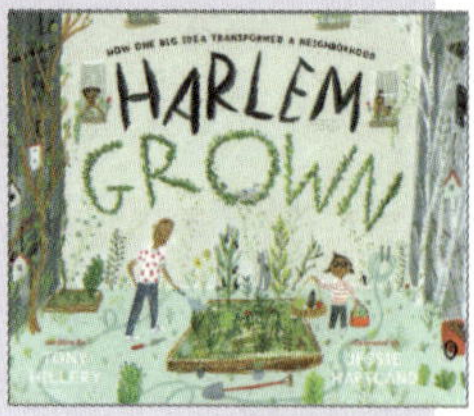

《哈莱姆花园：一个伟大的创意改变了一个社区》（*Harlem Grown: How One Big Idea Transformed a Neighborhood*，Hillery，2020）

朗读活动：探讨人物的决定

内容简介：作者托尼 · 希勒里（Tony Hillery）与孩子们在纽约市一起建哈莱姆花园——这个鼓舞人心的真实故事是本书的创作源泉。

寻找类似书时需要留意以下几点：

- 书中的人物找到了解决问题的办法；
- 书中的人物与他人合作改善了社区。

学习目标：

- 我能注意到人物遇到问题时是如何做出决定的。
- 我能思考自己在遇到问题时该怎样做决定。

有助于孩子加深理解的提示语

阅读前

留意正文以外的部分蕴含的信息

绘者杰西· 哈特兰 (Jessie Hartland) 在封面插画中加入了很多的细节。给同学描述一下你发现的三个细节。问问他们是否能找到三个不同的细节。这本书的名字叫《哈莱姆花园》，注意标题上方还有另外几个字，它们是这本书的副标题“一个伟大的创意改变了一个社区”。副标题为本书的主题提供了更多的信息。“改变”这个词是指让事物发生变化。把你从书名、副标题和插画中学到的内容整合在一起，预测一下这个故事的主旨是什么。

带着问题阅读：我们还是开始读这本书吧，验证一下你的预测是否和作者不谋而合。我很好奇为什么社区的某些方面需要改变，也好奇人们做出了什么样的决定改变了社区。

阅读中

- 内文：曾经，在一个大城市中有一片热闹非凡的区域，内维娅的学校就在这里。目前为止，你对这个故事的发生地有了哪些了解？你发现什么问题了吗？
- 内文：一天，一个男人来到了内维娅所在的学校。他带来了什么样的创意？你现在的预测和我们阅读前做的预测还一样吗？还是说你根据我们读到的内容改变了预测的内容？

- 内文：她的朋友也来了。哇！他们种下了400棵小树苗。你认为这些小树苗能长大吗？
- 内文：然后，孩子们浇水、除草，他们种的植物开始生长。咦？出了什么问题？【内维娅的植物枯萎了。】托尼先生做了什么样的决定？【种上了别的植物。】你觉得这样行得通吗？
- 内文：木材。托尼先生的新计划是什么？你见过高架式花床吗？这种花床能起到什么作用呢？【杂草少，小动物无法闯入，土壤质量更好。】

阅读后

- 是什么想法改变了这个社区？
- 讨论一下托尼先生建造花园的决定。

拓展练习

- 花园里草木丛生，托尼先生和孩子们还有什么别的办法处理花园里长出的可食用的植物吗？把你的点子用文字、绘画或视频的形式记录下来。
- 这本书中，托尼先生和孩子们建造了一个花园，并目睹了它的发展壮大。为了更好地了解种子的萌发过程，我们来做一个小实验。我要给你展示一下“种子发芽器”的制作方法。【下图展示了制作种子发芽器的简要步骤。】

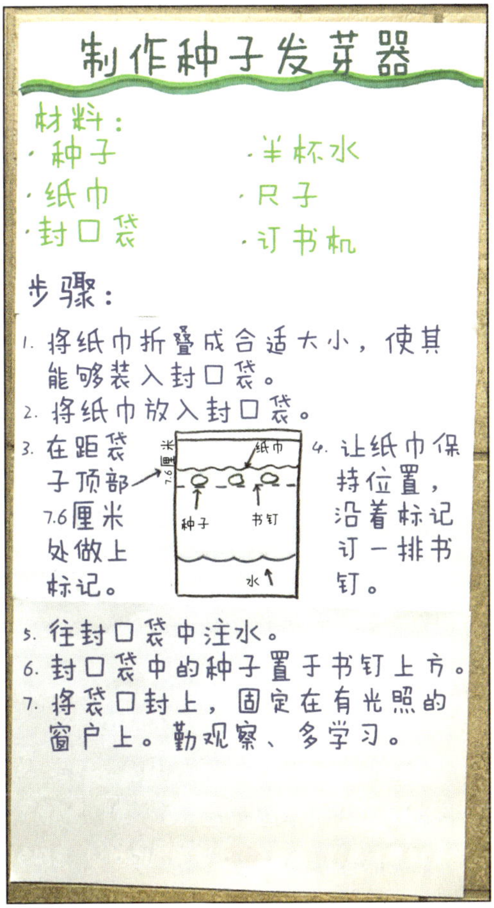

“制作种子发芽器”的步骤图

重要词汇和便于孩子理解的定义：

- 熙熙攘攘：人来人往、非常热闹拥挤
- 塞满：充满了各式各样的东西
- 照料：照看、照顾

延伸阅读

● **《负面情绪》**（*Big Feelings*，Penfold，2021）

内容简介：这本书里的孩子决定把社区里的一块空地翻新一下。他们在忙前忙后的过程中发生了争执，不得不相互妥协以求找到解决方案。最终他们实现了目标，成功建造了一个操场。但是一场暴风雨却把他们的努力成果搞得一团糟。于是他们不得不再次调试心态，保持乐观。因为大部分的故事情节都是以插画形式呈现的，所以这本书很适合用来推断情节和人物情感。

● **《一个为鸟儿打造的花园》**（*A Garden to Save the Birds*，McClure，2021）

内容简介：一只小鸟误打误撞闯进了卡勒姆家。于是卡勒姆和妈妈、妹妹艾米一起动手把院子改造成一个适合小鸟生活的地方。他们付出的越多，学到的越多，也更热衷于传播所学的知识。很快，整个街区越来越适宜鸟类生活。最终，卡勒姆的社区成了官方认证的野生动物栖息地。这本书的附加材料中提供了为鸟类创造安全区的建议。

共读活动1——琢磨标点符号：并列事物之间的顿号[①]

阅读前

背景铺垫：今天我们要搜寻和学习书中的顿号。顿号看起来像一个短短的尾巴。让我们一起探究这本书中的顿号，看看能学到什么。

阅读中

解读关键页

我先示范

内文：*内维娅把它称为闹鬼的花园*。这有一份清单，列出了这个花园中的各种事物。我注意到每个事物后面都有一个顿号，这是在告诉我读完每个词之后要暂停一下。大家听听读出来是什么感觉。【重读这一页。】作者使用顿号将并列的三个或更多的事物分开。

我们一起

内文：*400棵小树苗埋入土中，每个孩子各种一棵*。这里列举了他们种下的各种香草名字。你在每种香草名字之后看到了什么？【有顿号。】大家用自己所理解的顿号的含义来读读这一串名字。

该你了

内文：*最终……哇！*你看到这个长长的清单了吗？我先读，然后大家跟着我读。注意每种食物名称后的顿号。

阅读后

引导独立阅读

你学到了哪些顿号的用法？作者会在清单中的各项事物之间加顿号，这种用法就是“并列事物之间的顿号”。在以后阅读时，我想你会开始注意列举的各种事物之间的顿号。记住，顿号是提醒你在阅读时暂停的标志。

① 在英文中，并列的事物中间使用逗号分隔。——编者注

共读活动2——探究作者的写作技巧：重复性表达

阅读前

背景铺垫： 作者通过使用重复词语或短语来强调某个要点，或帮读者记住故事的关键内容。我们看看《哈莱姆花园》中是不是用了这个方法。

阅读中

解读关键页

我先示范

内文：*曾经，在一个名叫纽约的大城市*……我们第一次读这本书的时候，我注意到作者托尼·希勒里在这页重复使用了一些词。这些重复使用的词向我们描绘了故事的背景和出现的问题。这些都是需要读者记住的重要元素。

我们一起

内文：*曾经，在一个大城市中*……和我一起重读这一页。这页的哪些词和第一页是一样的，哪些词不一样？你认为作者为什么要在这页重复使用一个相似的短语呢？

该你了

内文：*曾经，在一个名叫纽约的大城市*……观察这页中的重复词汇，你有什么发现？【讨论一下托尼·希勒里是如何将故事设计成首尾呼应的。同时让孩子留意故事是如何在这页收尾的。】

阅读后

引导独立阅读

托尼·希勒里并不是唯一使用重复手法的作者。大家在阅读时也多注意其他作家是如何通过重复来突出特定词或概念的。也想一想自己在写故事时可能会重复使用的表达。

创新写作： 这本书的附加材料中，有一页说我们可以在任何地方建造花园。如果你要建一个花园，会选择在什么地方？种什么植物？把你的花园画出来并在上面做上标注。

《爷爷给的工具箱》(*When Grandpa Gives You a Toolbox*, Deenihan, 2020)

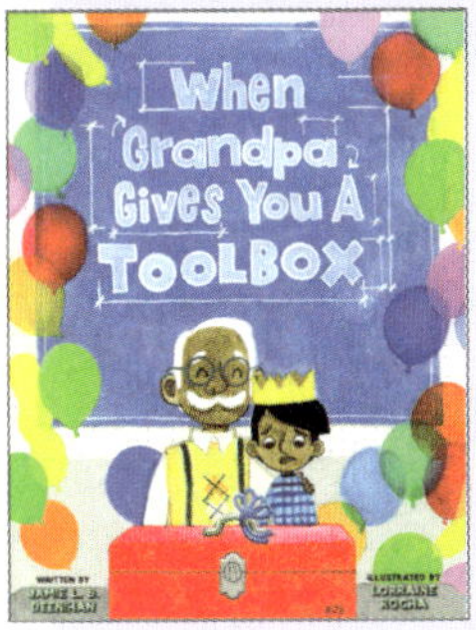

朗读活动：注意人物的反应

内容简介：小男孩的生日到了，他并没有得到梦寐以求的礼物——一个能装下自己玩偶的玩具屋，而是得到一个爷爷送的工具箱。男孩很有礼貌，但是这个新礼物却让他有点高兴不起来。当他看到一只无巢可栖的鸟儿时，突然想到一个主意。他在爷爷的帮助下用工具箱建造了一个鸟屋。于是男孩逐渐爱上了工具箱，每一次用它完成某个小工程，心里都充满了成就感。

寻找类似书时需要留意以下几点：

- 书中的人物走出了艰难的处境；
- 书中涉及代际关系。

学习目标：

- 我能注意到人物是如何处理问题或应对困境的。
- 我能思考该如何处理问题或应对困境。

有助于孩子加深理解的提示语

阅读前

留意正文以外的部分蕴含的信息

这本书的标题是《爷爷给的工具箱》。你能从封面图中推断出什么？【今天是男孩的生日。但是这个工具箱礼物让他有点开心不起来。】仔细观察标题，它就像是写在坐标纸上一样，看起来像建筑设计图。人们一般在规划设计工程项目时使用这种纸。这会让你想到什么吗？

带着问题阅读：我很想知道这个男孩打算用箱子中的工具做什么。对此你有什么预测？跟同学分享一下你的预测。读者需要注意人物的语言、行动以及身处不同处境时的反应。我们打开这本书，一块儿读读这个故事吧。

阅读中

- 前环衬：环衬上画的是什么内容？【爷爷把车开到男孩家的车道上，车厢里放着一件礼物。】读完之后，我们要对比一下前环衬和后环衬的内容是否相同。
- 内文：爷爷分享照片的时候，要夸一夸爷爷……面对爷爷给的礼物，男孩有什么反应？【他一边耐心听爷爷说话，一边夸赞爷爷，同时

重要词汇和便于孩子理解的定义：

- 抱怨：表达不满
- 便利：对人有帮助
- 耐心：当需要长时间等待或事情不顺心的时候仍然坚持

给了他一个拥抱。】我们讨论一下他的反应。我们知道他很失望，但是他仍然表现出了耐心和礼貌。从这儿可以看出他是一个什么样的男孩？

- 内文：爷爷的工具箱很快就会被抛之脑后。你能推断出这页发生了什么吗？仔细看这儿的插画，和旁边的同学小声分享一下你的推断。
- 内文：有了指导，加上大量的实践，你会发现……还记得我们在封面上看到的设计图纸吗？他们在这页设计了什么东西？【鸟屋设计图。】
- 内文：你和爷爷一起测量、一起拉锯。哇！你能预测他们这次要建造什么吗？

阅读后

- 回忆一下这个男孩在故事开头时的感受，并与他在故事结尾的感受对比一下。前后有什么变化？如果男孩起初对工具箱有不同的态度，你认为还会发生这种变化吗？
- 前环衬和后环衬有哪些地方相同？又有哪些不同？

拓展练习

- 男孩收到工具箱时，虽然并没有太兴奋，但仍然礼貌地感谢了爷爷，并给他一个拥抱。你的一生中也会有很多无法称心如意的时候，所以学会处理失望情绪能让你获益匪浅。设想一下，本来我通知大家要举行一次郊游，但是大家来到学校之后却发现计划作废了。和你的同伴一起想一些应对这个突发情况的办法，然后和全班同学分享一下。
- 这个故事中的男孩和爷爷建造了一个鸟屋、一个装玩偶的玩具屋、还有一个树屋。如果你也有一个工具箱，你会做什么呢？从书中找到“工具箱”练习纸，在上面写下你的点子和计划，也可以从《爷爷给的工具箱》的最后一页找找灵感。

延伸阅读

● **《一起作画》**（*Drawn Together*，Lê，2018）

内容简介：一个男孩去探望爷爷，但是因为语言不通，在交流上遇到了困难。就在将要放弃的时候，他们发现了一种新的沟通方式——他们共同的爱好绘画。

● 《奶奶给的柠檬树》（*When Grandma Gives You a Lemon Tree*，Deenihan，2020）

内容简介：奶奶给小女孩的生日礼物是一棵柠檬树，女孩把结出来的柠檬做成了柠檬汁，同时也向读者传递了一些宝贵的人生经验。最后，女孩并没有用卖柠檬汁赚来的钱去买她梦寐以求的电子产品，而是买了更多的植物，并为社区建造了一个花园。

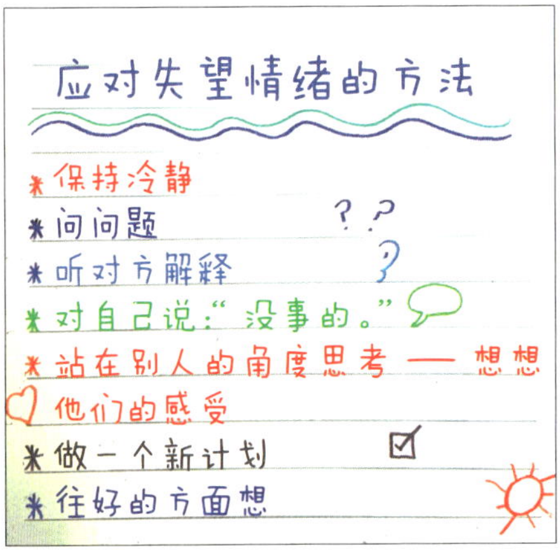

应对失望情绪的方法

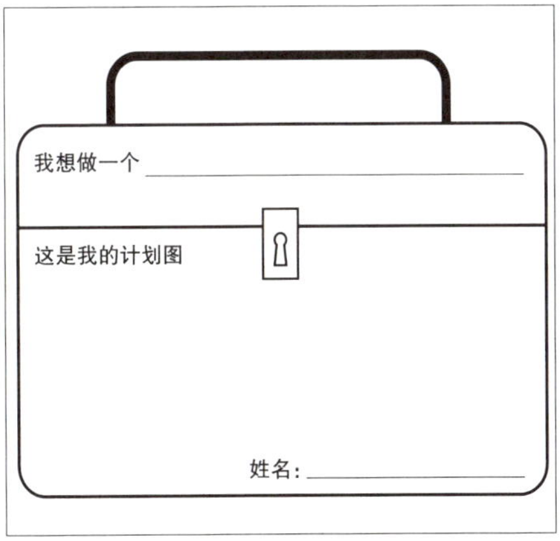

"工具箱"练习纸

共读活动1——推敲文字：复合词

阅读前

背景铺垫： 复合词是指将两个或两个以上的单词合在一起所构成的词汇。有时候这个复合词会产生全新的含义，而有些时候你可以根据原来的短词推敲出复合词的词义。我们听一听这本书中的复合词，并用拍手法练习复合词的构成。

阅读中

解读关键页

我先示范

内文：但是，惊喜来了！ toolbox（工具箱）这个单词是由 tool（工具）和 box（箱）复合而成。我先把左手举起来，说 tool（工具），再把右手举起来说 box(箱)，然后两手相拍，把两词合并为 toolbox(工具箱)。把这两个词连在一起，我就能推测出词义——toolbox 是放工具的箱子。

我们一起

内文：当爷爷把工具箱当作生日礼物送给你时，你该怎么做？ birthday（生日）也是一个复合词。它由 birth（出生）和 day（日子）两个词组成。我先把左手举起来，说 birth（出生），然后再把右手举起来，说 day(日子)，然后两手相拍，把两词合并为 birthday(生日)。现在该你了。用拍手法练习 toolbox（工具箱）和 birthday（生日）。你能通过 birthday（生日）中的两个短词推测它的意思吗？

该你了

内文：爷爷的工具箱很快就会被抛之脑后。这页还有两个复合词。大家展示一下如何用拍手法练习 forget（忘记）和 someone（某人）。【如果你想让学生用拍手法练习更多的复合词，这里有一些以 box 结尾的复合词供你参考：lunchbox（午餐盒）、mailbox（邮箱）、sandbox（沙箱）。】

阅读后

引导独立阅读

现在我们复习一下，用拍手法练习《爷爷给的工具箱》中所有的复合词，同时思考它们的意思。复合之后产生了全新的意思吗？我们能不能仅用其中的两个短词便推测出词义呢？

toolbox（工具箱）	birthday（生日）	backyard（后院）
forget（忘记）	someone（某人）	treehouse（树屋）

共读活动2——精读促进理解：细节侦探

阅读前

背景铺垫：本书的插画里满是细节，我第一次看的时候没有注意到。我需要重新阅读并仔细观察每幅插画，从而更好地理解。我们要做一回细节侦探。

阅读中

解读关键页

我先示范

内文：千万不要把工具箱发射到外太空去。第一次读这页的时候，我并没有意识到男孩在四个场景中的穿着是各不相同的，并且与场景一一呼应。甚至他的狗狗在每个场景中都戴了不同的帽子，而且他们掩埋宝藏的时候狗狗的一只眼睛还戴着眼罩。这个细节对后面的故事很重要，但是绘者在这里只是给了我们一个提示。

我们一起

内文：有了指导，加上大量的实践，你会发现……大家把书翻到开头的那一页。注意男孩的身边总是放着他的超级英雄玩偶。它在这页的什么地方？我们一边读，一边寻找这个玩偶。

该你了

内文：你和爷爷一起测量、一起拉锯。观察这页四幅插画中的细节。告诉同学你注意到了什么。【透过窗户看背景画面，你就能发现原来他们花了一整年的时间共同完成了这个项目。插画里暗示了季节的变化。】这些插画中的细节对于我们理解故事情节会起到什么作用呢？

阅读后

引导独立阅读

无论是图片还是文字，其中的细节让故事更有意义。可想而知，如果我们没有精读这本书，那会错过多少细节！通过精读发掘图片中的细节，可以帮助你更好地理解书的内容。而写作的时候，你也可以通过在文字或图片中添加细节来吸引读者。

创新写作：你可以借鉴作者的创意写出自己的故事。想想过去有什么人给过你什么东西，对方给了你之后发生了什么。

用下面这个句型开启你的故事：当 ______________ 送给我一个 ______________……

《“土”价出售》（*Dirt Cheap*，Hoffmann，2020）

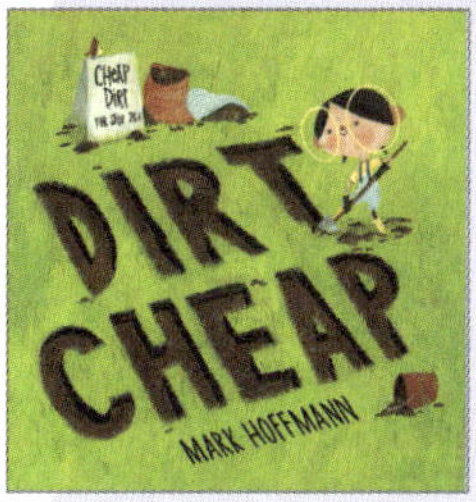

朗读活动：制订新计划

内容简介：波蒂一心想要得到一个XR1000超级足球，但是她却没有钱。在互动旁白的提示下，她决定卖掉院子里的土。她把价格降到2块钱后，赚了足够多的钱，终于买到了足球。然而意想不到的是，她发现自家的草坪都被自己挖空了，没有踢足球的地方了。现在聪明的波蒂想到了一个新点子：为别人提供草坪护理服务。

寻找类似书时需要留意以下几点：

- 书中的人物创造性解决了问题；
- 书中的人物善于设计、建造和创新。

学习目标：

- 我能注意到人物是如何通过思考和行动解决问题的。
- 我能探索解决问题的新方法和新途径。

有助于孩子加深理解的提示语

阅读前

留意正文以外的部分蕴含的信息

你知道这个女孩在干什么吗？【她在挖草卖土。】给大家看看整个书封。可以看出这个大幅场景把整本书给包围了。封底上是什么内容？【一只小狗正在一个院子里刨土。】这两幅图有关系吗？转过身和同学交流一下你的想法。

带着问题阅读：你觉得女孩为什么要卖土？【听听孩子们的想法。】你认为她会用赚到的钱做什么？【听听孩子们的想法。】好啦，好奇的小读者们，我们只有一种办法能找到答案。那就是一起读读《“土”价出售》这本书，找出女孩卖土的原因，同时看一看她的计划是否成功了。

阅读中

- 前环衬：仔细看看前环衬中的房子和院子。你发现了什么？我们看完这个故事之后再来看看这些环衬页。
- 扉页：注意这页有两个说话的声音。其中一个声音似乎是旁白——旁白的话看起来字体是印刷体。而波蒂的话用了不同的字体印刷。有时候，不同的字体或印刷样式可以帮助我们区分说话人的身份，我们看一看在这个故事里是不是这样。

重要词汇和便于孩子理解的定义：

- 超大金额：大笔的钱，高价
- 大量：很多
- 额外：多余的、剩余的

- 内文：*买足球要花不少钱*。解释一下波蒂的问题。你对旁白提出的解决方案有什么看法？如果你是波蒂的话，你会选择卖什么东西？
- 内文：*卖土啦！*转过身跟同学说说你的观点。你觉得一袋土卖2块钱是不是太贵了？
- 内文：*我以前喜欢在院子里踢足球*。天！现在你能推断出波蒂遇到了什么问题吗？她会怎么解决这个问题呢？

阅读后

- 你觉得波蒂的新方案怎么样？和旁边的同学讨论一下。
- 后环衬：我们比较一下书的前环衬和后环衬，两者有什么相同之处，又有哪些不同之处？你认为作者马可·霍夫曼（Mark Hoffman）想要借此表达什么？

拓展练习

- 这个故事中，波蒂遇到了很多问题。每次问题出现时，她都需要想出新的解决办法。这说明波蒂具有什么样的性格？大家回忆一下，然后把她的问题和解决方法写下来，这有助于大家复述这个故事。
- 内文：*这儿只是个别方式*。这个故事中，波蒂的邻居用不同的硬币组合付给她2块钱。你能用不同的硬币组合凑出____块钱吗？【让学生结对或分成小组，并为每个团队提供真实的硬币或数码币。邀请每组孩子用不同的硬币组合得出某个指定金额。金额数值必须是每组孩子可以通过组合得出的。】

延伸阅读

- **《勇于尝试的贾巴里》**（*Jabari Tries*，Cornwall，2020）

内容简介：在《贾巴里跳水》（*Jabari Jumps*，Cornwall，2017）中，贾巴里克服了恐惧，在这本书里他又开始动手设计飞行器。他的妹妹妮卡想来帮忙。却遭到了贾巴里的拒绝。这时父亲介入了，他鼓励贾巴里把妹妹当成发明搭档。经过几次尝试和失败，再加上父亲明智的建议，贾巴里和妮卡终于成功了。【详见第83~87页中的阅读活动。】

● 《小红堡》(*The Little Red Fort*，Maier，2018)

内容简介：这本书是女孩版本的《小红母鸡》(*The Little Red Hen*)。在故事开头，满脑子都是点子的露比找到了一些木头，并央求哥哥们和她一起建造一座堡垒。遭到了哥哥们的拒绝后，她在爸爸、妈妈和奶奶的帮助下，规划并建成了堡垒。后来哥哥们为堡垒增添了一些设施，于是她让他们也加进来一起玩。这本书的附加材料中提供了一些建造堡垒的点子。

《"土"价出售》(作者：马可·霍夫曼)

问题	解决方法
波蒂想要一个足球，但是却没有钱。	她举行了一次庭院售卖活动。
没有人参加庭院售卖活动。	她出售泥土。
泥土的价格太高。	她降低土价。
因为挖空了院子，波蒂没法踢足球了。	她通过提供草坪护理服务购买了更多的土。

孩子做的《"土"价出售》中"问题——解决方法"总结

共读活动1——精读促进理解：欣赏有趣的部分

阅读前

背景铺垫：第一次读这个故事的时候，我笑了又笑。作者用了一些颇有创意的写法，让故事变得妙趣横生。我们研究一下这些手法吧。

阅读中

解读关键页

我先示范

内文：等等。有多便宜？当我再读到波蒂牌子上的话时，忍不住笑了。牌子上的广告玩了个文字游戏，因此变得诙谐幽默。“土”价出售（dirtcheap）一般指东西非常便宜，而这里之所以有意思，是因为她卖的是真正的土，明白了吗？

我们一起

内文：我以前喜欢在院子里踢足球。我们一起用书中人物的语气重读这几页。这几页中的哪些地方比较幽默？【实际情况是她的院子已不复存在了！】

该你了

内文：嗯……嗯！这页有点难，但是我相信你能理解。再读一遍，思考店员说的话，然后和朋友聊一聊。【这意味着她根本买不起土——店里面卖的土可不会那么便宜！】

阅读后

引导独立阅读

作者有时会借助文字游戏增加故事的幽默感，例如使用“‘土’价出售”这类词，或者创造有趣的故事场景。阅读中，幽默元素为我们带来无穷欢乐。想一想你是更喜欢幽默的故事还是严肃的故事？或许你两者都喜欢，但是得分时候。

共读活动2——探究作者的写作技巧：隐藏的旁白

阅读前

背景铺垫：这个故事中有一个自始至终没有出现的人物。我们只是听到了他与波蒂的对话。我们再读一遍，看看这对故事有什么影响。

阅读中

解读关键页

我先示范

内文：等等。有多便宜？波蒂和男孩说话的时候，旁白打断了他们，并告诉波蒂一件重要的事。我想如果作者没有在这个故事中设置这个旁白角色的话，那么波蒂可能不会意识到2块钱有很多种组合方式。这个故事中的旁白有点像她的朋友或帮手。

我们一起

内文：波蒂，你赚了多少钱？这一次，我来读旁白的话，大家读波蒂的话。读的时候，大家想象一下旁白的样子。你脑海中出现的是什么形象？

该你了

内文：就是它了，对吧？先自己浏览这页内容，然后以人物的口气大声朗读出来。【讨论一下这页是否有不同的解读方式。看到足球的波蒂是兴奋不已呢，还是有点迟疑犹豫呢？这取决于你用什么语气读出来。】

阅读后

引导独立阅读

阅读过程中，思考说话者的身份和语气对读者大有益处。作者有时用标点符号给我们提示，有时也借助不同的字体和印刷样式。你在写作的时候也可以思考一下如何借助这些技巧向读者表明说话人的身份以及说话的语气。

创新写作：写一写你梦寐以求的某个东西，以及你可能得到它的方法。

《最后一棵树》（*The Last Tree*，Haworth-Booth，2020）

朗读活动：分析结果

内容简介：一群苦苦寻找完美定居地的朋友发现了一片森林。夏天，他们快乐地生活在森林中。随着季节的变化。他们开始通过砍伐树木解决遇到的种种问题。渐渐地，房子和高耸的墙取代了树林，只剩下最后一棵树。当村民们让孩子去砍掉最后一棵树时，他们学到了重要的道理。请注意版权页上的文字形状很像一棵树。

寻找类似书时需要留意以下几点：

- 书中的情节涉及人物的决定及其产生的结果；
- 书中涉及环保思想。

有助于孩子加深理解的提示语

阅读前

留意正文以外的部分蕴含的信息

你认为女孩和狗狗为什么以那种方式看着树？【注意树上的一些叶子闪着亮光。】想想《最后一棵树》这个书名。你觉得最后的树是指封面上的这一棵吗？大家可以用竖起或朝下的大拇指展示你的答案。

带着问题阅读：如果世界上只剩下一棵树，你认为会发生什么？和朋友讨论一下。我们留意一下书中人物所做的决定及其产生的结果。

阅读中

- 内文：*夏天来了，太阳炙烤大地，但是没有足够的树为他们遮阴了。*现在出了什么问题？【夏天没有足够的阴凉，秋天狂风大作无处躲藏。】村民们该怎么解决这些问题呢？你会给他们什么建议？
- 内文：*他们需要制订新计划。*一个村民说解决方法是建造一道屏障。屏障就像栅栏或墙一样，将内外隔开。你预测他们打算建什么样的屏障？你认为屏障建好之后会有什么效果？它能一劳永逸地解决他们的问题吗？大家可以用竖起或朝下的大拇指表示认同或不认同。
- 内文：*每天晚上，父母都会问孩子们为什么没能带回木材。*你认为孩子们会去什么地方取木材？【可能是从木墙上。】你为什么这

学习目标：

- 我能注意到人物是如何通过思考和行动解决问题的。
- 我能思考人物的决定所产生的结果。
- 我能找到解决问题的新方法和新途径。

么想？

- 内文：在明亮的日光下，村民们想起他们和树曾是老朋友，而不是敌人。你预测村民们接下来会怎么做？
- 内文：他们拆墙的时候是多么欢乐，拆完墙后又是多么自豪！你还记得他们是什么时候建的这堵墙吗？你认为村民们学到了什么道理？

阅读后

- 当书中的人物试图解决问题时，他们的决定会带来相应的结果，这意味着某些事情之所以发生是因为他们做出了某个决定。你认为生活中会有这样的事情吗？【下面围绕结果进行讨论：这种结果可能是积极的，例如别人因为你做了好事而微笑；也可能是消极的，例如别人因为你无礼的言行而难过。】
- 村民们还能用什么其他的办法解决问题呢？

拓展练习

- 如果再刮起大风，村民们该怎么办？将你的答案写出来或画出来。
- 在便利贴上写一个你从这个故事中学到的重要思想、道理或道德寓意。

延伸阅读

● **《凯特，驯服风的女孩》**（*Kate, Who Tamed the Wind*，Scanlon，2018）

内容简介：一个男人独自住在一间陡峭山巅那间吱吱作响的房子里，这儿的风从未间断过。他高呼一声："该怎么办呢？"凯特听到了他的呼喊，于是想到了一个遮风的办法——植树。于是凯特和他开始在房子周围种树。几年下来，树越长越繁茂，凯特和这位邻居之间的友谊也不断加深。

● **《树》**（*The Tree*，Layton，2016）

内容简介：一对夫妻打算建一幢新房，计划完备，但是却遇到一棵碍事的树。当他们准备砍树时，突然发现很多动物的家都安在这棵树上。于是他们转了思路，把原来建房的计划做了修改，最终为树上栖息的动物们创造了家园。

重要词汇和便于孩子理解的定义：

- 聪慧：聪明，善于解决问题
- 宜人：令人愉快的
- 提醒：提示某人做某事

共读活动1——琢磨标点符号：省略号

阅读前

背景铺垫：省略号有六个点①。写作者们在省去某个词或短语的时候使用省略号，也会用省略号给读者制造悬念——即暗示着后面还有更多的文字或思想。

阅读中

解读关键页

我先示范

内文：曾经，一群朋友为了生存四处寻找居住地。在这个跨页的结尾处，我注意到一个省略号。这六个点表示下一页还有更多的信息。省略号让我忍不住翻到下一页读读后面的情节。

我们一起

内文：昨天我看到邻居们用异样的眼光看我。你在这页文字的末尾处看到了什么？【一个省略号。】你还记得这些点是什么意思吗？大家在下页的开头又看到了什么？

该你了

内文：他们跑了出去，才发现虽然他们获得了新的木材……看看这页的省略号。你认为作者为什么在这用了省略号？

阅读后

引导独立阅读

阅读过程中要留意省略号。想想作者为什么使用省略号，它对故事的意义有什么影响？你也可以试着在自己写作时使用省略号，这样可以营造悬念感。

共读活动2——精读促进理解：探究因果关系

阅读前

背景铺垫：我们可以通过精读这本书探究因果关系。故事中的朋友们尝试解决问题，并导致了相应的结果。他们的解决方法是起因，而这个决定所产生的效果是结果。

---

① 英文中的省略号有三个点——“...”

阅读中

解读关键页

我先示范

内文：冬天来了，寒风凛冽，他们捡了几根树枝作柴火。我从这页中看到了清晰的因果关系。读的时候，我会把这些内容记录在因果关系表中。

我们一起

内文：除墙之外，视野之内别无他物，于是人们的心态也开始转变。修建这堵墙产生了什么样的影响？我们把这种影响写到表中。你认为作者的那句“他们的心里也筑起了墙”是什么意思？

该你了

内文：在明亮的日光下，村民们想起他们和树曾是老朋友，而不是敌人。看到只剩下最后一棵树，村民们有什么感想？和同学聊一聊。然后，我们会把你的观点写在表中。【如果时间允许，或学生对此兴致不减，可以鼓励他们从故事情节中找出更多的因果关系。】

阅读后

引导独立阅读

作者使用因果关系揭示事物之间的联系。作为读者，探明这种联系能帮我们更好地理解故事中的问题、解决方法和结果。

创新写作：作者艾米丽·霍沃思-布斯（Emily Haworth-Booth）将这个故事命名为《最后一棵树》。如果让你给它换个名字，你会换成什么？为这个故事取个新名字吧，然后用书中的观点解释你为什么会选这个新名字。

《最后一棵树》（作者：艾米丽·霍沃思－布斯）

起初……	随后……
他们把树枝作为柴火。	大雨浇灭了火苗。
他们砍掉树木，建造居所。	森林里越来越冷。
他们筑起了墙。	他们的心里也筑起了墙。
他们看到最后只剩下了一棵树。	他们回忆起了昔日的时光。
原因	结果

孩子做的《最后一棵树》中的因果关系总结

《美人鱼欧娜》（*Oona*，DiPucchio，2021）

朗读活动：不要放弃

内容简介：美人鱼欧娜是个寻宝者。她和宠物海塔欧托坚持不懈地搜寻各种物品。欧娜梦寐以求的宝藏是位于大裂谷底部几乎遥不可及的闪亮王冠。锲而不舍的精神加上些许聪明才智让欧娜找到了王冠，并让她意识到寻宝的经历和寻到的宝物一样弥足珍贵。

寻找类似书时需要留意以下几点：

- 书中的人物有坚持不懈的精神和聪明才智；
- 书中的人物克服了种种困难。

学习目标：

- 我能注意到人物对于自己的追求所付出的思考和行动。
- 我能在自己需要坚持的时候，践行书中人物的精神。

有助于孩子加深理解的提示语

阅读前

留意正文以外的部分蕴含的信息

看到《美人鱼欧娜》的书封时，你想到了什么词或有什么感受？注意观察绘者瑞莎（Raissa）为本书插画所选的颜色。你认为这个故事发生在什么地方？你判断的依据是什么？我猜故事的主角叫欧娜，你同意吗？为什么？

带着问题阅读：封面的插画让我们对故事的人物和地点有了大概的了解。我们知道很多故事中的人物都有自己追求的东西。让我们潜入大海，看看欧娜寻求的宝物以及她是如何得到这个宝物的。

阅读中

- 内文：但是有一个欧娜几乎永远无法触及的特别宝藏。如果你是欧娜，你会用什么方法得到这个宝物？皇冠卡在大裂谷的深处。裂谷是指海洋中的深洞。
- 内文：她下一步计划得很好。仔细观察插画。你能看出她计划要做什么吗？那条鱿鱼在做什么？
- 内文：一个海贝被海浪冲上了岸。虽然欧娜暂时放弃，休息了一会儿，但是她已经做好再次尝试的准备了。你觉得她最终会得到那顶闪亮的王冠吗？
- 内文：她潜到幽暗的裂谷底部……你能推断出欧娜此时的感受

吗？你认为大裂谷会不会把她吞噬掉？

阅读后

- 欧娜得到梦寐以求的王冠了吗？
- 我们可以从她身上学到什么？下一次她可能会用别的什么方法？

拓展练习

- 作者在书中对欧娜的描述是勇敢、充满好奇心和坚持不懈。你能从欧娜的言行举止中找到相应的线索吗？我们在人物—性格—线索图中记录一下对欧娜性格的了解吧。你也可以用这个图记录你所读的其他书中人物的性格特征。

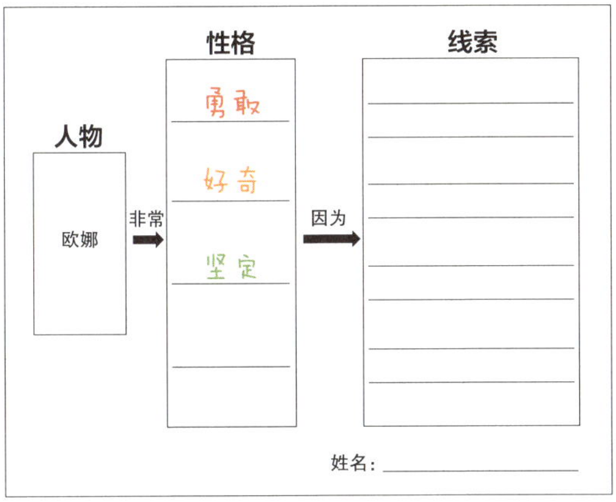

欧娜的人物—性格—线索图

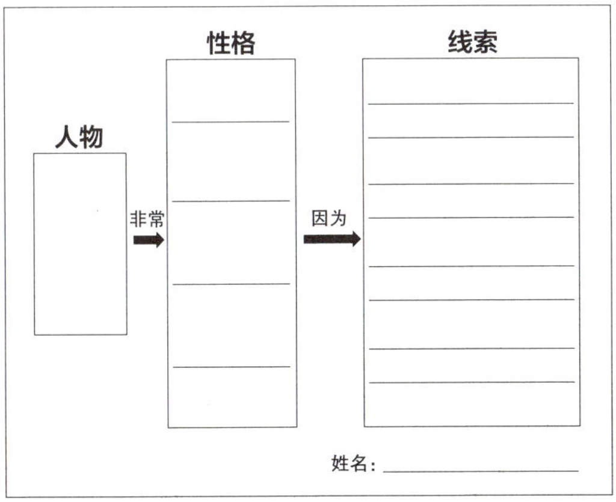

“人物—性格—线索图”练习纸

重要词汇和便于孩子理解的定义：

- 决心：非常想要做或者得到
- 幽暗：黑暗、多云，被视线阻挡
- 凝视：为了看清而仔细观察

- 对照和比较——以“海底世界”为主题的多元体裁作品集

阅读《美人鱼欧娜》时，我想到了其他一些你可能会喜欢的、讲述海洋故事或海洋知识的书。于是我开始围绕“海底世界”这个主题搜集书，并把它们放在这个篮子里。大家一边读一边思考这些书与《美人鱼欧娜》有哪些相同和不同之处。我会留一些便利贴，以便大家把注意到的信息记录下来。如果你发现了其他讲述海洋生命的作品，也请你把它们添加到这个作品集中。

共读活动1——琢磨标点符号：括号

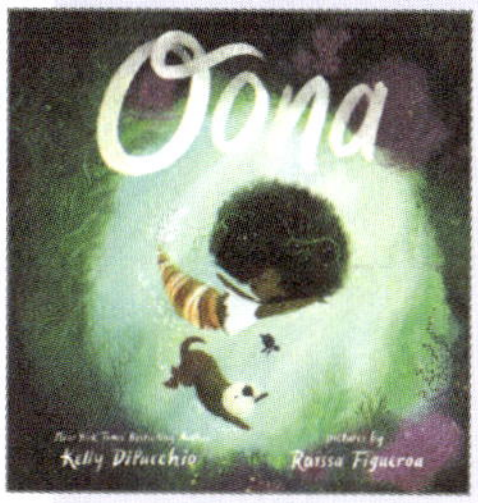

阅读前

背景铺垫：写作者借助写作技巧表达思想，使文章清晰易懂。括号是一对看起来像曲线的标点符号，将不属于句子的信息置于其中，一前一后括起来。括号里的文字提供了额外的信息，从而使句子表达更加清晰。

阅读中

解读关键页

我先示范

内文：当欧娜还是个婴儿（还没有扇贝大）的时候……这儿有一对括号。作者凯莉·迪普基奥（Kelly DiPucchio）把描写欧娜娇小身材的文字放在了括号中。我有时把括号中的文字想象成作者对我轻声诉说的一个小秘密，所以读到括号中的文字时我会把手挡在嘴巴的一侧。

我们一起

内文：如果那块长长的船板没有（狠狠地）撞到她的头……注意看这一页，把括号找出来。我们再把这个句子读一遍。我们从括号中的文字中得到什么额外的信息呢？

该你了

内文：透过一片嘈杂，欧娜可以听到远处的声音。大家读这一页的时候，想想在什么地方可以加上一对括号，并在其中加入额外的信息。把你想加的信息告诉我，我会写在便利贴上，并夹在书中。

阅读后

引导独立阅读

阅读过程中，注意像使用括号之类的技巧是如何使文意更加丰富的。在写作过程中，或许你也想用括号增添额外的信息。

共读活动2——探究作者的写作技巧：借助人物对话和内心思考理解人物

阅读前

背景铺垫：为了帮助你更好地理解人物，作者在文章中加入了人物对话以及内心思考或想法。

阅读中

解读关键页

我先示范

内文：可怜的欧娜。我先给大家读读欧娜在这页里说的话。欧娜对着大裂谷愤怒的呐喊可以帮助我体会到她的真实感受。

我们一起

内文：她马上开始行动。当欧娜凝视裂谷时，我们可以听到她的内心想法。如果是你在凝视裂谷，你会对自己说些什么？

该你了

内文：欧娜欢呼："我们成功啦！"欧娜这时是什么心情？试着用她此时可能的语气读读这句话。你能看出人物对话是如何帮助你走进人物内心的吗？

阅读后

引导独立阅读

作者希望读者把他们笔下的人物当成自己的朋友。为了达到这个目的，他们为读者呈现出人物对话或内心想法。你自己写作时不妨也加入一些人物对话和内心想法。看看这是否有助于读者了解你笔下的人物。

创新写作：好了，各位寻宝家们。假设你也能潜入海底寻宝，你想寻找什么宝藏？你可以画出来或者用一两句话来描述一下你的宝藏。

《勇于尝试的贾巴里》(*Jabari Tries*, Cornwall, 2020)

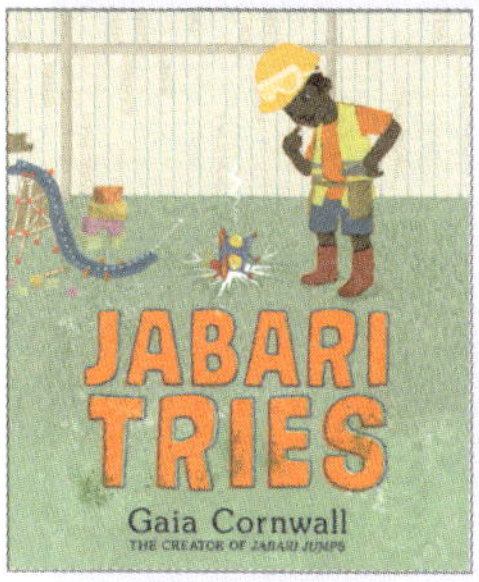

朗读活动：保持耐心

内容简介：在《贾巴里跳水》(*Jabari Jumps*, Cornwall, 2017) 中，贾巴里克服了恐惧，在这本书里他又开始动手设计飞行器。他的妹妹妮卡想来帮忙，却遭到了贾巴里的拒绝。这时父亲介入了，他鼓励贾巴里把妹妹当成发明搭档。经过几次尝试和失败，再加上父亲明智的建议，贾巴里和妮卡终于成功了。如果学生喜欢这本书，你还可以参考《上好一堂绘本课》(*The Ramped-Up Read Aloud*, Walther, 2019) 103页中《贾巴里跳水》相关的朗读活动。

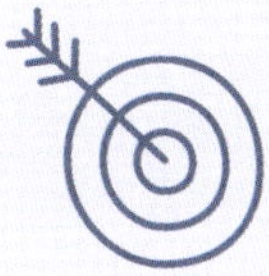

寻找类似书时需要留意以下几点：

- 书中的人物有坚持不懈的精神和聪明才智；
- 书中的人物克服了种种困难。

学习目标：

- 我能注意到人物是如何通过思考和行动解决问题的。
- 我能借鉴人物精神，并指导自己不要放弃。

有助于孩子加深理解的提示语

阅读前

留意正文以外的部分蕴含的信息

你是否曾经做过某些尝试，结果却没能如愿？你能说出贾巴里想要做什么吗？【如果你有这本书的精装版，那么可以给孩子们展示纸质护封下的书壳，观察贾巴里设计的其他飞行器。】

带着问题阅读：因为这个故事的标题是《勇于尝试的贾巴里》，所以我们重点关注"尝试"这个词。分析一下贾巴里的行为，看看能从他身上学到什么，并在自己尝试做某事时向他学习。

阅读中

- 扉页：你看到扉页上的一系列插画了吗？和朋友轮流讲讲图片中的故事。用"有一天……"起头。
- 内文：贾巴里建造了一个完美的坡道。贾巴里遇到了什么难题？他该如何解决呢？
- 内文：经过一番建造、堆砌、敲打和粘贴，贾巴里终于完工了。哦！不！千万别再失败了！贾巴里应该放弃吗？换做是你会怎么做？
- 内文：贾巴里蓄积起最后的耐心。贾巴里为了可以坚持到底做了哪些努力？使用了什么方法？你用过这些方法吗？你还有其他助你坚持到底的方法吗？

阅读后

- 你认为贾巴里会让妮卡帮忙一起建造一支飞向木星的火箭吗？
- 你可以把从贾巴里身上学到的什么精神应用到自己下次的尝试或创造中？

拓展练习

- 思考一下贾巴里在书中的行为。遇到问题时他会怎么做？我们把从贾巴里身上得到的一些启示记录在图上，这样下次我们在遇到问题的时候可以参考。
- 大家也来做一回工程师吧！这些是供大家使用的材料。【可以从户外收集一些天然材料，或使用教室中的简单材料，例如数字方块、冰棒棍、橡皮筋、纱线、胶带等。】大家可以把自己需要的材料画出来。备好材料，开始行动。一定要记住，工程师在敲定最终的设计之前，免不了对设计进行一番规划、重构和修改。坚持到底，保持耐心！【给学生足够的时间去规划、创造和分享他们的设计。】

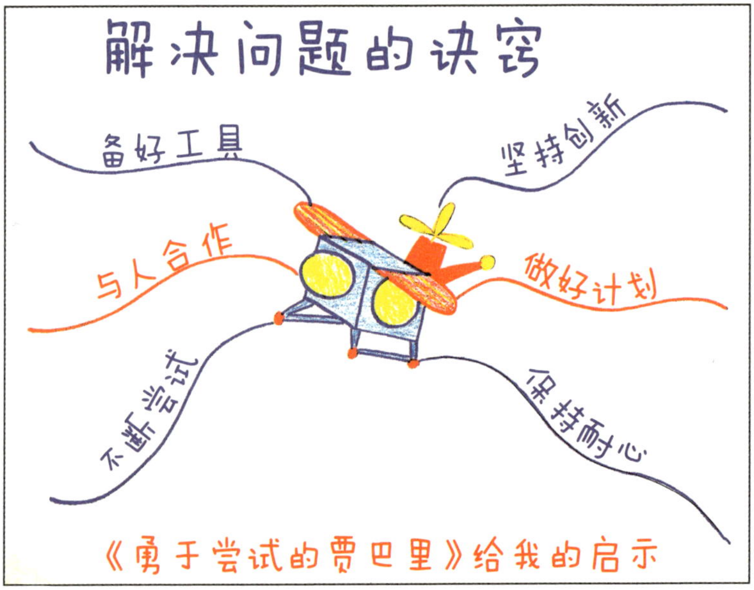

孩子做的“解决问题的诀窍”图

重要词汇和便于孩子理解的定义：

- 专注：集中精力或只思索一件事
- 挫败：因为无法完成某事或解决问题而感到沮丧或生气
- 耐心：尽管某事耗时耗力、或被问题所困，但仍然保持冷静

延伸阅读

● **《妮娅和新的免费图书馆》**（*Nia and the New Free Library*，Lendler，2021）

内容简介：小镇的图书馆被龙卷风摧毁了，人们希望用新的设施替代它。这时，一个爱书的女孩妮娅想出了一个点子。她把自己曾经最爱的馆藏图书重新写了出来，并巧妙地吸引小镇的人们都参与进来。书越写越多，甚至堆到了街上，最终人们不得不建造一个新的图书馆。

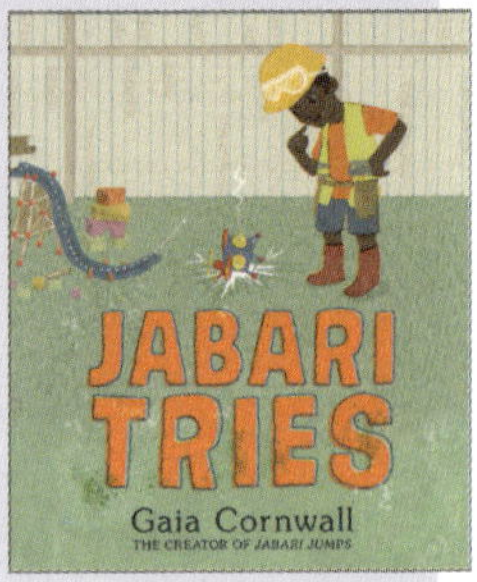

共读活动1——精读促进理解：数字三的魔力

阅读前

背景铺垫：或许你已经注意到，在我们读过的一些书中，人物遇到问题时会尝试三种不同的解决方法。然后，会在第四次尝试后最终解决了问题。作者们称之为“数字三的法则”或“数字三的魔力”。我们来看看作者加亚·康沃尔（Gaia Cornwall）在《勇于尝试的贾巴里》中是否使用了这个技巧。

阅读中

解读关键页

我先示范

内文：*贾巴里建造了一个完美的坡道。*我们能看到这是贾巴里的飞行器第一次试飞。但是失败了。我们再来看看他的第二次尝试。

我们一起

内文：*经过一番建造、堆砌、敲打和粘贴，贾巴里终于完工了。*在第二次尝试中，贾巴里决定制作一个更大的坡道。告诉你的朋友这个方案是否成功了。

该你了

内文：*“也许我们需要增加动力，妮卡。”贾巴里说。*贾巴里第三次做了什么样的尝试？如果作者加亚·康沃尔使用了“数字三的法则”，那么我们预测他下一次能成功。你还记得接下来的情节吗？

内文：*兄妹俩一遍遍思考。*这是贾巴里第四次尝试让飞行器起飞了。和朋友讨论一下作者加亚·康沃尔是否使用了“数字三的法则”。

阅读后

引导独立阅读

如果你能意识到故事中运用了“数字三的法则”，那么这对你之后的阅读会大有助益。想一想，我们读过的哪些书中使用了这个法则？

共读活动2——精读提升流利度：齐读富有表现力的词

阅读前

背景铺垫：大家有没有注意到，我在朗读时声音会发生变化？有时候我会轻声读，而有时候会高声读！带着感情阅读能够帮我更好地理解故事的情节。在精读过程中留意作者给出的提示能够让我们更加流利地阅读。

阅读中

解读关键页

我先示范

内文：贾巴里建造了一个完美的坡道。大家用心听我读故事中对飞行器飞行过程的描述。我会重点关注标点符号以及文字的特殊布局，从而更好地带着感情读。

我们一起

内文：经过一番建造、堆砌、敲打和粘贴，贾巴里终于完工了。大家和我一起读这页对飞行路线的描述。注意逗号和感叹号。

该你了

内文：呼呼呼，起飞，“呀呀呀！”妮卡高喊。该你了！结合这页的设计风格读读其中的内容。

阅读后

引导独立阅读

能够流利阅读的读者会注意到作者提供的线索。他们利用这些线索带着感情阅读。其中有些线索可能是标点符号或大号加粗字体。

创新写作：创作“贾巴里”系列的下一本书，主题是“飞向木星的火箭”。

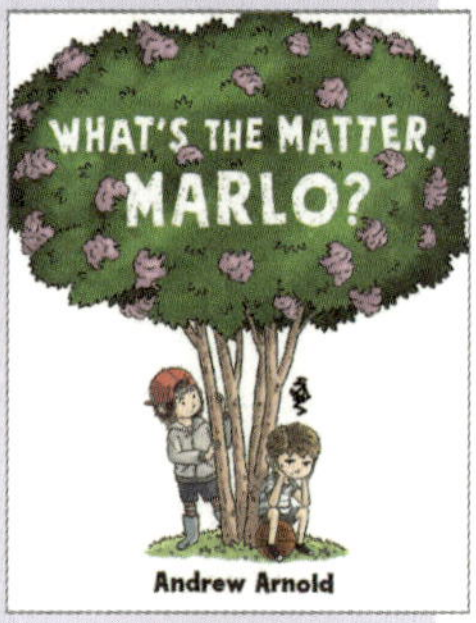

《怎么了，马洛？》（*What's the Matter, Marlo?*，Arnold，2020）

朗读活动：表达关怀之情

内容简介：马洛和可可是形影不离的好朋友。有一天，可可找马洛一起玩，但是马洛却跟她说“走开”。她试图用狗狗的笑话逗马洛开心，结果他更难过了。最终，可可发现了问题的根源——原来马洛的狗狗去世了。于是，可可用好朋友之间特有的方式安慰了马洛——给了他一个拥抱。

寻找类似书时需要留意以下几点：

- 书中有表达善意或表示安慰的人物；
- 书中有表现出同理心的人物。

学习目标：

- 我能注意到书中表现出同理心的人物。
- 我能说出、写出或画出表现同理心的方式。

有助于孩子加深理解的提示语

阅读前

留意正文以外的部分蕴含的信息

这个故事的标题是“怎么了，马洛？”，封面上哪个人物可能是马洛？你为什么会这么认为？封面的插画有没有向你暗示马洛遇到了问题？

带着问题阅读：看来我们得读读这本书才能找到书名中这个问题的答案。我们阅读这本书时，多留意马洛朋友的言行。我认为我们可以从她身上学到很多宝贵的道理。

阅读中

- 前勒口：我注意到前勒口上的第一句话告诉了我们一个重要的信息：马洛的朋友叫可可。
- 内文：*但是今天不行。*注意观察马洛的坐姿和面部表情。你会用什么词描述他的感受？把你想到的词小声地说给朋友听。然后问问他们用了什么词。
- 内文：*马洛更生气了……*把这一页和上一页对比一下。马洛的情感发生变化了吗？【*起初他看起来很难过，而现在却很生气。*】如果你是可可，你会怎么做或怎么说？
- 内文：*起初我并不知道该怎么做。*当可可说她可以“找到”马洛的时候，我想她是指她能够找到马洛去了什么地方。她的意思也可能是指自己能够找到帮助马洛的方式，因为好朋友之间要互帮互助。你是怎么想的呢？

- 内文：当我终于找到马洛时，我意识到他不仅在生气，还很伤心。哦，不！你能根据这幅图解释马洛遇到的问题吗？【他的狗狗去世了。】可可的那句“对不起，马洛”是在表明自己理解马洛的感受——她是在表达同理心。

重要词汇和便于孩子理解的定义：

- 最终：在未来的某个时候
- 意识到：突然明白了某事
- 回复：说出或写出答案

阅读后

- 可可得知马洛的遭遇后，和马洛一起哭了。尽管那不是她的狗狗，她仍对朋友产生了同理心。你遇到过朋友伤心难过吗？当时你是怎么做的？
- 如果可可没有花时间“找到”马洛，这个故事会有什么不同？

拓展练习

- 拥抱是向朋友表达关怀的一种方式，但是有些人可能不喜欢拥抱。大家把自己向他人表达理解或善意的其他方式列出来吧。【和孩子一起把想法列在一个表中。做好列表后，使用表中的句型，围绕不同场景进行角色扮演。】
- 这个故事的结局让你有什么感受？你预测故事后续会怎么发展？和朋友聊一聊。

怎么了，朋友？

安慰朋友的方式
朋友的遭遇：____________
朋友的感受：____________
我帮助朋友的方式：_________

延伸阅读

- **《一种新的野外生活》**（*A New Kind of Wild*，Hoang，2020）

内容简介：雷恩深爱着他那充满活力的雨林家园。和母亲告别雨林、搬到城市之后，他感到失落和孤独。幸运的是，雷恩的邻居阿瓦热爱这座城市。尽管阿瓦从未在城市之外的任何地方生活过，但是她非常理解雷恩的感受，并且帮助雷恩发掘了城市里隐藏的美。

● **《我们一起玩吧！一本交友指南》**（*Let's Play! A Book About Making Friends*，McCardie，2021）

内容简介：苏琪来到了一所新学校。这本书围绕她寻找和维持友谊的经历，阐述了很多道理，比如友善是可以感染他人的，比如真正的朋友是勇敢忠诚、能互帮互助的。孩子与苏琪共情的同时，也培养了珍贵的社会情感能力。

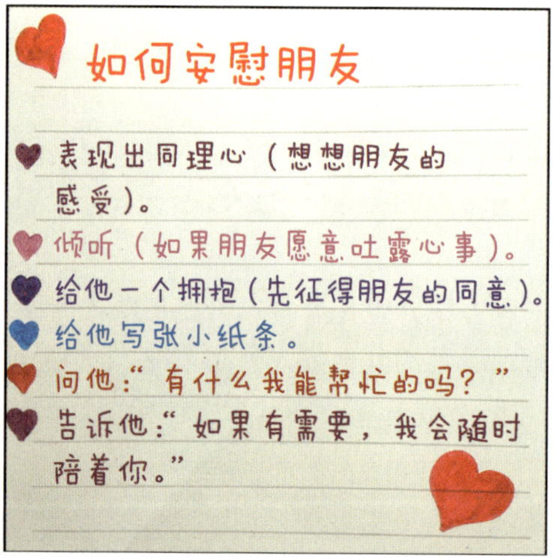

孩子罗列的安慰朋友的方法

共读活动1——精读提升流利度：对话气泡

阅读前

背景铺垫： 安德鲁·阿诺德（Andrew Arnold）在这本书中画的对话气泡非常有意思。大家仔细观察，思考对话气泡的设计对于阅读者有什么帮助。

阅读中

解读关键页

我先示范

内文：我最喜欢的游戏是捉迷藏。可可四处寻找马洛，呼唤着他的名字。这页的两个对话气泡不太一样。第一个气泡比较小，所以我推断在阅读时应该用正常的音量读马洛的名字。第二个对话气泡比较大，而且马洛（Marlo）的名字拼写中出现了很多字母O。所以我会像呼喊远处的人一样大声读出这个名字。

我们一起

内文：但是今天不行。我要重读这两页。等我读到对话气泡的内容时，大家可以和我一起读。想想你会用什么样的语气。【悲伤的语气。】没错！我们可以从马洛的表情推断出他很难过。仔细观察这些对话气泡，你发现了什么？【气泡的线条弯弯曲曲，感觉就像悲伤的语气。】准备好了吗？我们试着读出来吧。

该你了

内文：于是我找了又找……现在该你了。假设你就是可可，你要去找马洛。看看这个对话气泡，想象一下可可的语气并读出来。【一直读到可可找到了马洛。】

阅读后

引导独立阅读

在《怎么了，马洛？》中，安德鲁·阿诺德笔下的对话气泡形状不同，大小各异，气泡中的文字字体也多种多样，这些能帮助你在阅读的时候体会人物的真情实感。大家在阅读中遇到对话气泡时，留意气泡的样式，这有助于我们在阅读中代入正确的语气和感情。

共读活动2——精读促进理解：追溯情感的根源

阅读前

背景铺垫： 我们第一次读这个故事时依据线索对马洛的情感做了推断。今天我们再读一遍，深挖一下他是为何产生了这样的情感。我们用“因果关系”来对应根源和情感的联系。根源是“因”，而情感是“果”。

阅读中

解读关键页

我先示范

内文：*马洛是我最好的朋友*。我将重读故事的前三页，并向你展示我是如何通过搜集线索探究人物情感的根源的。【指出马洛的面部表情和其他能解释马洛快乐的原因。】读完之后，我可以这样总结：在故事开始时，马洛和朋友可可一起玩耍。这为马洛带来了快乐。玩耍是原因，感到快乐是结果。

我们一起

内文：*但是今天不行*。哇！在这几页中，马洛的情感发生了变化。这儿告诉我们原因了吗？【没有。】我们可以这样总结：故事讲到一半时，马洛遇到了一件令他难过和生气的事。我们必须继续读才能找到原因。

该你了

内文：*我终于找到马洛时，意识到他不仅在生气，还很伤心*。现在该你了。请补全下面的句子：

最终，______________ 让马洛感到 ______________。向旁边的同学解释哪个是因，哪个是果。

阅读后

引导独立阅读

留意根源与情感之间的因果关系可以让你对人物产生同理心。理解这两者之间的因果关系对你和朋友间的交往也很有帮助。如果你的朋友们遇到了让他们心烦意乱的事情，你可以借鉴可可的做法，向他们表达你的关心。

创新写作： 这个故事中，马洛和可可喜欢给彼此讲笑话。笑话能够让朋友开心起来。在一张纸的正面写出笑话的开头，然后在背面写出笑话的结尾。完成之后，我们把它们汇总成一本班级笑话集。如果你不知道任何笑话，那么可以试试这个开头：“为什么这只鸡要横穿马路？”然后构思一个有意思的原因，写成一个笑话。

《我说话像河流》（*I Talk Like a River*，Scott，2020）

朗读活动：学会理解他人

内容简介：当乔丹·斯科特（Jordan Scott）还是个孩子的时候，遭遇了他自称的“演讲灾难日”。一天，他吞吞吐吐的演讲遭到了所有同学的嘲笑，于是爸爸带他来到河边。这本令人难忘的书记录了一位慈爱的父亲鼓励和安慰孩子的话语。

寻找类似书时需要留意以下几点：

- 书中的人物克服了种种困难；
- 书中的人物接受了自己独特的品质。

有助于孩子加深理解的提示语

阅读前

留意正文以外的部分蕴含的信息

花些时间欣赏绘者西德尼·史密斯（Sydney Smith）在书封上设计的插画。观看这幅画时你脑海中出现了哪些词汇？他在这本书中使用了水粉、墨水和树胶水彩。树胶水彩有点像水粉，但是它不是透明的，或者说并不像水粉那样清澈。我认为他的插画非常棒。你们同意吗？

带着问题阅读：【如果条件允许，在孩子走进教室的时候播放一段河流的声音。】用心听，大家听到了哪些声音？【请孩子们分享他们听到的声音。】《我说话像河流》是根据作者童年的经历创作而成的。我们一起读这个故事，探究作者乔丹·斯科特笔下那句“我说话像河流”的含义。

阅读中

- 内文：在学校，我躲在教室最后一排。假设你就是这个男孩，此时此刻正躲在教室的后面。你会想些什么？有什么样的感受？和你的朋友分享一下。
- 内文：我感觉肚子里翻江倒海，泪珠在眼睛里打转。你是否曾经有过和书中男孩类似的感受？如果你亲眼看到他在遭受这种煎熬，你会怎么说或怎么做？

学习目标：

- 我通过体会书中人物的情感或处境理解人物。
- 我通过体会他人的情感或处境理解他人。

重要词汇和便于孩子理解的定义：

- 自豪：对自己拥有的事物或所作所为感到开心
- 岸：靠近大洋、海洋、湖泊或河流的陆地
- 缠结：混在一块、打结了

- 内文：我会记住这一点。故事发生了怎样的转折？【演讲失败的那天，他的父亲教给他一句咒语，或者一些给自己打气的话。】

阅读后

- 整个故事从开头到结尾，男孩的情感经历了怎样的变化？分析男孩的情感历程是否有助于你更好地理解他？或者说与他共情？
- 读完这个故事后，相比我们读故事之前，你对这个男孩有了什么新的认识？

拓展练习

- 你对这个故事有什么感受？在便利贴上画一个表情符号。然后找一个也画了相同表情符号的同学，和他聊一聊你们为什么对这个故事产生了相同的感受。当听到我说“换人”时，找一个画了不同表情符号的同学，跟他讨论一下为什么你们对这个故事有不同的感受。
- 书中男孩最爱的地方是河边。离我们最近的河在＿＿＿＿＿＿＿＿。有没有同学愿意组个调查队，找出关于这条河的三个有趣的背景知识？作为一个团队，你们要决定用什么样的方式展示这些知识，并且向我们汇报你们的发现。如果需要帮助，尽管告诉我。

延伸阅读

● **《亨利的朋友》**（*A Friend for Henry*，Bailey，2019）

内容简介：亨利带着对新朋友的渴望来到了六班，但是很快发现找到志同道合的朋友并不是一件容易的事情。最后，他遇到了凯蒂。从作者詹·贝利（Jenn Bailey）的注释中，你会发现她的创作灵感来自于她患有自闭症的儿子找朋友的经历。

● **《我要跳舞》**（*I Will Dance*，Flood，2020）

内容简介：伊娃是早产儿，患有脑瘫，只能靠电动轮椅行动。她最大的愿望是跳舞。她的妈妈为她找到了“青春之舞”——一个对所有人都一视同仁的舞蹈工作室，伊娃的梦想得以成真。

共读活动1——推敲文字：比喻

阅读前

背景铺垫：故事中的父亲告诉儿子他说话像河流，这里是用了比喻的手法。他把儿子说话的特点比作一条河。这个比喻让男孩信心倍增。作者通过比喻把两个事物用有趣的方式进行比较，这样能让读者想象出作者想表达的内容。比喻中通常有“像”“和……一样”之类的字眼。

阅读中

解读关键页

我先示范

内文：我爸爸说我说话像河流。【从这儿开始读，一直读到本书结尾。】我们都有自己独特的说话特点。如果让我用一个比喻描述我自己的说话特点，我会说：“我说话像微风一样”，因为我说话细声细语，有时别人都听不到。你觉得呢？

我们一起

内文：我早晨起来，这些单词的发音卡在嘴里出不来。我给大家读读这一页。大家听听哪里用到了比喻手法。【我像石头一样安静地待着。】我们再读一遍这个比喻句。你还能把安静的状态比喻成其他的动物或物体吗？

该你了

内文：我去了学校，跟同学们分享了这个世界上我最喜欢的地方。本书的最后两句话非常相似。哪一句用了比喻？你是如何看出来的？

阅读后

引导独立阅读

我们在共读活动中学习了比喻，一种使用“像”“和……一样”等词来比较两个事物的手法。现在你对比喻有了更多的了解，自己阅读的时候要学会多多留意它们，可以在写作的时候尝试使用一下比喻。

共读活动2——探究作者的写作技巧：第一人称视角

阅读前

背景铺垫：作者在讲故事时会采用不同视角。换句话说，作者决定整个故事由哪个人物来讲述。这次我们精读这个故事时会重点关注不同视角。

阅读中

解读关键页

我先示范

内文：*我每天早晨醒来时，各种单词的发音在我脑海中打转。*为了分清故事的不同视角，我会注意谁是说话者。我从这页看出是这个男孩在说话，因为这儿使用了“我”这个字。由此我知道了这个故事是以第一人称视角讲述的。这个男孩就是故事的讲述者。

我们一起

内文：*早晨的时光向来不易，但是今天早上尤为艰难。*我们已经知道是这个男孩在讲故事，现在我们继续深入。重读这页时，我想让大家思考一下，这个男孩的话让你有什么感受？你能与他共情吗？

该你了

内文：*早晨的时光向来不易，但是今天早上尤为艰难。*如果把这页的视角换成男孩的父亲，会是什么样的语气？视角的改变会给你带来哪些不同的感受？

内文：*看到我难过的样子，爸爸把我拉到他的身边。*我们再看这页。如果也把视角换成男孩的父亲，那会是什么样的？视角的改变是否改变了你对故事的反应？

阅读后

引导独立阅读

你认为阅读时分清不同视角对读者有什么帮助？你会把今天学到的哪些内容运用在自己之后的阅读和写作中去？

创新写作：我们在共读活动中学习了比喻的手法。现在我们要练习一种特殊的比喻。我们把它称为“自我比喻”，因为这个比喻要反映出你自身与众不同的性格。【*先在这次写作活动的准备阶段进*

行头脑风暴，围绕“像”这个字列一些动词和喻体，围绕“一样”这个词列一些形容词和喻体。】

具体步骤如下：

- 决定用哪个表达：“像”还是“和……一样”？含有“像”的比喻可以和动词连用，而含有“和……一样”的比喻可以和形容词连用。这里有两个例子：

我像________________。 我像一只海豚游泳。	我和________一样________。 我和老鼠一样安静。

- 写“自我比喻”时，大家可以从我们所做的喻体表中寻找灵感。
- 根据你写的“自我比喻”画一幅画。

动词 + 喻体	
动词	喻体（动物 / 事物）
跑	猎豹；赛车
唱	金丝雀
跳舞	天鹅；落叶；雪花

形容词 + 喻体	
形容词	喻体（动物 / 其他物体）
安静	老鼠；风
缓慢	树懒；蜗牛
聪明	狐狸；书

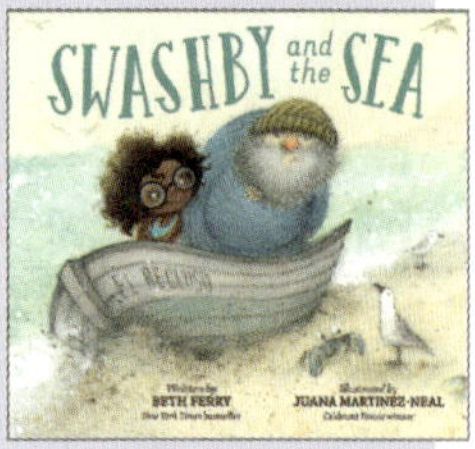

《斯瓦施比和大海》（*Swashby and the Sea*，Ferry，2020）

朗读活动：关注情谊的萌芽

内容简介：斯瓦施比享受着在海边的退休生活，直到一位小女孩和奶奶搬到了隔壁，打破了这片宁静。斯瓦施比在沙滩上写下“禁止擅入”和“请保持距离”之类的警告，但是海浪却篡改了这些文字，改变了它们的意思。在活泼可爱的新邻居和大海的帮助下，斯瓦施比意识到有他人的陪伴生活会更愉快。

寻找类似书时需要留意以下几点：

- 书中的人物关系随着故事的发展而发展；
- 书中涉及代际关系。

学习目标：

- 我能注意到人物之间是如何成为朋友的。
- 我能围绕友谊进行思考、讨论、写作。

有助于孩子加深理解的提示语

阅读前

留意正文以外的部分蕴含的信息

这本书的标题是《斯瓦施比和大海》。绘者胡安娜·马丁内斯-尼尔（Juana Martinez-Neal）使用了手工纹理纸创作了书中的插画，即通过在纸浆中融入不同的物质产生纹理，从而创造出独特的纸张，可以说这种纸有三维的呈现效果。你觉得谁是斯瓦施比？我在想为什么作者贝丝·费里（Beth Ferry）把书名定为《斯瓦施比和大海》，而不是《斯瓦施比和女孩》【如果你可以把护封拆下来，不妨观察并讨论护封和书壳有什么区别？】

带着问题阅读：我们猜测这个故事涉及封面上的两个人物和大海。阅读过程中，我们要探究并学习人物间的关系。

阅读中

- 内文：*船长斯瓦施比热爱大海*。我再读一遍这一页。用心听一听作者贝丝·费里是如何描写大海的。你注意到她用了“她”这个字吗？这就好像大海是一个人。作者给物体或动物赋予人格特征，这种手法被称为拟人。我在想这对于理解后面的故事是否有帮助，我们继续读来看看。
- 内文：*斯瓦施比退休之后，住在一座小房子中……*“静谧”的意思是清静、舒适、平和。前几页的内容让我们对斯瓦施比有了哪些了解？【他是大海的朋友；他喜欢平静的生活。】他的生活似乎会发生什么变化。我们接着往下看发生了什么变化。

- 内文：“现在要怎么做？”她问。有没有谁注意到什么规律？什么事情在反复发生？你能预测下一页会发生什么吗？跟同学说说。
- 内文：女孩大声念着“玩—耍！”还记得小女孩拿着海星许愿，斯瓦施比前来帮忙的情节吗？他在这页又是怎么帮助女孩的？【他帮她做了沙塔。】有没有朋友在你需要的时候帮助过你？你会有什么感受？
- 内文：于是大海决定做出更大程度地干预。哦，不！这会给你带来什么感受？

重要词汇和便于孩子理解的定义：

- 篡改：改动
- 干预：不请自来地介入
- 消失：从视线中退出

阅读后

- 斯瓦施比为什么感谢大海？大海给了他什么帮助？
- 故事一开始，斯瓦施比认为邻居“爱管闲事、很烦人、很讨厌”。最后他发现她们“非常有趣”，把她们当成了“朋友和家人”。前后发生了什么转变？

拓展练习

- 画出并写出斯瓦施比在故事开头的形象，与故事结尾处的形象对比一下。找到“人物的转变”练习纸，在上面写出你的想法。

认识写作者

探究绘者：胡安娜·马丁内斯－尼尔（Juana Martinez-Neal）

你知道吗？

- 她喜欢鸟。
- 她在秘鲁出生和长大。
- 她热衷于给东西编号。

她的其他作品：

- 《阿尔玛和她名字的由来》（*Alma and How She Got Her Name*，2018）
- 《炸面包：一个印第安人的故事》（*Fry Bread: A Native American Story*，2019）
- 《公主和豌豆》（*La Princesa and the Pea*，2017）
- 《佐尼亚的雨林》（*Zonia's Rain Forest*，2021）

延伸阅读

● **《卡里尔、哈格迪先生和后院的宝藏》**（*Khalil and Mr. Hagerty and the Backyard Treasures*，Springstubb，2020）

内容简介：卡里尔住在一间嘈杂的公寓里，楼下是哈格迪先生安静的公寓。两个邻居都喜欢在后院休闲放松。哈格迪先生帮卡里尔读单词，卡里尔帮哈格迪先生记住它们。一个夏天的早晨，哈格迪先生发现自己的花园一片狼藉，而卡里尔却因为没有在花园中发现宝藏大失所望。当天晚上，他们都悄悄地在园中埋了些东西，专门让对方来寻宝。

● **《回归世界的地图》**（*Map Into the World*，Yang，2019）

内容简介：帕娅·纳塔布一家搬进了新家。他们街对面的邻居鲍勃和露丝喜欢坐在外面那张独特的长椅上。冬天，露丝去世了。春天到了，为了帮助鲍勃找到回归这个世界的路，帕娅·纳塔布用粉笔为他画了一张色彩斑斓的地图。

姓名：________________

人物的转变

起初……	最终……
人物 ________________ ________________	人物 ________________ ________________

“人物的转变”练习纸

共读活动1——匹配字母与发音：找寻词块

阅读前

背景铺垫：大海篡改了斯瓦施比写在沙滩上的单词，改变了词义。长词中含有短词或单词的某个部分。我们阅读时可以通过把长词拆解成小的词块理解长词。

阅读中

解读关键页

我先示范

内文：**斯瓦施比封住了舱口**……当我试图理解某个长词时，我会把它拆解成更小的部分。以单词 trespassing（擅入）为例，我会把它拆解成我认识的词：tres-pass-ing。

我们一起

内文：**"现在要怎么做？"她问。**你能从 vanish（消失）这个单词中发现任何你认识的词块吗？【Van-ish，v-an-ish，va-nish。】

该你了

你可以使用这种策略拆解这本书中其他的单词。现在轮到你和同伴一起练习了。【把下面的单词分别写在纸条或电子文档上：whenever（无论何时）、commandeered（征用）、umbrellas（雨伞）、scattered（分散）、battened（封舱）、starfish（海星）、interrupted（打断）、stomping（跺脚）、delivered（传递）。你可以根据孩子人数将上述单词分成两组。让孩子两两成对，可以通过给单词加下划线或者把单词写在纸上剪开，以此拆解出词块。】

阅读后

引导独立阅读

阅读中遇到较长的单词时，不妨把它拆分成小词块，然后根据每个词块的发音连起来读。

共读活动2——推敲文字：形容词三连

阅读前

背景铺垫：我对作品中特殊的文字用法充满好奇。我想让大家注意作者贝丝·费里使用的一个很酷的手法，即形容词三连。我们再读一下这本书，看看作者是怎样使用这个手法的。

阅读中

解读关键页

我先示范

内文：斯瓦施比退休之后，住在一座小房子中；它建在一小片沙滩上，尽可能靠近大海。我读的时候大家用心听，注意作者如何描述斯瓦施比的生活。没错！他的生活“咸涩、多沙、静谧”。大家应该还记得“静谧”的意思是清静、舒适、平和。如果让我选三个形容词描述我自己的生活，那么我会用“阳光、安静、忙碌”。

我们一起

内文：斯瓦施比封住了舱口……和我一起再读一下这页的最后三个句子。听听斯瓦施比描述邻居时用到的三个形容词【爱管闲事、很烦人、很讨厌】。你认为这些形容词是否表明他喜欢有邻居做伴？大家可以用竖起或朝下的大拇指给出你的答案。你会用什么形容词描述自己不喜欢的东西？

该你了

内文：自那以后，斯瓦施比喝茶时再也不感到拘谨了……还记得这页吗？大家读读斯瓦施比此时描述邻居用到的三个形容词，同时我会把它们指出来。你会用什么形容词描述自己喜欢的东西？

阅读后

引导独立阅读

作者贝丝·费里借助形容词三连帮助我们理解斯瓦施比在整个故事中的情感变化。我读这本书时非常喜欢作者反复使用的形容词三连。你对这种技巧怎么看？如果你喜欢推敲用词，那么你也会发现让自己称奇的写作技巧。

创新写作：我认为把贝丝·费里的形容词三连手法巧妙地使用在我们的写作练习中，可能会带来不少乐趣。大家想一个单词或点子，然后找三个形容词描述它。【在共读活动中，和孩子们一起写一个含有形容词三连的句子或一首诗。之后让孩子们独立尝试。】

含形容词三连的诗歌

小W作

冬天寒冷、干燥、白茫茫

春天新鲜、华丽、暖洋洋

夏天炎热、耀眼、天蓝蓝

秋天多彩、凉爽、金灿灿

孩子创作的含形容词三连的诗歌

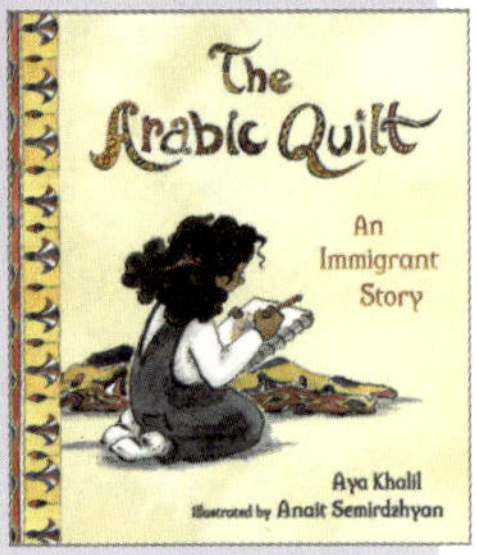

《阿拉伯被子：一个移民的故事》（*The Arabic Quilt: An Immigrant Story*，Khalil，2020）

朗读活动：注意人物关系的发展变化

内容简介：坎齐一家人从埃及移民到美国。她来到新学校的第一天，母亲说了阿拉伯语中的昵词亲爱的（Habibti），这让无意中听到的同学们大笑起来。看到坎齐不开心，她的老师霍根女士安慰她称能说两种语言是很棒的。为了证明这一点，霍根老师邀请坎齐的母亲来到教室，给孩子们展示如何用阿拉伯语写他们的名字。全班还一起创造出了标有他们名字的被子。隔壁班的孩子们受到这个写满阿拉伯语名字的被子的启发，也做出了一个写满日语名字的被子。

寻找类似书时需要留意以下几点：

- 书中的人物在学校中与他人建立了良好的关系；
- 书中的故事围绕人物之间如何建立关系展开。

学习目标：

- 我能注意到人物间的友谊是如何发展和改变的。
- 我能围绕友谊进行思考、讨论和写作。
- 我能把学到的关于友谊的道理运用到我自己的生活中。

有助于孩子加深理解的提示语

阅读前

留意正文以外的部分蕴含的信息

这本书的标题是《阿拉伯被子》，副标题是“一个移民的故事”。移民是指离开自己出生的国家移居到另一个国家的人。看看封面上的女孩在做什么？注意绘者是如何设计标题中的字母的。【它们看起来像是用布料做的。】我们得读读这本书，才能找出它取名《阿拉伯被子》的原因。

带着问题阅读：我们探究书名含义的同时，也要多留意故事中的女孩。我们开始读，看看围绕她会发生一个什么样的故事。

阅读中

- 内文：车里，妈妈跟着阿拉伯语广播频道一起唱。通过最开头的几页，我们对坎齐已经有了不少的了解。跟同学分享一件你了解到的关于坎齐的事。你能换位思考，想象一下她第一天上学的感受是怎样的吗？
- 内文：午餐时间，妈妈从门口经过，这让坎齐大吃一惊。谈谈你对这页中莫莉的言行举止有什么看法。如果你和莫莉走在一块，你会说些什么或做些什么？我们欢迎新朋友的方式是这样的吗？

- 内文：第二天，莫莉说……谈一谈莫莉的致歉。说到这里你有什么感想？我注意到坎齐自己站出来为自己辩护。为什么为自己辩护很重要？
- 内文："这个作品简直太酷了，坎齐。"坎齐和莫莉之间的关系发生了怎样的转变？是什么原因导致了这种转变？

阅读后

- 好美的一首诗啊！坎齐诗中的哪些词或哪些思想让你印象深刻？
- 你认为这个故事为什么取名叫《阿拉伯被子》？

拓展练习

- 随着故事的发展，坎齐和莫莉的关系发生了怎样的转变？
- 我们也来做一个"班级之被"吧。大家在这张纸上用自己的母语写下你的名字。然后在这张"被子"上写一些自我介绍作为装饰。

延伸阅读

- 《开学之日》（*The Day You Begin*，Woodson，2018）

内容简介：伍德森（Woodson）的这部作品源于一首记述了她曾祖父经历的诗——《偶尔的恐惧》，它讲述了一群孩子在开学季因为无法融入新同学而引发的痛心故事。最后，一个女孩鼓起勇气分享了自己的故事，并因此发现她与一位同学有很多共同语言，于是二人开启了一段友谊。

重要词汇和便于孩子理解的定义：

- 惊叹：惊奇的感觉
- 勇敢：勇于面对危险
- 秘密：不让别人看到或知道的事物

共读活动1——推敲文字:“说”的不同表现方式

阅读前

背景铺垫:写作者通常用“说”字表示人物在说话。你知道吗?这个字还有一些更加形象、更能拉近读者与人物距离的不同表现方式。我们今天精读的目的是找到“说”的不同表现方式。

阅读中

解读关键页

我先示范

内文:午餐时间,妈妈从门口经过,这让坎齐大吃一惊。我再读一下这一页,重点关注书中“说”的不同表现方式。【重读时着重强调这些词:“窃笑”“询问”和“回答”。】每一个词都向我这个读者传递了不同的信号。大家再听一遍,这次我会以我认为作者希望的方式读出每个人物的话。

我们一起

内文:第二天,坎齐在同学们面前铺开被子。再读这一页,想一想用“说”字和用“喊”字有什么不同的效果。

该你了

现在该你了。你可以翻一翻你自己读的某本书,从中收集“说”的不同表现方式,也可以和我一起记下我们从《阿拉伯被子:一个移民的故事》中找到的这类词。【让学生将收集到的“说”的不同方式记录在要点图中或笔记本上。下面这些词均来自于这本书:呼叫、欢呼、回应、窃笑、询问、答复、脱口而出、大喊、请求、低语。】

阅读后

引导独立阅读

真不可思议,原来“说”有那么多的不同表现方式。你在自己阅读的时候,继续留意并思考这类词。如果你自己写的故事中有人物在说话,那么不妨用这些词来表示不同的“说”。

共读活动2——探究作者的写作技巧：过渡语

阅读前

背景铺垫：在《阿拉伯被子》中，作者阿雅·卡里尔（Aya Khalil）用了一种时间表达手法推动情节发展。作者们并不会反复使用“同时”“然后”之类的常见词汇，而是借助过渡语。过渡语就像一座桥梁，将读者从一个故事情节带到下一个情节。

阅读中

解读关键页

我先示范

内文：午餐时间，妈妈从门口经过，这让坎齐大吃一惊。重读这页的第一个句子。上一页提到他们开始为一天做准备，而这页描述的是午餐时光。作者并没有使用大量的篇幅描述中间过程，而是使用了一个过渡短语将故事的时间向前推进了一步。

我们一起

内文：第二天，莫莉说：“霍根老师说我伤害了你的感情”。再读一下这页的第一句话。这里的过渡语是如何将故事情节在时间轴上推进的呢？

该你了

【继续引导孩子重点关注过渡语，同时留意它们常被用在逗号之前这一特征。】

阅读后

引导独立阅读

过渡语是指将读者从一个故事情节带到下一个情节的词或短语。现在我要把我们找到的一些过渡语写在这个要点图中，方便大家在创作时使用。【在要点图上写出过渡语，例如：“午餐时”“那天晚上”“睡觉之前”“周五”。】

创新写作：坎齐在故事的结尾为父母写了一首特别的诗。请你也为你的家人画一幅画或写一段话，写一下他们在你心中为什么如此重要。

我最爱的用于社会情感学习活动的资源

“他突然有了一个想法：也许我们不能以貌取人”

——《米洛畅想世界》

（*Milo Imagines the World*）

马特 · 德拉培尼亚（Matt de la Peña）著

克里斯蒂安 · 鲁滨逊（Christian Robinson）绘

运用阅读策略理解虚构作品 2

读透字里行间的隐含义

本章开头引用了米洛的思考："……也许我们不能以貌取人。"书和人一样不可貌相。孩子们无法仅仅通过浏览文字真正理解一本书。深度探究才能看透书的核心。孩子们要既得到帮助又受到挑战，才能读透书中字里行间的隐含义。这便是为什么朗读活动和共读活动是一对完美的组合。在朗读活动中，孩子既享受了阅读的乐趣，同时也在热烈的讨论氛围中共同领悟了文义。共读活动则激励孩子通过深挖内容拔高能力，最终达到对书面文字深层逻辑的理解。本章将从下列几方面引导孩子，帮助其理解作品的核心内容：

- 描述并理解人物
- 探究故事结构
- 探究插画
- 用证据进行预测
- 调动感官和情感将文字信息视觉化
- 探究人物视角
- 读透字里行间的隐含义

无论你是在朗读活动后加一个拓展练习，还是在共读活动后给孩子提供创新写作的机会，都是在引导他们超越书本、拓展思维。琢磨一下这几个问题："这本书会将我引向何方？我能将书中所学内容付诸于什么样的实践？"当你带着孩子共同钻研书的内容时，可以运用本章讲到的方法。请你相信，阅读过程中提出的每一个问题和每一次停顿，都能助你将孩子塑造成能自问"这本书对我有什么意义"的读者。

精读书单

书名	共读活动1	共读活动2
《抓住那只鸡！》（*Catch That Chicken!* Atinuke，2020）	精听发音：头韵	精读提升流利度：带着兴奋感阅读！
《呼吁清理沙滩的小火箭》（*Rocket Says Clean Up!*，Bryon，2020）	琢磨标点符号：感叹号=强烈的情感	探究作者的写作技巧：虚构和非虚构相结合
《紫色蓬松外套》（*The Purple Puffy Coat*，Boelts，2020b）	推敲文字：形容词	精读促进理解：注意故事中的转折点
《海盗来了！》（*The Pirates Are Coming!* Condon，2020）	匹配字母与发音：与短音 -i 相关的词族	精读提升流利度：齐读重复部分
《西蒙在艺术博物馆》（*Simon at the Art Museum*，Soontornvat，2020）	精读促进理解：根据图片和文字推断	探究作者的写作技巧：借助人物对话和内心思考理解人物
《电梯》（*Lift*，Lê，2020）	精读促进理解：辨别真实情节与虚构情节	探究绘者的写作技巧：分格式插画
《谢谢您，阿嬷！》（*Thank You, Omu!*，Mora，2018）	推敲文字：同义词	精读促进理解：推断中心思想
《哈罗德最爱的羊毛帽子》（*Harold Loves His Woolly Hat*，Kousky，2018）	精读提升流利度：大号加粗字体	精读促进理解：分析人物的性格特征
《爸爸有辆摩托车》（*My Papi Has a Motorcycle*，Quintero，2019）	推敲文字：拟声词	探究作者的写作技巧：重复
《米洛畅想世界》（*Milo Imagines the World*，de la Peña，2021）	推敲文字：感官语言	探究绘者的写作技巧：展示角色的内心想法
《与你相守》（*I'm Sticking With You*，Prasadam-Halls，2020）	精听发音：押韵词	精读提升流利度：强调斜体字
《我们爱钓鱼！》（*We Love Fishing!*，Bernstein，2021）	推敲文字：缩约词	精读提升流利度：关注标点符号
《外面真好》（*Outside In*，Underwood，2020）	推敲文字：复合词	精读促进理解：根据图片和文字推断
《爷爷和时光机》（*Big Papa and the Time Machine*，Bernstrom，2020）	精读促进理解：理解不同视角	探究作者的写作技巧：重复句

我最爱的可用于提升阅读理解力的虚构类资源

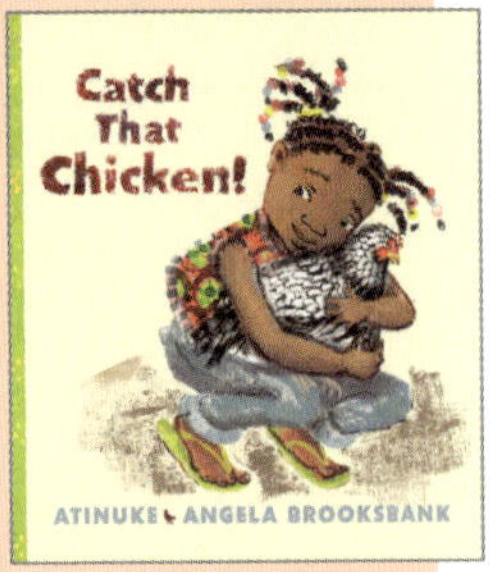

《抓住那只鸡！》（*Catch That Chicken!*，Atinuke，2020）

朗读活动：探究人物行为

内容简介：拉米住在西非的一个大院中，是院里速度最快的捕鸡者。当她满大街追逐一只毛茸茸的鸡时，村民们提醒她："别急！别急！"满脑子都是捕鸡的拉米忽视了大家的警告，结果摔了一跤，扭伤了脚踝。幸运的是，娜娜·纳迪亚安慰拉米说她仍然可以成为最优秀的捕鸡者，但这次要凭借自己的智慧，而不是速度。注重细节的孩子可能会在大院的整幅插画中重温一次拉米的捕鸡路线。

寻找类似书时需要留意以下几点：

- 书中有充满活力、坚韧不拔的主角；
- 书中的故事地点能够拓展孩子的世界观。

学习目标：

- 我能通过观察人物的行为了解人物。
- 我能将所学内容用于描述人物。

有助于孩子加深理解的提示语

阅读前

留意正文以外的部分蕴含的信息

- 本书封面有一些可以帮助你预测故事情节的线索。注意书名最后的感叹号。你认为作者是想让我们用这种语气读标题吗？【先用毫无感情的单调语气读这个标题。】还是希望我们用这种语气读？【然后用兴奋的语气大声朗读这个标题。】这幅图透露出是谁在尝试抓住这只鸡？和朋友分享一下你的预测。

带着问题阅读：你试过去抓正在奔跑的动物吗？你有没有抓住它？【找几个孩子回答。】我们将在这个故事中看到一个痴迷捕鸡的主角。我们要留意并分析她的行为，以便向那些没读过这本书的人描述这位主角。

阅读中

- 扉页：作者告诉我们这个故事的背景设置在（或故事发生在）西非。【在电子版地图、实体地图或地球仪上找到西非。】在这个故事中，人们所说的"sannu"是"别急"的意思。
- 内文：拉米抓到它了！到目前为止，我们对拉米有哪些了解？接着往下读，读的过程中请大家留意细节，并思考拉米是如何练就成为最优秀的捕鸡者的。

- 内文：这天，拉米在鸡圈里追一只鸡。我们讨论一下拉米的行为，即她做的事情。她如何练就了抓鸡的好本领？【她喜欢鸡；不轻易放弃；奔跑速度飞快；特别勇敢。】
- 内文：她的脚踝狠狠地扭了一下……你能预测拉米接下来会怎么做吗？换做是你，你会怎么做？

阅读后

- 如果你要向别人讲述拉米的故事，你会怎么描述拉米？【引导孩子使用形容词，尽量不复述故事情节。鼓励他们用“拉米非常……”的句型和形容词进行描述。】
- 拉米的目标是抓住鸡。你在追寻自己的目标时可以借鉴拉米身上的什么精神？

拓展练习

- 读《抓住那只鸡！》时，我们根据拉米的行为分析出了她的性格特征。我们把这些特征记在“人物性格特征之树”练习纸上吧。我会给大家发一些练习纸，方便你以后阅读其他书时分析和记录人物

重要词汇和便于孩子理解的定义：

- 幸运：偶然发生的开心事
- 猛扑：朝某人或某物猛冲过去
- 夺走：快速抓走某物

孩子画的“人物性格特征之树”

“人物性格特征之树”练习纸

的性格特征。

- 认真观察：卵生动物。你知道鸡是卵生动物吗？你可以在观察中心找到相关资源，探索关于卵生动物的更多知识。给你的挑战是：
  - 了解卵生动物的特征。
  - 选择一个你感兴趣的卵生动物，做一张示意图，向我们介绍关于它的知识。

卵生动物

延伸阅读

- 《瞧我的》（*Watch Me*，Richards，2021）

内容简介：这本书根据作者多尹 · 理查兹（Doyin Richards）父亲的真实故事改编，故事的主人公乔从塞拉利昂来到美国追逐自己的梦想。每当遇到他人的质疑或挑战时，乔从不放弃，而是说：“瞧我的。”最后，乔治成功当上了一名医生。【详见第一章第48~52页中的朗读和共读活动。】

- 《无论我去哪里》（*Wherever I Go*，Copp，2020）

内容简介：一位自称阿比娅女王的小女孩在埃塞俄比亚北部的希梅尔巴难民营生活了7年。无论是在卖力抽水的时候，还是在和朋友一起玩耍的时候，她都带着想象和希望，以一种幽默豁达的态度对待生活。移居后，她一如既往地保持乐观开朗。读者会被阿比娅的精神和生命力深深打动。这本书的附加材料中提供了关于难民和移居的信息和资料。

共读活动1——精听发音：头韵

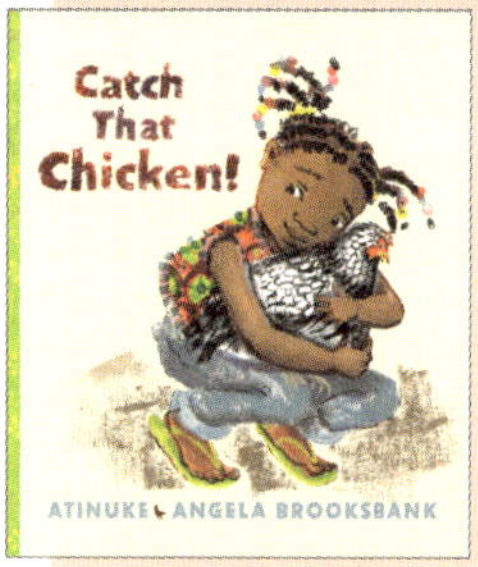

阅读前

背景铺垫：这次我们要通过精读《抓住那只鸡！》来训练耳朵听单词的词首音。

阅读中

解读关键页

我先示范

内文：拉米身体倾斜。【大声读这一页，重点突出单词的词首音。】你听到了什么？每个单词的词首音都是 /l/。听一下这些单词的发音。作者多次使用同一个开头辅音的手法被称为“押头韵”。我认为词首辅音相同的词连成的句子读起来很有意思。

我们一起

我们来玩一个可爱的发音游戏。我们把每个单词的词首音改为 /p/。我们一起读这些词，听听改变它们的词首音后有什么效果：

Lami leans（拉米身体倾斜）！ → Pami peans！

Lami lunges（拉米猛扑过去）！ → Pami punges！

Lami leaps（拉米一跃而起）！ → Pami peaps！

现在我们换成另一个辅音来试试！【换个孩子熟悉的辅音继续玩。】

该你了

和你身边的同学轮流换掉你们名字中的词首音。【如果时间允许，或孩子们对此兴致不减，可以继续围绕“但是拉米迅速爬行”这页中的头韵练习。】

阅读后

引导独立阅读

精听发音、玩发音游戏有助于锻炼阅读思维。你在写作时，也可以选择有相同词首音的单词，即押头韵的单词，这样能让你写出的句子读起来更有意思。

共读活动2——精读提升流利度：带着兴奋感阅读！

阅读前

背景铺垫： 我在给大家朗读之前会提前演练一番，以确保我能惟妙惟肖地模仿书中人物的语气说话。这有助于我更好地想象故事情节。我给大家示范一下。

阅读中

解读关键页

我先示范

内文："抓住它们，拉米！抓住它们！"哥哥比拉大喊。听我读这一页。你发现了什么？【因为本页所有的句子都以感叹号结尾，所以我在朗读时带着兴奋感。让孩子们讨论一下这种朗读方式。】

我们一起

内文："抓住它们，拉米！抓住它们！"哥哥比拉大喊。现在我们一起再把这页读一遍。大家注意自己的语气。设想你正在这个大院中为捕鸡的拉米呐喊助威。

该你了

内文：这天，拉米在鸡圈里追一只鸡……【本页及之后五页】还记得这里的故事情节吗？这页中的每个人都冲拉米大喊"别急！别急！"。我用手指到"别急！别急！"时，你想象村民们当时的口气，然后读出来。咱们开始！

阅读后

引导独立阅读

读者可以根据作者给出的感叹号之类的线索进行有感情的朗读。当你读到故事中的某个人物在说话时，留意标点符号，提醒自己朗读时模仿人物的语气去读。

创新写作： 内文：……很多很多的鸡。还记得这张重现了拉米捕鸡路线的整幅插画吗？想想是否可以把你写的故事中涉及的所有地点都画在一个场景中。故事场景既可以是真实的，也可以是虚构的。你也可以先画出一幅这样的画，其中包含人物经过的所有地点，再根据这幅画构思一个故事。

《呼吁清理沙滩的小火箭》(*Rocket Says Clean Up!*，Bryon，2020)

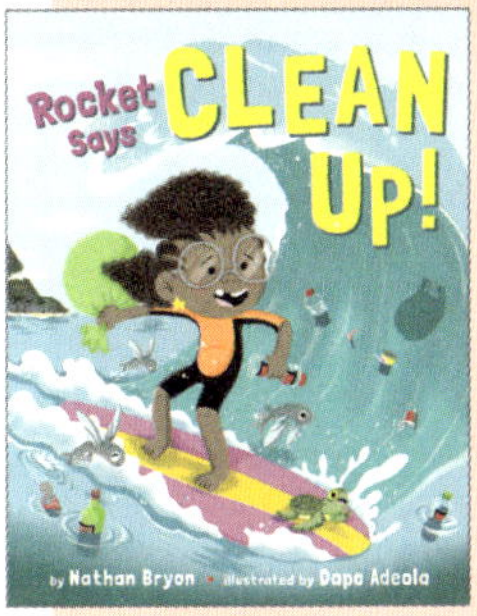

朗读活动：通过人物的行为了解人物的性格特征

内容简介：这本书是《呼吁抬头看天的小火箭》(*Rocket Says Look Up!*，Bryon，2019) 的后续之作。因为有着航天梦想，大家都叫小女孩“小火箭”。小火箭和家人一起去热带岛屿看望祖父母。她的祖父母是观鲸之旅的组织者和一个动物庇护所的负责人。当小火箭发现一只被塑料缠身的小海龟时，她请求海滩上的游客们一起帮忙清理垃圾。和手机时刻不离手的哥哥不一样，每页中的小火箭都感情充沛、能量满满。

寻找类似书时需要留意以下几点：

- 书中人物的行为清晰地反映了性格特征；
- 书中涉及环保思想。

学习目标：

- 我能通过观察人物的行为了解人物。
- 我能将所学内容用于描述人物。
- 我能通过人物的行为了解人物的性格特征

有助于孩子加深理解的提示语

阅读前

留意正文以外的部分蕴含的信息

观察达普·阿德奥拉 (Dapo Adeola) 笔下的这幅鲜艳多彩的封面插画，你注意到其中有什么不同寻常的地方了吗？【小女孩的手中和水里都有垃圾。】大家结合从封面插画中看到的信息和书名《呼吁清理沙滩的小火箭》，就大概可以推断小火箭为什么要呼吁人们清理沙滩了。听听身边的同学得出了什么推断。

带着问题阅读：书中的人们是否响应了小火箭清理垃圾的呼吁？大家一边阅读一边寻找答案。同时，我们也要根据小火箭的行为举止分析她的性格。

阅读中

- 内文：*我迫不及待要帮忙了！*如果你也想在动物庇护所工作，请竖起大拇指。我们在这页中看到小火箭在给爷爷帮忙。这个行为让我看出她是个热心肠。
- 内文：*我轻轻地抱起它……*仔细看小火箭的面部表情，你能推断出

重要词汇和便于孩子理解的定义：

- 释放：给某物以自由
- 拯救：从危险处境中解救出来
- 缠身：被缠住无法脱身

她现在的感受吗？你推断的依据是什么？【可能是因为她很关心那只乌龟。】如果她是因为乌龟受伤了而伤心，那么说明她________。【充满爱心、善良。】

- 内文：开始清理！小火箭的情绪发生了什么转变？为什么会有这种转变？
- 内文：特雷莎的妈妈制作了很棒的垃圾箱……如果你的所作所为被新闻报道了，你会有什么反应？站起身来，给我们展示一下你的表情和动作。

阅读后

- 你在最后一页的背景画中注意到什么细节？【一个鲸鱼尾巴。】你认为绘者为什么要加入这样一个细节？
- 读完这个故事，你是否会改变你的某些行为？

拓展练习

- 人物—性格—线索：阅读过程中，我们以小火箭的行为为线索分析了她的性格特征。性格特征是指某人与众不同的特点。小火箭有哪些性格特征？【乐于助人、心地善良、充满爱心、坚定不移、骄傲自信……】我们把从书中了解到的小火箭的性格特征记录在“人物—性格—线索”图上。你也可以把你读的书中的人物性格特征记在这张图上。
- 采取行动！在这个故事中，小火箭用实际行动清理了海滩。和爷爷讨论了塑料问题之后，小火箭做了三件事：首先她告诉人们沙滩上的塑料有什么样的危险，接下来她召集了一群志愿者，最后她用特雷莎的妈妈制作的沙滩友好型垃圾箱回收垃圾。你有没有看到什么正在发生的、你想改变的事情？可以从下面三个方面采取行动：
  - 告知：告诉人们某个问题。
  - 邀请：寻找愿意加入你行动的人。
  - 创新：用具有创意的办法解决问题。

延伸阅读

● **《我们是水的守护者》**（*We Are Water Protectors*，Lindstrom，2020）

内容简介：这本曾获得凯迪克奖的书描述了在一条像黑蛇一样的石油

管道威胁到水源时一个小女孩与社区居民一起勇敢抗争的故事。作者卡罗尔·林德斯特伦（Carole Lindstrom）和米凯拉·戈德（Michaela Goade）是一对原住民创作组合，本书是他们的一份行动倡议，书末由两位创作者撰写的附加内容展示了这个故事的创作背景。

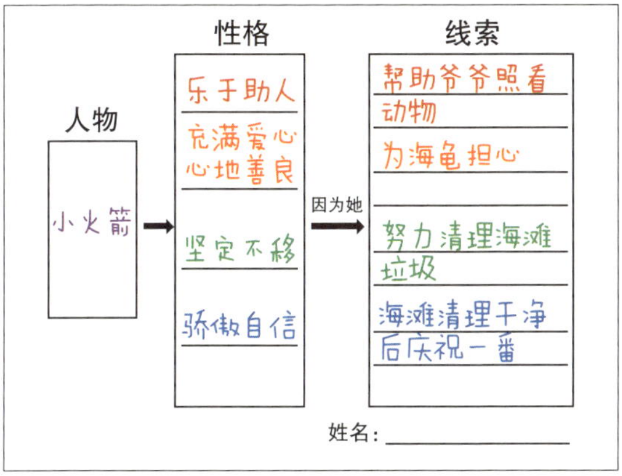

孩子们共同创作的“人物—性格—线索”图

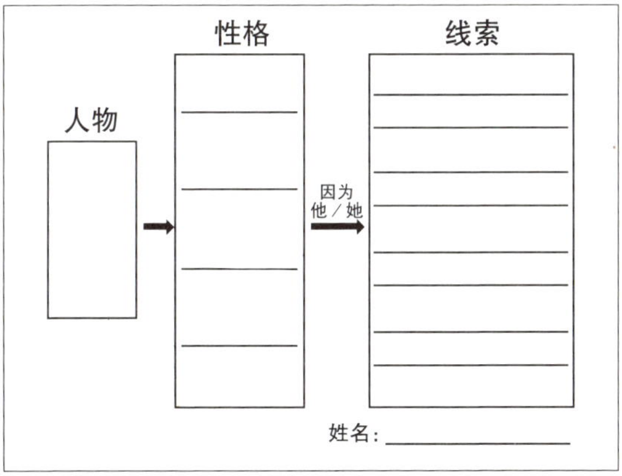

“人物—性格—线索”练习纸

共读活动1——琢磨标点符号：感叹号＝强烈的情感

阅读前

背景铺垫：【展示一下感叹号。】大家有谁认识这个符号吗？它是什么意思？没错！感叹号是指说话的人有强烈的情感。这次我们要根据那些以感叹号结尾的句子推断小火箭的情感，然后模仿她的语气读一读这些句子。

阅读中

解读关键页

我先示范

内文：*首先，冲浪时间到！*从小火箭的面部表情以及她开心的样子，我可以推断她很兴奋。所以，我要以饱满的情感读以感叹号结尾的句子。

我们一起

内文：*然后我和妈妈建了一个巨大的沙堡！*这页中有两个以感叹号结尾的句子。你认为小火箭垒沙堡时是什么感觉？我们带着兴奋感一起读这个句子。现在我们再看这一句：“哦，不！”这句后面也有一个感叹号，但是小火箭看起来并不兴奋，对吧？这意味着我们必须换一种语气朗读。准备好了吗？设想你就是小火箭，你刚发现了那只小海龟。开始读：“哦，不！”

该你了

内文：*随着时间的推移，越来越多的人加入了。*现在轮到你了。我会不带任何感情读这句话，但是你必须一边看图，一边按照你想象中的小火箭的语气再读一遍。【用不带任何感情的平常语气读下面几页带感叹号的句子。先让孩子们通过看图体会小火箭的感受，然后让他们带着感情重读这些句子。如果孩子们兴致不减且时间允许，继续往下读。】

阅读后

引导独立阅读

我们回顾一下今天的学习内容。你学到了哪些关于感叹号的新知识？这些知识对你的阅读和写作有什么帮助？

共读活动2——探究作者的写作技巧：虚构和非虚构相结合

阅读前

背景铺垫：你还记得虚构和非虚构作品之间的区别吗？有时写作者在书中会将两种风格相结合。作者纳森·布里因（Nathan Bryon）的书《呼吁清理沙滩的小火箭》中便体现了这种融合风格。我给大家展示一下。

阅读中

解读关键页

我先示范

内文：*我将要……*在这页中，小火箭谈论着她假期的种种计划。然后，这个写着“你知道吗……？”的对话气泡告诉了我们一个关于伊玛尼·威尔莫特（Imani Wilmot）的事实。我之前不知道她是谁，现在想对她有更多的了解。对我来说，读到这个事实信息后，我的大脑开始换了一种思考方式。这个对话气泡为故事增添了额外的内容。

我们一起

内文：*你知道吗……*我们将轮换着读这一页。大家先读“你知道吗……”，我接着读后面的内容。大家思考一下在故事中添加这些事实给你的阅读带来什么样的影响，让你学到了什么？你喜欢把事实嵌在故事中间，还是放在最后？和身边的同学聊聊。

该你了

如果让你再往这本书中添加一些事实或信息，你会加在哪一页？【先找一个孩子选择他想添加事实的地方，然后翻到对应的页面。大家一起头脑风暴可以添加什么内容，记在便利贴上，最后把它贴在这页上。之后再多找几个孩子做几遍练习。这个环节结束后把书放在教室图书角中，供其他孩子继续往书中加入自己的思考。】

阅读后

引导独立阅读

有些读者误以为一本书要么属于虚构类，要么属于非虚构类。今天我们认识到写作者可以将两者合二为一。所以，我们欣赏故事的同时也可以掌握一些知识。你在阅读其他书籍时，可以留意一下作者是如何将虚构的故事与非虚构的事实合二为一的。思考一下这种结合是如何影响你的阅读体验的。如果这种写作技巧也适合你写的故事，那么不妨一试。

创新写作：在这个故事中，小火箭和游客一起清理了海滩上的塑料垃圾。清理垃圾是保护环境的一种方式。你还能想到其他的环保做法吗？【和孩子一起头脑风暴，列出一个环保行动清单，包括循环利用、植树、骑自行车、关紧水龙头等。】如果你要写一本和这个故事相仿的书，你会取什么书名？我的书名会是《呼吁关灯的沃尔瑟博士》。把你取的书名写在便利贴或笔记本上，它们也许能在你自己创作故事时给你带来一些启发。

《紫色蓬松外套》（*The Purple Puffy Coat*，Boelts，2020b）

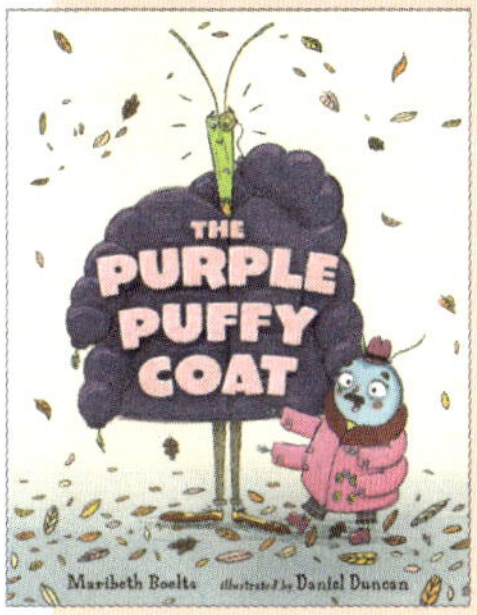

朗读活动：确定故事要素

内容简介：甲虫很想给竹节虫一件紫色蓬松的外套作为生日礼物。可事实上，他实在急不可耐，并没有等到竹节虫生日那天。尽管甲虫认为这件外套“很亮眼、很引人注目”，但读者可以从竹节虫的表情和动作中推断出他可能不这么认为。当甲虫终于意识到竹节虫对他的礼物并不满意时，他给了竹节虫一个新礼物——一张纸条，上面写着他不必再穿那件外套了。

寻找类似书时需要留意以下几点：
- 故事情节简单且包含清晰可辨的故事要素；
- 书中讲述了友谊的故事。

学习目标：
- 我能记住故事中的人物、问题和解决方法。
- 我能说出、写出或画出故事中的人物、问题和解决方法。

有助于孩子加深理解的提示语

阅读前

留意正文以外的部分蕴含的信息

通常一本书的封面可以给读者一个故事情节的总览。你从这本书的封面上看到了什么内容？【两只虫子穿着外套，树叶在它们身边纷纷落下。】注意这只绿虫子的面部表情。你能推断出他此刻是什么感受吗？

封底文字

我们可以把书翻过来，阅读封底文字了解更多内容。【朗读封底文字。】读完后，我们知道了角色的名字，同时也找到了竹节虫面部表情如此悲伤的线索。

带着问题阅读：许多故事中的主角都会遇到问题或为了某个目标而努力。我们已经找到了一些线索，可以帮助我们预测这个故事中主角可能遭遇的问题。往下读故事，验证一下我们的预测是否与作者玛丽贝丝·波尔茨（Maribeth Boelts）的构想相符，同时也看一下在故事中主角是如何解决这个问题的。

重要词汇和便于孩子理解的定义：

- 仰视：注视自己由衷喜爱的人或物
- 飞奔：快速奔跑
- 阴郁：一种悲伤的感觉

阅读中

- 内文：甲虫递给竹节虫一个大盒子。你认为盒子里有什么？想一想，之前我们仔细观察封面是否帮助你做出了更加准确的推断。
- 内文：竹节虫把自己裹在紫色蓬松的外套中。这里出现了什么问题？【竹节虫并不喜欢这件外套。】你能说出甲虫对这件外套的态度吗？你推断的线索是什么？
- 内文：“哦，不！甲虫哀叹道。甲虫最后意识到了什么问题？你觉得它为什么过了这么久才意识到竹节虫并不喜欢那件外套？
- 内文：甲虫说：“我有个礼物要送给你。”甲虫是如何解决这个问题的？

阅读后

- 甲虫学到了哪些关于送礼物和友谊的道理？
- 下次甲虫再送礼物时，做法可能会和之前有什么不同？

拓展练习

- 记住故事中的人物、问题和解决方法对于读者至关重要。我们现在就来画一幅图，在图中标注出《紫色蓬松外套》中的这些故事要素。还有一个额外的挑战：再想想其他可能的解决方法，并记录在“人物、问题和解决方法”练习纸上。
- 想想你认识的某个特别的人，如果给他送生日礼物，你会送什么呢？把这件礼物画出来。

延伸阅读

● **《青蛙和海狸》**（*Frog and Beaver*，James，2017）

内容简介：小青蛙和朋友们在河边过着快乐的生活，直到海狸制造的一个巨大水坝把他们逼出了家园。水坝决堤时，小青蛙救了海狸的命。为了报答小青蛙的恩情，海狸重建了动物之家，给自己建了一个比原来小很多的水坝。

● **《怎么感觉怪怪的？》**（*Something's Wrong! A Bear, A Hare, and Some Underwear*，John，2021）

内容简介：小熊杰夫觉得有些不太对劲，但他却不清楚具体哪里不对劲。于是他问了自己信任的朋友——兔子安德斯。安德斯告诉了杰夫真相——他出门时居然穿的是内衣。当其他动物质疑他的穿衣品味时，安德斯却成了杰夫坚实的后盾。

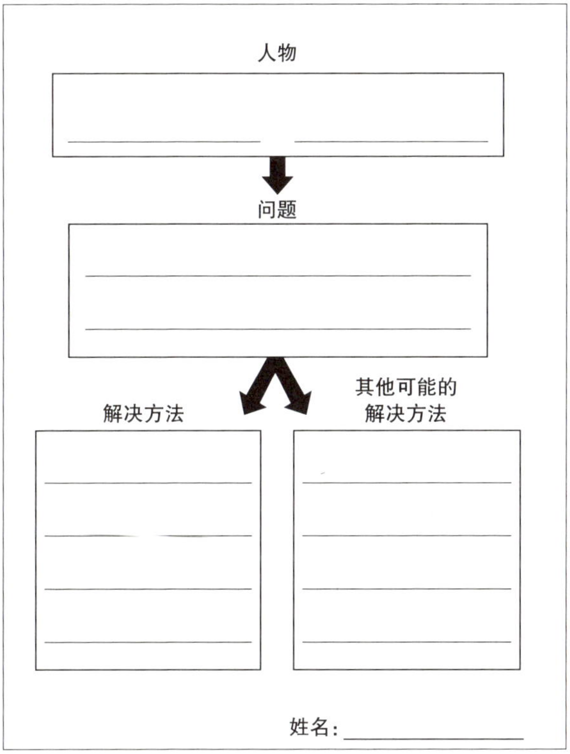

“人物、问题和解决方法”练习纸

共读活动1——推敲文字：形容词

阅读前

背景铺垫：形容词是指描述名词（或代词）的词汇。写作者们用感官形容词表示事物的性质、用数量形容词表示事物的数量。形容词能够帮我们更好地在阅读中理解事物的外观、声音、味道或气味。

阅读中

解读关键页

我先示范

内文：“这是一件紫色蓬松外套！”甲虫说。我们读这两页时，我会把甲虫和竹节虫描述外套的词语记下来。【快速写下下列词语：紫色、蓬松、惊人、温暖、引人注目、亮眼。】记住，这些词叫形容词。

我们一起

内文：甲虫和竹节虫走在街巷中。你能从这页找出另一个描述这件外套的形容词吗？【花哨。】我们把它列在清单上吧。

该你了

如果换成竹节虫来描述这件紫色外套，他会用什么形容词呢？在白板、聊天框、电子便利贴或电子文档中列出来这些词。

阅读后

引导独立阅读

形容词无处不在！书中有它们的影子，歌曲中也有它们。下次看到形容词时，注意它们是如何帮助你理解事物的种类和数量的。

创新写作：把你最喜欢的衣服画出来或将照片打印出来。用形容词给它做上标注。

共读活动2——精读促进理解：注意故事中的转折点

阅读前

背景铺垫：你还记得当甲虫第一次意识到竹节虫可能并不像自己那样喜爱紫色蓬松外套时的情境吗？我们再读一遍这部分的故事情节，深入探究一下背后的原因。

阅读中

解读关键页

我先示范

内文："哦，不！甲虫哀叹道。还记得这一页吗？这里发生了什么？【甲虫意识到竹节虫并不喜欢这件外套。】

这样的事件被称为故事的转折点。转折点之后的故事情节会"转到"新的方向上。我们一起看看这其中的含义。

我们一起

为了更好地理解故事中转折点的作用，思考一下甲虫在这页前后的表现。【翻回到"甲虫自吹自擂、赞不绝口……"这一页，一直读到"甲虫说：'我有个礼物要送给你。'"这一页。读完后，写出转折点前后甲虫行为的变化。】

转折点前后甲虫行为的变化对比	
转折点之前	转折点之后
甲虫送给竹节虫一件紫色蓬松外套。	甲虫告诉竹节虫不需要再穿这件外套。
甲虫全心全意为竹节虫准备了外套当作礼物。	甲虫更关心如何让竹节虫开心。

该你了

还记得故事中有哪些内容在转折点前后仍然保持不变吗？问问同学："有什么内容前后没有变化？"【甲虫和竹节虫依旧是好朋友，甲虫仍然给竹节虫送了一份礼物。】

阅读后

引导独立阅读

今天我们学习了故事的转折点。留意故事的转折点能帮你更好地理解人物的成长和转变。你可以用便利贴在书上标注出故事的转折点，之后，和同学讨论一下人物在转折点前后的行为变化，以便以后能更好地运用今天学到的知识。

学习目标：

- 我能记住故事中的人物、问题和解决方法。
- 我能运用所掌握的人物、问题和解决方法的信息对故事进行预测。
- 我能借助故事要素复述故事。

《海盗来了！》（*The Pirates Are Coming!*，Condon，2020）

朗读活动：根据故事要素进行预测和复述

内容简介：汤姆在山顶等待海盗回来。每当有船靠近时，他就大喊：“海盗来了！海盗来了！快！大家快躲起来！”经过多次假警报之后，村民们不再理会他。这个故事是《狼来了》的新版，情节惊险刺激，孩子们会爱上它出人意料的结局。

寻找类似书时需要留意以下几点：

- 书中情节耳熟能详且包含清晰可辨的故事要素；
- 书中故事对旧故事进行了创新和颠覆。

有助于孩子加深理解的提示语

阅读前

留意正文以外的部分蕴含的信息

看看封面上的男孩，给身边的同学描述一下。现在，我们把你的观察和书名《海盗来了！》结合起来。你预测这个男孩在故事中会做些什么或说些什么？注意，绘者马特·亨特（Matt Hunt）并没有像其他绘者一样仅用一种艺术创作工具（例如颜料），而是用了多种工具，包括颜料、钢笔、蜡笔和数字工具。我等不及和你一起欣赏书中的艺术创作了。

带着问题阅读：如果你听到有人大喊“海盗来了”，你会有什么反应？你预测这本书中会发生什么故事？你有没有因此联想到以前读过或听过的故事？认真读故事情节，以便之后讲给你的朋友听。

阅读中

- 内文：一瞬间，所有人都藏了起来。你觉得村民们为什么要藏起来？和同学轮流指出你们发现的村民藏身之处。这个故事有没有让你联想到以前听过的某个故事？【如果孩子们熟悉《狼来了》这则寓言故事，那么讨论一下，回忆《狼来了》的故事情节对于预测《海盗来了！》的故事情节起到什么作用。】
- 内文：所有人再次藏了起来（但这次却没那么迅速）。你认为村民们的藏身速度为什么不像以前那样迅速了？他们发生了什么转变？如果汤姆再次大喊“海盗！”，你预测会发生什么？

- 内文：“海……盗……！”汤姆惊呼……你的预测和作者的构想一致吗？接下来又发生了什么？
- 内文：此时，海盗船静静地航行着……哦，不！你认为下一页村民们会有什么样的表情？把表情表演出来。

阅读后

- 这个故事的结尾让我倍感惊讶。有没有哪些情节出乎你的预料？
- 在这个故事中，人们遇到了什么问题？后来是如何解决的？汤姆下次会采取什么不同的方式？

拓展练习

- 【根据孩子复述故事的经验，可以选择让所有孩子一起复述故事或者两人一组复述，也可以使用“复述故事”练习纸进行单独复述。】
- 你最喜欢这个故事中的哪个情节？把这个情节画出来，并在图的下方解释一下自己喜爱这个情节的原因。你可以以这个句型开头：“我喜欢这个情节，因为……”

延伸阅读

- **《公主和豌豆》**（*La Princesa and the Pea*，Elya，2017）

内容简介：这个押韵的双语版故事灵感源于安徒生童话《豌豆公主》（*The Princess and the Pea*）。故事中，除了王子的妈妈放在床垫底的豌豆之外，王子也在床垫之间塞了一些他自己的东西。

- **《爱读书的公主》**（*Reading Beauty*，Underwood，2019b）

内容简介：嗜书如命的莱克斯公主和她的叫王子的狗狗快乐地生活在他们的王国中。在莱克斯15岁生日那天，父母说她被一个精灵诅咒了——如果她被纸划破皮肤，就会永远沉睡过去。为了免灾，她的父母把王国中所有的书都搬走了。王子用灵敏的鼻子帮助莱克斯找到了书，于是莱克斯利用书中的知识对抗精灵。在故事的最后，精灵的新工作会让读者大吃一惊。

重要词汇和便于孩子理解的定义：

- 挪动：费力缓慢地移动
- 步履蹒跚：脚部沉重地缓慢行走
- 村民：居住在村庄或来自村庄的人

复述故事：__________

人物：__________ 想要 __________

____

但是 __________

所以 __________

后来，__________

最终，__________

把主角画出来

姓名：__________

“复述故事”练习纸

复述故事：《海盗来了！》

人物：汤姆 想要 在海盗到

达时通知所有人，

但是 他一次又一次地出错，

所以 村民们不再理会他了。

后来，海盗真的来了，

最终，海盗成为了友好的村民。

复述故事《海盗来了！》

共读活动1——匹配字母与发音：与短音 -i 相关的词族

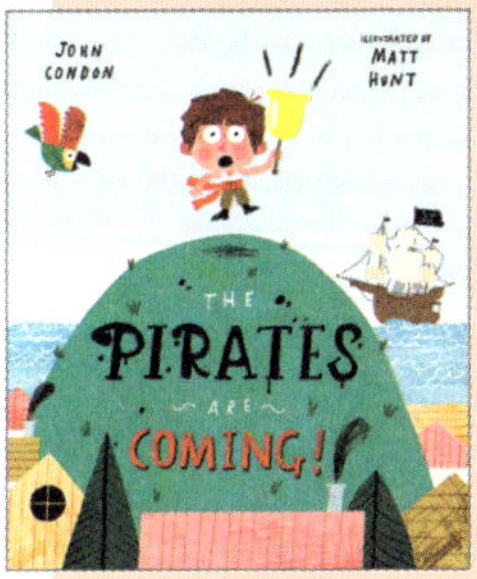

阅读前

背景铺垫：单词小侦探们，做好准备，竖起耳朵，仔细听单词词尾发音，重点关注押韵规律或词族。如果你能读出且拼出词族中的一个单词，那么便能读出且拼出词族中其他有相同发音规律的单词。这次我们将重点学习与短音 -i 相关的词族。

阅读中

解读关键页

我先示范

内文：*每天，汤姆爬上小山，探查海盗的踪迹。*单词 hill（小山）属于 -ill 词族。我通过将它一分为二来解码这个单词：/h/-/ill/ → hill。然后我把这个单词添加到我们的与短音 -i 相关的词族表上。

我们一起

内文：*有船！* ship（船）这个单词属于 -ip 词族。我将它一分为二来解码这个单词：/sh/-/ip/ → ship。跟我一起试试这个方法。然后我把这个单词添加到我们的短音 -i 词族表上。

该你了

内文：“*海盗！*”*汤姆大喊。*你能从这页中找到一个含有 -i 的短词吗？【Quick（快点）。】你可以通过将它一分为二解码这个单词：/qu/-/ick/ → quick。跟我一起试试这个方法。然后我把这个单词添加到我们的短音 -i 词族表上。

【将所有孩子分成三组，每组负责一个词族。让各组组员相互合作或独立进行头脑风暴，然后尽可能多地写下他们能想到的有相同发音规律的单词。也可以让孩子在白板、电子便签条或纸上记下单词。把这些词添加到班级词族表上。一起朗读这些单词，同时引导孩子用心听结尾发音。】

与短音 -i 相关的词族		
-ill 词族	-ip 词族	-ick 词族
hill（小山）	ship（船）	quick（快点）

阅读后

引导独立阅读

借助单词或词族中的发音规律来解码和拼写单词是个十分聪明的策略。如果你想在自己的笔记本中放一张我们制作的词族表，只管告诉我。

共读活动2——精读提升流利度：齐读重复部分

阅读前

背景铺垫：大家有没有注意到我在朗读时声音会发生变化？有时候我会轻声读，而有时候会高声读！当我带着感情读书的时候，会更好地理解故事。在读的过程中留意作者给出的提示，这能够帮助你成为更流利的读者。

阅读中

解读关键页

我先示范

内文：*"海盗！"汤姆大喊*。这本书朗读起来很有意思，因为汤姆的警告语极富表现力——这里的字被设计成了大号、加粗字体，并且句尾用了感叹号。我读这页时会设想自己就是对着村民呐喊的汤姆。通过作者给的线索，我知道在朗读这些警告语时要提高音量。

我们一起

内文：*"海盗！"汤姆大喊*。和我一起朗读汤姆的话。记住，大声朗读，但不要对着同学的耳朵喊！你是怎么知道读这些文字时应该提高音量的？

该你了

【继续齐读整本书中汤姆的警告语。】

阅读后

引导独立阅读

流利的读者能够注意到作者提供的线索。他们利用这些线索带着感情阅读。其中有些线索可能是标点符号或大号加粗字体。写作时你也可以给读者提供类似的线索。这样读者就能确切知道你希望他们以什么方式阅读你的作品。

创新写作：寓言《狼来了》中的男孩小心观察狼的动静。《海盗来了！》中的男孩则是密切监视海盗的动向。如果让你改编这个故事，你笔下的主角会观察什么？为你改编的新版本拟个标题，配上图，并简要写出故事框架。也许有一天你会把它写成一个完整的故事。

《西蒙在艺术博物馆》(*Simon at the Art Museum*, Soontornvat, 2020)

朗读活动：发掘现实主义虚构作品中的细节

内容简介：西蒙和父母来到艺术博物馆参观。他很快意识到自己得找点其他的乐子。于是，他开始观察人们欣赏艺术品的方式。后来他出乎意料地发现了一件与他颇为相似的艺术品。

寻找类似书时需要留意以下几点：

- 书中的插画充满细节；
- 书中的故事地点设在博物馆。

学习目标：

- 我能通过观察细节理解人物。
- 我能通过观察插画中的细节欣赏并理解故事。
- 我能在自己的插画中添加细节。

有助于孩子加深理解的提示语

阅读前

留意正文以外的部分蕴含的信息

观察封面上的西蒙和他的父母，你有什么发现？他的父母此时可能在说什么？你觉得西蒙在说什么？对比一下西蒙的衣服和书名中的文字，你发现什么有趣的事了吗？【西蒙的衣服颜色和书名文字颜色一致。】你认为绘者克莉丝汀·戴夫尼尔（Christine Davenier）是刻意这样设计的吗？

带着问题阅读：让我们跟随西蒙一家参观艺术博物馆。他们欣赏艺术时，我们要阅读、思考和讨论插画中包含的精巧细节。

阅读中

- 内文：博物馆里，每个人都在低声细语、脚步缓慢……请看这两页中四幅插画里的西蒙。如果让你在他头上画一个思考气泡，气泡中应该写什么？和身边的同学分享一下你的想法。
- 内文："那是游泳池吗？"仔细观察插画中的线索。你觉得西蒙的父母确实认为他把这件艺术品改得更好了吗？为什么？
- 内文：楼上的画廊非常宽敞。你能找到西蒙吗？他说自己要"从一个全新的角度欣赏这件艺术品"是什么意思？
- 内文：有些人径直走过，对艺术品不理不睬。你发现什么有趣的现象了吗？【人们和雕塑一般面无表情。一位女士正背对着灭火

器自拍！】
- 内文：“哇！”他妈妈小声说。你预测一下西蒙发现了什么？我们翻到下一页，看看为什么他的父母如此惊讶？

阅读后

- 你最喜欢这本书中的哪些插画？插画是如何为故事锦上添花的？
- 你认为西蒙是否会愿意再次来艺术博物馆参观？为什么？

拓展练习

- 【拓展练习之前，可以从斯蒂芬·德斯肯（Stefan Draschan）的“与艺术品撞衫的人（People Matching Artworks）”艺术品系列中检索一些适合孩子的照片。】还记得人们看起来和雕塑一样面无表情的那一页吗？还有那幅看起来和西蒙很像的画。你知道有位摄影师专门拍摄那些欣赏画作、且与画作颇为相似的游客吗？我给大家展示几张他拍摄的照片，看看大家能否看出其中的联系。把你注意到的细节写在白板上。
- 认真观察：鉴赏艺术品。【收集适合孩子的艺术作品并在板报、电子平台或活页夹上展示。给孩子示范如何完成“鉴赏艺术品”练习纸。】你可以从一件艺术品中挖掘出无数细节。你可以独自或和伙伴一起探寻某件艺术品中的细节。把你的发现记录在练习纸的正面，然后把纸翻过来，画出你自己的作品。

延伸阅读

● 《探索者》（*Explorers*，Cordell，2019）

内容简介：和家人参观博物馆之前，一个身穿橙色衬衫的小男孩从街头小贩那里获得了一个神奇的玩具。参观博物馆时，他把这个玩具扔来扔去，最后玩具落入一个穿绿衬衫的孩子手中。绿衬衫孩子正要归还玩具，橙色衬衫男孩却粗鲁地一把将玩具抢走了。后来，橙色衬衫男孩的姐姐把玩具从二楼阳台扔了下去，男孩去找玩具，结果却迷路了。最后，绿衬衫男孩的家人帮助橙色衬衫男孩回到了家中。最终，两家人欢聚在美丽的蝴蝶花园中。

重要词汇和便于孩子理解的定义：

- 硕大：大、巨大
- 脚步沉重：走路时拖着沉重的步伐
- 难以置信：很难相信某事是真的

● 《抬头的帕克：非凡的瞬间》（*Parker Looks Up: An Extraordinary Moment*，Curry & Curry，2019）

内容简介：2018年，两岁的帕克·库里（Parker Curry）站在艾米·谢拉德（Amy Sherald）绘制的前美国第一夫人米歇尔·奥巴马（Michelle Obama）的肖像前，满心敬畏，心无旁骛地欣赏时，一位博物馆游客抓拍到了这个场景，并将其发布在社交媒体上，后来的事情就成为了历史。这本书讲述了当天的故事以及欣赏艺术品的乐趣。

姓名：________________

认真观察：鉴赏艺术品

你看到什么颜色？	你看到什么形状？
你看到什么物体？	如果你是画家，你会给这件作品取什么名字？ ________ ________

在练习纸背面，画出你自己的作品，或者写下画的背景故事。 ⇨

“鉴赏艺术品”练习纸

观察中心：鉴赏艺术品

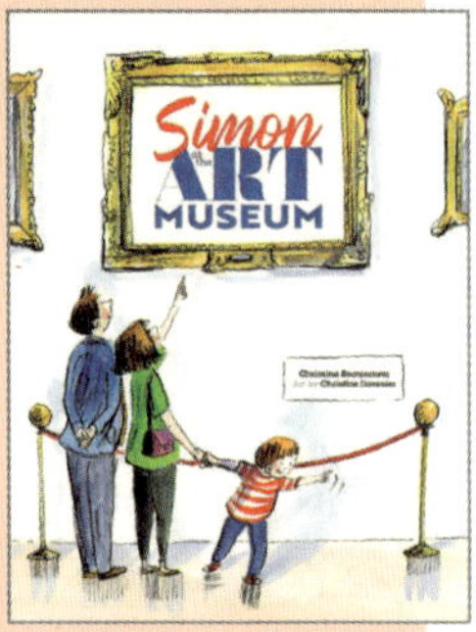

共读活动1——精读促进理解：根据图片和文字推断

阅读前

背景铺垫：读者运用文字和插画中的线索，结合自己的图式进行推断。推断过程有点像侦探破案。你可以依据线索搜寻缺失的信息，或通过读透字里行间的隐含义理解作者想要表达的意思。

阅读中

解读关键页

我先示范

内文：西蒙坐的位置让他无法看到太多的艺术品。我必须阅读文字、观察插画，才能推断出博物馆游客欣赏的艺术品的类型。看到“有的艺术品让人们脸上挂起微笑”这句话，我推断这幅画可能色泽明亮、色彩丰富、令人赏心悦目。【继续用本页剩下的三句话示范你的推断过程。】

我们一起

内文：有时候，人们几乎凑到作品前，眯着眼睛观察。这页有两句话和两幅插画。你能推断出这页画里的游客欣赏的是什么类型的艺术品吗？和同学讨论一下你的推断。

该你了

内文：有些人径直走过，对艺术品不理不睬。推断这两页的故事中发生了什么。在这两页中，作者和绘者是如何巧妙地将文字和图片结合来呈现有趣的内容的？

阅读后

引导独立阅读

读者可以通过推断更好地解读作者的本意。推断需要专注和坚持。你必须放慢速度，反复阅读，推敲文字，观察图片，才能做好推断。你也可以做到！

共读活动2——探究作者的写作技巧：借助人物对话和内心思考理解人物

阅读前

背景铺垫：写作者在作品中加入人物对话和内心思考，让读者可以由此走进人物的内心。人物对话是指人物说的话，内心思考是人物内心的想法。我们一起看看阅读人物的对话和内心思考是如何帮助我们更好地理解西蒙这个角色的。

阅读中

解读关键页

我先示范

内文："这是个什么地方啊？"西蒙想……我通过西蒙的内心思考知道他看腻了博物馆里的各种艺术品。

我们一起

内文：他们经过博物馆中的咖啡厅……我们读读这页中西蒙的话和他的内心思考。通过结合两者，我们可以清晰判断出西蒙的真实想法。【吃芝士蛋糕。】和身边的同学讨论一下你更喜欢做什么：欣赏艺术品还是吃甜点？

该你了

本书最后一页：这页中没有文字。如果让你添加人物对话，你会让西蒙说些什么？他脑子里在想什么？把你的白板或纸分成两部分，分别写下西蒙的话和内心思考，然后和同学分享。

阅读后

引导独立阅读

写作者们希望读者对他们笔下的人物感到熟悉，最好是像朋友一样。为了达到这个目的，他们为你呈现出人物的对话或内心想法。你自己写作时也不妨加入一些人物对话和内心思考。邀请一位朋友读读你写的作品，看看这些内容是否有助于对方了解你笔下的人物。

创新写作：我们跟随西蒙一起参观艺术博物馆时，看到了形状各异、大小不同的作品。创作一件你自己的艺术品，然后给你的杰作起个名字。【给孩子提供多种艺术工具，例如用于制作拼贴画和纸雕的美术纸、水粉颜料、胶泥等。】

《电梯》(*Lift*，Lê，2020)

朗读活动：发掘虚构作品中的细节

内容简介：一直以来，艾里斯最大的爱好就是按电梯按钮，直到她的家人让弟弟夺走了她这个爱好。艾里斯因为失去了按电梯按钮的特权而闷闷不乐，却偶然在垃圾桶里发现了一个被丢弃的电梯按钮。她把它牢牢粘在卧室的衣柜门上，不想它竟变成了通往其他世界的入口。这本书运用了分格式插画，从艾里斯的视角讲述故事，富有想象力的读者会格外留意其中的细节。

寻找类似书时需要留意以下几点：

- 书中的插画充满细节；
- 书中的人物踏上了幻想之旅。

学习目标：

- 我能通过观察细节了解人物。
- 我能通过对比插画中的细节区分故事中的真实部分与虚构部分。
- 我能在自己的插画中添加细节。

有助于孩子加深理解的提示语

阅读前

留意正文以外的部分蕴含的信息

花些时间探究封面。把你发掘的某个细节告诉身边的同学。【如果你有精装版，那么可以给孩子展示纸质护封下的书壳，前书壳和后书壳上的插画也可用于探究。】

带着问题阅读：《电梯》中的插画和封面一样充斥着重要的细节，它们能帮你分辨故事中哪些情节发生在现实生活中，哪些情节是虚构的。

阅读中

- 前环衬：我们读完故事后再回到前环衬，看看它与后环衬是否一样。
- 扉页：看看书名在什么位置。你知道吗？书名“电梯”对应的单词 lift 其实有多个意思。它既可以指电梯，也可以指举起某物，还有让人振作的意思。我想知道，理解 lift 的不同含义是否能帮你更好地解读这个故事。
- 内文：*嗨，我叫艾里斯*。和朋友讨论一下。指出这幅插画中的细节，尤其是那些引出人物行为的重要细节。谁是主角？人物行为发生在何时何地？你对艾里斯有哪些认识？
- 内文：*所有的按钮！*观察艾里斯家人的面部表情。你能想象艾里斯按下所有按钮后会发生什么吗？她的家人对她的行为是什么态度？

- 内文：我们回到家后，我只想一个人静一静。观察艾里斯听到叮当声时的表情。她可能去什么地方呢？
- 后环衬：比较本书的后环衬和前环衬。它们有什么相似之处？你认为绘者丹·桑塔特（Dan Santat）为什么要这样设计？

阅读后

- 在故事的结尾，艾里斯说：“毕竟，谁都有乘电梯的时候。”你觉得她这话是什么意思？
- 这个故事的大部分情节是通过插画呈现的。想想其中的真实情节和虚构情节。真实情节发生在什么地点？虚构的冒险情节呢？

拓展练习

- 如果你的朋友或家人需要坐电梯，你能帮上什么忙？
- 找到“门后的世界”练习纸，把上面的门按钮和电梯按钮粘贴在一张白纸上。“打开”门，把你幻想中的门后的世界画出来。

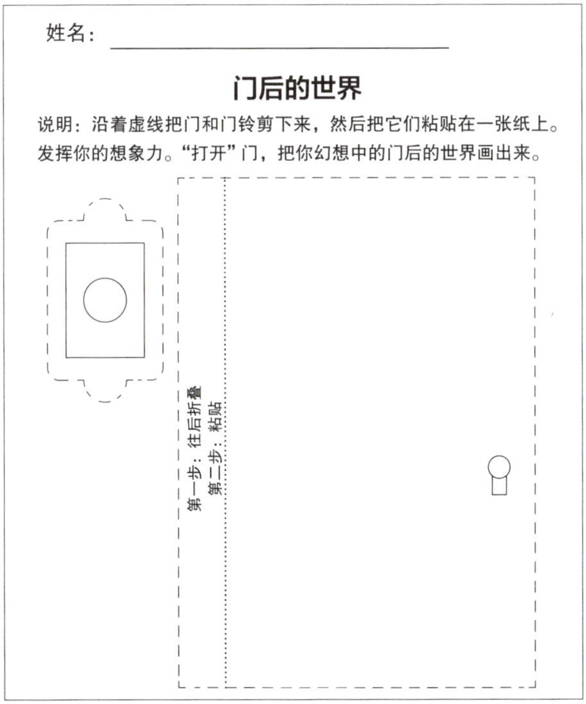
姓名：________________

门后的世界

说明：沿着虚线把门和门铃剪下来，然后把它们粘贴在一张纸上。发挥你的想象力。“打开”门，把你幻想中的门后的世界画出来。

“门后的世界”练习纸

重要词汇和便于孩子理解的定义：

- 背叛：某人做了让你失望或辜负你的信任的事
- 振作：让人快乐起来
- lift：多义词，让人高兴起来；举起来；电梯【讨论一下一词多义】

延伸阅读

● **《另一个我》**（*Another*，Robinson，2019）

内容简介：女孩跟着一只戴着红项圈的猫，戴红项圈的猫身后跟着一只戴蓝项圈的猫，他们先后穿过了一个入口。她在入口另一侧发现了另一个世界，并遇到了另一个和她一模一样的女孩。

● **《不可思议的旅程》**（*Journey*，Becker，2013）

内容简介：这本无字书的开头与《停电以后》（*Blackout*，Rocco，2011）颇为相似，故事中女孩的家人每天都忙忙碌碌，没有人跟她玩。于是女孩踏上了幻想之旅。她用红色蜡笔画出了各种旅行方式。

共读活动1——精读促进理解：辨别真实情节与虚构情节

阅读前

背景铺垫：你有没有注意到，艾里斯按下电梯按钮后通往的每个地方都与她家中的某件物品有关系？我们把与虚构地点相关联的真实物件记下来。

阅读中

解读关键页

我先示范

大家看画有老虎的那一页。我在想：在书里的哪个地方见过老虎呢？哦，想起来了。艾里斯的弟弟有一只老虎玩具。所以，老虎玩具是真实存在的，但是她打开衣柜门后看到的老虎是虚构的。

我们一起

大家看画有太空站的那一页。我们再看看前面几页中的插画，看看艾里斯的房子里有没有什么物件可能激发了她去太空旅行的幻想。【她床上方的太阳系挂图和保姆带来的《世界之外》游戏。】

该你了

版权页：你还记得书中哪些真实的物件与这页的幻想旅程相关吗？翻翻正文，大家看看能找到哪些对应的东西。找到后，举手向我示意“暂停”。然后，讨论一下真实世界与虚构世界的联系。

将真实世界与虚构世界关联	
真实世界	虚构世界
艾里斯弟弟的老虎玩具	丛林
太空棋盘游戏和挂图	太空站
名为《山巅》的书	群山

阅读后

引导独立阅读

《电梯》将现实生活中的所见所闻与虚构的冒险经历相结合。将两者关联的方式是由家里的真实物件引发冒险经历。你最喜欢书中的哪类情节，是真实情节还是虚构情节？

共读活动2——探究绘者的写作技巧：分格式插画

阅读前

背景铺垫：《电梯》中，丹·桑塔特使用了分格式插画，即他在全书的大多数页面中画的是带有边框的多幅插画来展示人物行为。我们可以探究他的插画，学习绘画技巧，在给自己的故事配插画时运用这些技巧。

阅读中

解读关键页

我先示范

内文：*幸运的是，这就是我的工作。*我注意到本页的几幅插画中分别标明了星期几。我还看到艾里斯每天的衣服和发型也不同。丹·桑塔特用几幅连续的插画向我们展示了按电梯按钮是艾里斯每天必做的事。因此，如果我想在一本书中给读者提供时间发展的线索，那么我可以在故事中将每一天分别画一幅画。

我们一起

工人们修电梯的跨页。这里的六幅插画中展示了丰富的细节。请注意，除了电梯中“停止运行”的标志外，插画以及四周边框上并没有任何文字。和同学轮流讲述每幅插画中的情节。你会如何把从本页学到的技巧用在自己的故事创作中呢？

该你了

内文：*叮咚！*讨论一下本页插画中的拟声词是如何帮你理解了艾里斯家中发生的事。【*继续研究丹·桑塔特的画。讨论一下在一页中呈现多幅插画是如何推动故事发展的。注意观察并说出文字所处的不同位置：有的在插画中，有的在插画周围的边框中。*】

阅读后

引导独立阅读

阅读分格式插画故事时，需要多花时间探究插画，以及画中和周围边框上的文字，这样才能推断故事情节。如果你想在写作中尝试使用分格式插画配文字，那么可以继续深入学习这个作品和其同类书。

创新写作：你觉得艾里斯和弟弟接下来会去什么地方？为什么？把你的预测写在便利贴上，然后和同学分享一下。

《谢谢您，阿嬷！》（*Thank You, Omu!*，Mora，2018）

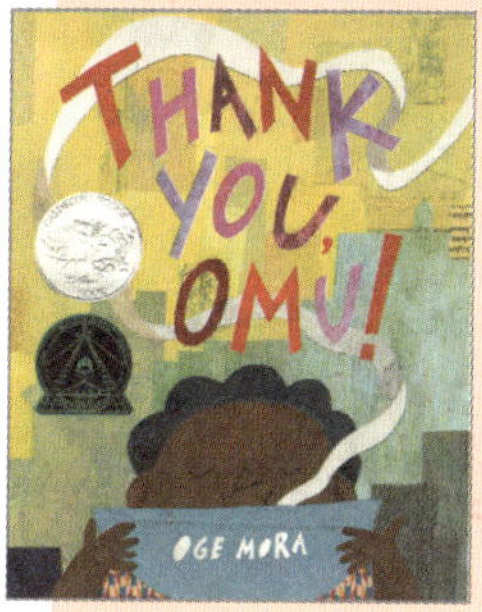

朗读活动：根据图片线索进行预测

内容简介：阿嬷忙着做一锅美味的炖汤。香味从她的窗户飘出，吸引人们纷纷前来敲门讨要。阿嬷给所有路过的社区居民分享炖汤，直到一点不剩。最后，社区居民们也给她带来了惊喜：他们用晚餐回报了阿嬷的善举。

寻找类似书时需要留意以下几点：

- 书中含有悬念情节和可供预测的完美线索；
- 书中的文字和插画里有可供预测的线索。

学习目标：

- 我能根据文字和图片中的线索进行预测。
- 我能思考预测在阅读中的作用。

有助于孩子加深理解的提示语

阅读前

留意正文以外的部分蕴含的信息

欧吉·莫拉（Oge Mora）创作插画的方式非常独特。看看封面，大家发现了什么？她精心把彩色纸片和旧书剪纸拼凑成一幅别具一格的拼贴式插画。等会我们就会看到书中的插画是什么样子。

带着问题阅读：你认为这个孩子在想什么？他会用什么词描述碗里的炖汤？我们不仅要在阅读中寻找这些问题的答案，同时也要寻找可以帮我们预测或提前思考后文情节的线索。

阅读中

- 内文：*随后，阿嬷放下勺子……*你猜敲门的会是谁？插画中有什么线索可以帮助你预测敲门者的身份？【注意窗外那个玩卡车的男孩。】
- 内文：*原来是个小男孩。*你的预测和作者的构思一致吗？我们往回翻一页。有什么线索能帮你做预测吗？【多读几遍那些有人敲门的情节。注意，每次敲门的人其实都出现在写着“咚！”的前一页中。】
- 内文：*阿嬷抽抽鼻子。*观察阿嬷的面部表情。你能推断出她的感受吗？这回有可能是谁在敲门？把你的预测小声告诉身边的同学。

重要词汇和便于孩子理解的定义：

- 傍晚：夜晚开始的时段
- 气味：物体闻起来的味道
- 飘荡：气味或声音随风飘动

阅读后

- 分享一些欧吉·莫拉隐藏在图片和文字中的、帮助你预测了下文的线索。
- 预测对你理解故事内容起到了什么作用？

拓展练习

- 我们在阅读中根据线索进行预测。想想这个故事的结局。你预测阿嬷明天会做什么？把你的预测在便利贴上画出来或写出来。然后，大家分享一下自己的预测以及做预测时依据的故事线索。
- 对比多元体裁作品集——食物：读到阿嬷做的一锅美味的炖汤时，我想到了食物这个主题。于是我开始围绕这个主题收集作品，并把它们放在这个篮子里。一边读一边思考这些书与《谢谢您，阿嬷！》有哪些相同和不同之处。我会留一些便利贴，供大家把留意到的内容记下来。如果你发现了其他讲述食物的作品，也请把它们添加到这个作品集中。

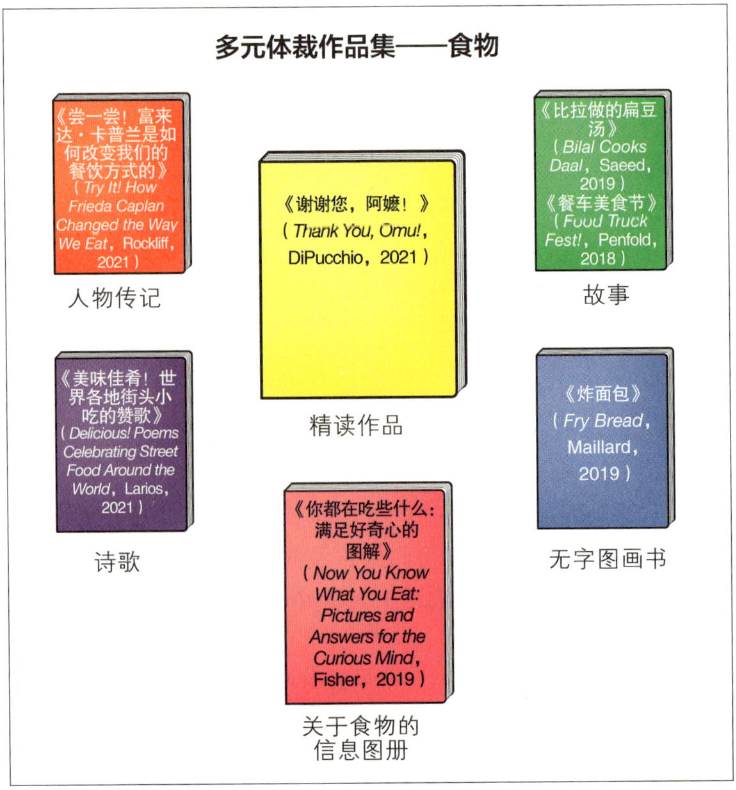

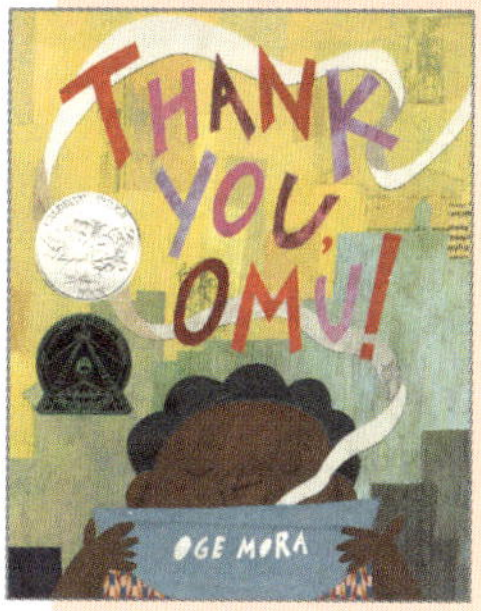

共读活动1——推敲文字：同义词

阅读前

背景铺垫：我们第一次读《谢谢您，阿嬷！》时，从练习预测故事情节中得到了不少乐趣。这次我们再读一遍，探究作者描述阿嬷美味的炖汤时使用的不同词语。

阅读中

解读关键页

【和孩子一块寻找 yummy（美味）的同义词，并让孩子留意故事中所有字母都大写了的单词。】

我先示范

内文：随后，阿嬷放下勺子……这页中，作者用 scrumptious（香喷喷）这个词形容炖汤。我把这个词写下来。

我们一起

【继续在白板或要点图上收集 yummy（美味）的同义词，还有这些：delectable（美滋滋）、delicious（好吃）、scrumptious（香喷喷）和 tasty（可口）。】

该你了

想想你最爱的食物。在要点图上用一个词来描述它。

阅读后

引导独立阅读

大家阅读时，想想我们学过的 yummy（美味）的同义词。看看你读的书里有没有这样的形容词。你也可以挑战自己，在自己写作的时候用形容词描写你最爱的食物。

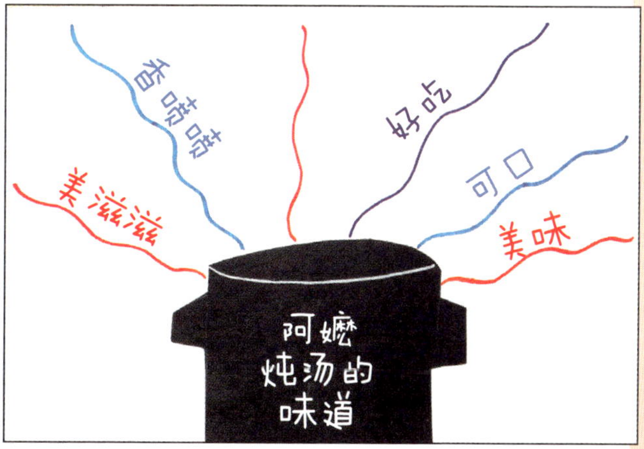

《谢谢您，阿嬷！》中的形容词

共读活动2——精读促进理解：推断中心思想

阅读前

背景铺垫：我们在朗读活动中练习了预测后续情节，并从中获得了不少乐趣。我们做出预测后，会迫不及待地翻到下一页。在共读环节，我们将换个方式思考，即通过推断来揭示这本书教给我们的道理。

阅读中

解读关键页

我先示范

【翻到书的最后三页，从“……难道是那个男孩？”这页开始。】再读本书的结尾时，我脑海中在思索作者想表达的中心思想或道理。为了找出答案，我需要留意人物对话，以及文字和插画中的其他线索。

我们一起

【邀请孩子们分享各自的想法并讨论。如果你发现他们需要额外的帮助才能从字面理解深入到推断理解，那么引导他们重点留意以下句子：“别担心，阿嬷。我们不是来要什么东西的……我们是来回报你的。”虽然阿嬷大锅里的汤已经一滴不剩，但她的心里却是满满的幸福和爱。】

该你了

今天给大家的挑战是运用“双词策略”（Hoyt，1999，p.4），即写出两个独立的词语来概括你从这本书中学到的内容。这两个词不一定是连在一起的。【如果是面对面教学，给学生提供两张纸或卡片。如果是远程教学，可以使用数字白板等数字工具。】等孩子们写出词语后，一起分享，相互比较，并展开讨论。

阅读后

引导独立阅读

我们可以根据人物对话、文字和插画中的其他线索推断作者想表达的中心思想、道理和寓意。大家自己阅读时也可以这样做。如果你想和大家分享书中的中心思想、道理和寓意，可以把这些内容和你的名字一起写在便利贴上，然后把便利贴贴在书的封面上，并把书放在分享椅上。最后，你可以把学到的内容讲给我们听。

创新写作：表达感激的方式之一是向善良的人致谢。我们花点时间，给做了好事的人写一张致谢卡。对方可以是同学、学校教职工、家人，等等。大家写完后就把卡片送给对方。【给孩子一张对折成贺卡样子的白纸。】在卡片的正面写上："__________，谢谢你/您！"在卡片里面用图或文字表达出你对这个人善意之举的感激之情。

《哈罗德最爱的羊毛帽子》（*Harold Loves His Woolly Hat*，Kousky，2018）

朗读活动：预测人物行为

内容简介：哈罗德非常喜欢他的羊毛帽子，所以时时刻刻戴着它。他相信这顶帽子让他与众不同，而且无法想象没有帽子的生活。一天，一只乌鸦俯冲而下，叼走了他的帽子。哈罗德想尽一切办法要把帽子拿回来，却发现原来乌鸦是用帽子给自己的孩子们取暖。这本书与《两只羊毛手套》（*Two Wool Gloves*，Jin，2019）是完美的搭配。

寻找类似书时需要留意以下几点：

- 书中含有悬念情节和可供预测的完美线索；
- 书中的文字和插画里有可供预测的线索。

学习目标：

- 我能根据文字和图片中的线索进行预测。
- 我能预测人物将要做的事。
- 我能思考预测在阅读中的作用。

有助于孩子加深理解的提示语

阅读前

留意正文以外的部分蕴含的信息

现在我把书打开，大家观察一下《哈罗德最爱的羊毛帽子》的整个书封。你应该能推断出谁是哈罗德。你注意到封面上的其他动物了吗？你认为封面上为什么有几只蜜蜂和一只乌鸦？你预测蜜蜂和乌鸦会出现在故事中吗？

带着问题阅读：你有没有一件让你爱不释手的衣服？给身边的同学描述一下。我们从书名中明显看出哈罗德很喜欢这顶羊毛帽子，但是我却难以预测这个故事的情节。你呢？我们得翻开书读读，才能更好地了解哈罗德和他的羊毛帽子的故事。

阅读中

- 内文：有一天，一只乌鸦俯冲而下……啊！现在我们知道乌鸦出现在封面上的原因了。这里发生了什么？你预测哈罗德接下来会怎么做？
- 内文：哈罗德试着跟乌鸦再做个交易。你预测会发生什么？你认为这个交易会成功吗？把你的预测轻声告诉身边的同学。
- 内文：乌鸦依旧只回答：“呱！呱！”噢，不！你猜哈罗德现在会怎么做?

- 内文：三只乌鸦宝宝！注意看哈罗德的表情！你预测这个故事会怎么结束?

阅读后

- 有时候，你的预测与作者的构思一致；有时候，即便你分析了故事中的线索，仍然没能猜中作者的想法。没关系。你的预测可能会给你自己的故事创作带来灵感！你对这本书的结局感到惊讶吗？为什么？
- 还记得我们在封面上看到的乌鸦和蜜蜂吗？它们是这个故事中的重要元素吗？这会让你认识到花些时间探究封面的什么作用？

拓展练习

- 故事结尾处，乌鸦宝宝们离开了巢。你预测第二天会发生什么？把你的预测写出来或画出来。
- 对比多元体裁作品集——熊：读这个故事时，我想到了其他一些你可能会喜欢的、关于熊的书。于是我开始围绕熊这个主题收集作品，并把它们放在这个篮子里。一边读一边思考这些书与《哈罗德最爱的羊毛帽子》有哪些相同和不同之处。我会留一些便利贴，供大家把注意到的内容写下来。如果你发现了其他讲熊的作品，也请把它们添加到这个作品集中。

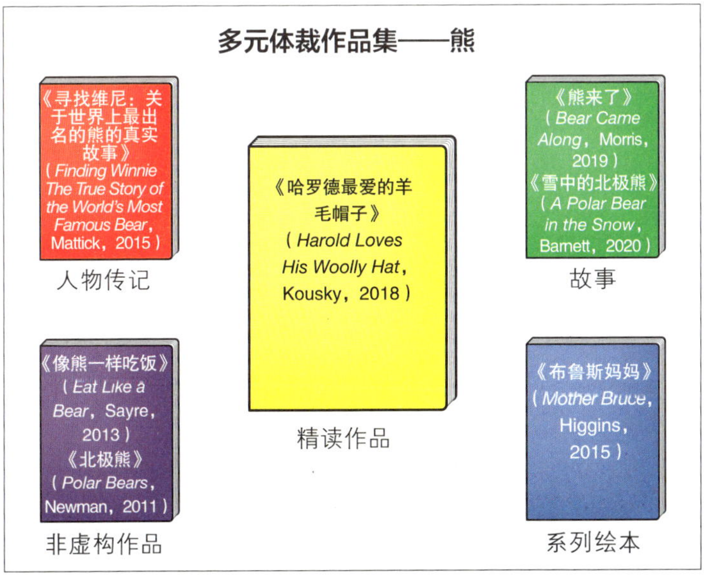

重要词汇和便于孩子理解的定义：

- 贪婪：想要更多更多的钱或东西
- 俯冲：从高处飞扑下来

共读活动1——精读提升流利度：大号加粗字体

阅读前

背景铺垫：每次哈罗德要求乌鸦归还帽子时，文字样式都会发生变化。这些变化可以帮我们按照作者希望的语气阅读文字。

阅读中

解读关键页

我先示范

内文：乌鸦俯冲而下，叼走了小虫……这页中哈罗德的话和其他地方的文字样式相同，所以我只需用正常的语气读就可以。

我们一起

内文："现在请把我的羊毛帽子还给我！"这页的文字样式与哈罗德第一次要求乌鸦归还帽子时有什么不同？【字体更大且全部以大写字母书写。】用哈罗德的语气再读一下这些话。

该你了

内文："你到底能不能把我的羊毛帽子还给我？！"观察这页的文字样式，你有什么发现？【字体超大，布满了整个页面！】准备好了吗？用哈罗德的语气把这句话读出来。

阅读后

引导独立阅读

作者维恩 · 库斯基（Vern Kousky）是如何借助不同的文字样式展示哈罗德生气或沮丧的样子的？【他用了大号加粗字体。】你在读过的其他书里见过加粗字体吗？有些作者经常使用加粗字体，如莫 · 威廉姆斯（Mo Willems）。大号加粗字体不仅突出了书中人物的情感，也为读者增添了阅读乐趣。

创新写作：《哈罗德最爱的羊毛帽子》是一个虚构的故事，主角是一只认为自己的帽子使自己变得与众不同的熊。如果你打算写一个虚构故事——关于某个角色以及他最爱的事物，你会拟个什么标题？

标题：《____________最爱的____________》

为你的新故事拟个标题，配一幅插图，并简要写出故事梗概。也许有一天你会把整个故事写出来。

共读活动2——精读促进理解：分析人物的性格特征

阅读前

背景铺垫：我们是通过观察人物的言行举止来了解他们的。我们可以依据自己的观察，用形容词描述人物的性格特征。我们一起来观察，研究一下哈罗德的性格特征。

阅读中

解读关键页

我先示范

内文：*哈罗德必须赢回他的羊毛帽子。*我非常清楚哈罗德酷爱这顶帽子。我读到哈罗德的话，并留意到他的行为，然后根据这些观察来描述他的性格特征。读完这页，我预测：在故事开始的哈罗德非常乐观，他认为乌鸦会把帽子还给他。

我们一起

内文：“*好贪婪的小乌鸦。*”*哈罗德愤愤不平道。*我们再读一遍哈罗德的话，并留意他的行为。你会如何描述这页的哈罗德？你可以用这句话描述：故事中间部分的哈罗德非常__________，因为……

该你了

内文：*哈罗德把乌鸦宝宝们盖得严严实实*……这页中，哈罗德的言行举止与之前相比发生了巨大的转变。具体是什么转变？把你的发现告诉身边的同学。你可以用这句话描述：故事结尾处的哈罗德__________，因为……

阅读后

引导独立阅读

人物的言行举止会随着故事的发展而变化。读完故事后，你可以结合对人物各个方面的了解描述人物的性格特征。如果你要向朋友描述哈罗德，你会在这句话中填什么词：哈罗德__________，因为……

为了帮助你在阅读中记住分析人物性格特征的方法，我为你做了右边这个要点图。

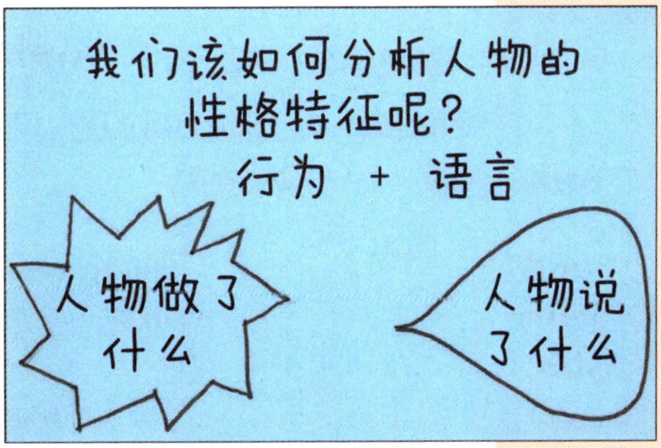

“分析人物的性格特征”要点图

《爸爸有辆摩托车》(*My Papi Has a Motorcycle*，Quintero，2019)

朗读活动：发现感官语言

内容简介：黛西的爸爸是木匠，他下班回家后，和黛西一起戴上头盔，跳到摩托车上，在轰鸣声中出发去兜风。一路上，他们细细品味不断变化的城市风景和声音。作者伊莎贝尔·金特罗（Isabel Quintero）在注释中告诉我们这本书是“一封写给父亲的情书——是他让我以一种特殊的方式感受家乡；同时这本书也是一封写给科洛纳市的情书——这座城市永远是我的一部分。”这个故事是以黛西的第一人称视角讲述的。

寻找类似书时需要留意以下几点：

- 书中有感官语言和拟声词；
- 书中赞颂了父女关系。

学习目标：

- 我能注意到感官语言。
- 我能思考感官语言如何帮助我想象某个地点或某段经历。

有助于孩子加深理解的提示语

阅读前

留意正文以外的部分蕴含的信息

【给孩子展示封面之前，先探讨以下问题。】想象此时你坐在摩托车的后座上，从你家的街区穿过。你能看到什么？听到什么？有什么感受？和同学分享一下你的答案。【展示封面。】现在仔细看封面插画。背景图中是什么内容？你能推断一下此时这个女孩的感受吗？

带着问题阅读：这本书的绝妙之处在于其中的某些词语可以让我们仿佛身临其境。为了达到这个效果，作者使用了特定的词语描述事物的外观、声音、味道、气味和触觉，我们将它们称为感官词汇。阅读过程中，大家留意那些可以让我们在脑海中形成想象或画面的词语。

阅读中

- 爸爸发动引擎，一股汽油味扑面而来……听到引擎的声音了吗？我能想象出我和书中女孩、女孩的爸爸一起坐在摩托车上的画面！“隆隆”“呼呼”两个词似乎让我真的听到了摩托车的声音。插画中哪些内容让你产生了身临其境的感觉？把你脑海中的画面讲给朋友。

- 内文：我们继续往前开，我认真感受和聆听经过的每个人、每件事……她听到了什么声音？插画中的拟声词是如何帮助你想象声音的？
- 内文：这就是我们美丽城市的全貌！你认为作者为什么没有在颜色词汇之间加空格？她想帮助我们想象出什么样的画面？

阅读后

- 哇！这一路太酷了！合上书后，你对书中描写的哪些感受和画面念念不忘？
- 你会如何跟朋友讲述这个故事？

拓展练习

- 在阅读中，视觉化是一种能帮你深化理解、牢记故事的阅读策略。注意并借助感官语言想象书中的地点和事件，能够帮助你将文字信息视觉化。
- 认真观察街区的景色，聆听街巷中的声音。黛西和爸爸骑着摩托车在街区穿梭时，注意到了形形色色的人物、地点、动物、风景。【如果条件允许，带孩子围着教学楼走一走，途中拍些照片。把照片打印出来放在教室一角，或者展示在幻灯片上。给孩子一些便利贴，让他们标注照片中的地点或物品，或写上拟声词记录听到的声音。给他们一些美术纸或其他的创作材料，让他们自己“建设”一下家附近的街区。】

延伸阅读

● **《角落处亲吻的眼睛》**（*Eyes That Kiss in the Corners*，Ho，2021）【感官语言】

内容简介：一个亚裔美国女孩非常喜欢自己“在角落处亲吻的、像暖茶一样闪亮的眼睛”。这位小女孩向读者描述了妈妈、奶奶和妹妹眼中的爱意，抒情的文字传递出温暖和乐观的态度。

● **《头发之爱》**（*Hair Love*，Cherry，2019）【父女关系】

内容简介：苏丽迎来了人生中的大日子——她决定要做个完美的发型。虽然前几次尝试均以失败告终，爸爸还是坚持了下来，并参考网络视频教程，给苏丽做出了“时髦蓬松的小圆揪”。一切准备就绪，只等出差的妈妈回来。

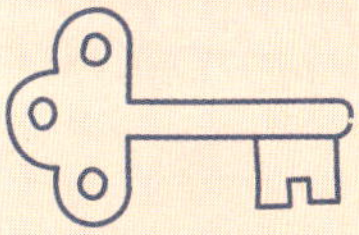

重要词汇和便于孩子理解的定义：

- 重建：重新建造
- 腾飞：迅速飞起
- 曲折行进：来回移动

共读活动1——推敲文字：拟声词

阅读前

背景铺垫：小读者们，我们把那些可以描述和模仿声音的词语称为拟声词。阅读过程中，这些词能帮你想象出对应的声音。我们再看看《爸爸有辆摩托车》中的插画，深入学习这类模拟声音的词。

阅读中

解读关键页

【将这本书投屏显示或直接展示给孩子，逐页观察插画，阅读、口头表演并讨论其中的拟声词。】

我先示范

内文：听到爸爸的灰色卡车驶入家里的车道时，我出去迎接……看看女孩鞋下的文字："咚！咚！"我先把文字对应的声音读出来。接着，我会思考："这个拟声字向我展现了女孩什么样的动作？还有什么东西也会发出同样的声音？"

我们一起

【按照这种方式继续让孩子们齐声朗读书中的拟声词。】

该你了

【你可以把这类词记录在图表或电子文档中，以供将来参考。然后，让孩子往其中添加拟声词。】

阅读后

引导独立阅读

如果创作者在插画中添加了拟声词，要多多留意，细细品读。这样做既能加深理解，又能增加阅读的乐趣。

共读活动2——探究作者的写作技巧：重复

阅读前

背景铺垫： 写作者通过重复使用同一个词语、短语或句子吸引读者的注意力，或使情节令人难忘，或增加故事的节奏感。我们再读一次这个故事，思考作者在其中运用重复技巧的原因。

阅读中

解读关键页

我先示范

内文：摩托车耀眼的蓝色金属壳在太阳下闪闪发光。重读这页并重点关注“太阳”这个反复出现的词，我可以想象出在耀眼的橙色夕阳下骑摩托车的画面。

我们一起

内文：我们不停地骑、骑、骑，直到摩托车蓝色的光芒逐渐暗淡下来……讨论一下，重复使用“骑”字是否让你的阅读体验更加充实丰富。思考一下作者在这页重复使用一个字的原因。

该你了

内文：我开始思考我的城市……再读一遍这一页。它主要讲了什么内容？【不断变化的城市。】你有没有注意到哪个词重复出现了？【变化。】你认为作者是刻意重复“变化”这个词吗？转过身和同学讨论一下。

阅读后

引导独立阅读

伊莎贝尔·金特罗在这本书中刻意重复使用某些词汇。她希望作为读者的你能够注意到它们。她绝不是唯一运用重复手法的作者。大家在阅读时也多留意其他作者是如何通过重复来突出特定词语或主旨思想的。也想一想自己在写作时可能会重复使用的表达。

创新写作： 伊莎贝尔·金特罗笔下的这个故事讲述了她小时候和爸爸骑摩托车的特殊回忆。你有没有可以写成故事的特殊回忆？把你的回忆添加到你的写作灵感列表中。

《米洛畅想世界》(*Milo Imagines the World*，de la Peña，2021)

朗读活动：发挥想象力

内容简介：一次地铁之行中，米洛幻想身边的其他乘客各自有着怎样的生活，并画了出来。他把一位男孩画成了王子，结果却发现对方和自己兄妹俩一样，都是去同一个地方看望狱中的母亲。在意识到“也许我们不能以貌识人”之后，米洛重新构思了他的画。和妈妈重聚拥抱后，米洛送给妈妈一幅特别的画。

寻找类似书时需要留意以下几点：

- 书中有帮助读者推断人物情感的文字和图片；
- 书中的故事能鼓励读者透过表象看本质。

学习目标：

- 我能注意到情感语言。
- 我能思考情感语言如何帮我想象人物的经历。

有助于孩子加深理解的提示语

阅读前

留意正文以外的部分蕴含的信息

从这幅图中你能获得关于米洛的哪些信息？这本书的标题是《米洛畅想世界》。封面图的哪些内容看起来是真实的？哪些内容看起来是虚构的？和同学分享你的思考。【如果条件允许，留意一下精装版书壳与护封的区别。此外，看一看书的环衬，注意环衬页的图案与米洛帽子上的图案一样。】

带着问题阅读：这个故事中，米洛发挥想象力，把自己的所见所闻画在笔记本上。艺术家们发挥想象力，读者也一样。我们阅读的时候，把自己想象成米洛，留意他的所见所闻，体会他的感受。

阅读中

- 内文：*这每月一次的周日地铁之行似乎永无尽头*……我们再读一遍这页内容，然后讨论一下米洛的复杂情绪。你有什么想法或者疑问？
- 内文：*米洛的胸中如有万千蝴蝶乱撞*……你听过“胸中如有万千蝴蝶乱撞”这个表达吗？你认为它是什么意思？你能想象米洛走下火车时的感受吗？
- 内文：*当他发现男孩也在队伍中时，更疑惑了*……我要再读一遍这个跨页中的最后一句话：“也许我们不能以貌识人。”琢磨一下这句话。你怎么理解？

- 内文：看到妈妈时，米洛激动不已……他们在什么地方见到了妈妈？【监狱。】回想我们在读到前文中米洛复杂情绪时感到疑惑不解的页面。现在你知道他们的目的地了，是不是对那一页有了更透彻的理解？

阅读后

- 想象人物的内心感受有助于你与人物共情。读完这本书后，你是否对米洛有了更深的理解？如果你要给朋友讲讲米洛的故事，你会怎么讲？
- 米洛通过这次经历学到了什么思想或道理？

拓展练习

- 【收集少量的、至少含有一个人物角色的图片或艺术品。你可以给所有孩子使用同一张图片，也可以给不同的小组分配不同的图片。】我会给大家展示一张图片。围绕这个人物编一个小故事。故事如何开始？如何发展？又如何结尾？然后再听听其他同学编的故事。你们的故事哪些地方相同？哪些地方不同？你能重新思考这个故事，换个方式讲述吗？画一幅与你的新版故事相匹配的图。

认识写作者

探究作者：克里斯蒂安·鲁滨逊（Christian Robinson）

你知道吗？

- 克里斯蒂安出生在美国加利福尼亚州的洛杉矶市。
- 他曾在芝麻街工作室工作。

作者其他作品：

- 《另一个》（*Another*，2019）
- 《卡梅拉的愿望》（*Carmela Full of Wishes*，2018）
- 《市场街的最后一站》（*Last Stop on Market Street*，2015）
- 《下雨啦！》（*Rain!*，2013）
- 《学校的第一天》（*School's First Day of School*，2016）
- 《最低年级里个子最小的女孩》（*The Smallest Girl in the Smallest Grade*，2014）
- 《你很重要》（*You Matter*，2020）

重要词汇和便于孩子理解的定义：

- 忙碌：繁忙
- 熟悉：因为经历过而了解

延伸阅读

● **《每只鸟儿的专属小屋》**（*A House for Every Bird*, Maynor，2021）【相似主题】

内容简介：一位小艺术家笔下的鸟屋与每只鸟儿的外观完美匹配，对此她颇为满意。但是她画中的鸟儿却不同意。于是，女孩走入画里的世界，试图解决这个矛盾。和鸟儿进行了一番交谈、倾听了它们的意见之后，女孩最终意识到“我们不能仅凭鸟儿的羽毛就主观臆断鸟儿的喜好”。

● **《市场街的最后一站》**（*Last Stop on Market Street*, de la Peña，2015）【相似情节】

内容简介：CJ 和奶奶乘坐公交车去城市另一头的救济站。一路上，奶奶给他讲了一些重要的人生道理。和《米洛畅想世界》一样，这个故事的最后才揭示了这辆公交车的目的地。你也可以让孩子将这两本书进行比较，并讨论两个故事中的小男孩分别学到了什么道理。

共读活动1——推敲文字：感官语言

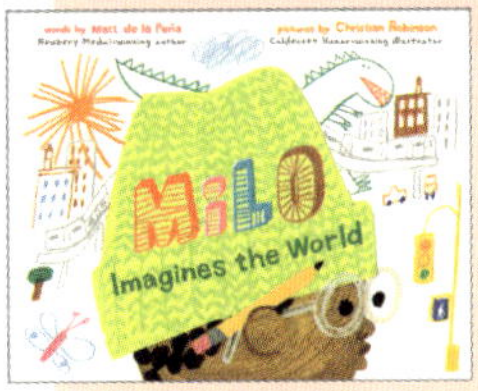

阅读前

背景铺垫：我们在朗读活动中走进了米洛的情感世界。现在我们将精读部分重要内容，大家注意作者马特·德拉培尼亚（Matt de la Peña）用了什么特殊的表达来帮助我们身临其境般地体会米洛所处的各种情境。

阅读中

解读关键页

我先示范

内文：*起初，远处缓缓靠近的光晕*……我再读一遍这一页，大家仔细听。我会重点关注那些调动我感官的词汇。我用视觉想象地铁灯光的光晕，用听觉想象火车在铁轨上行驶的哐啷哐啷声或钢铁磨擦时发出的刺耳声。读到“一阵凉爽的风”时，我能想象出这种感觉。通过视觉化想象，我仿佛置身于故事里的地铁站台上。

我们一起

内文：*米洛想象自己在一滩棕色的烂泥中艰难跋涉的样子*。哇！这两页有太多的情节。我们再读一遍，充分调动我们的感官以更好地理解米洛的幻想世界。【*讨论本页中出现的各种感官语言，并请孩子们分享他们想象中的画面。*】

该你了

内文：*米洛想象着马蹄的哒哒声*……本页中，作者使用了拟声词，也称表音词，同时也用了感官语言，以帮助我们更好地理解米洛的想象世界。我用手指指到这些拟声词时，大家想象它们的声音，并读出来。

阅读后

引导独立阅读

这类书中，插画可以帮助我们想象故事情节。但是如果我们读的书中没有图，那么只能在脑海中想象。注意感官语言并想象自己身临其境能帮助我们加深对故事的理解，同时也带来更多的阅读乐趣！

共读活动2——探究绘者的写作技巧：展示角色的内心想法

阅读前

背景铺垫：这本书中，绘者克里斯蒂安·鲁滨逊为我们展示了两种不同的视角。他在米洛所处的现实世界与米洛对周围人的想象之间来回切换。我们可以通过窥视米洛的笔记本看到他想象中的世界。

阅读中

解读关键页

我先示范

内文：*米洛扯起姐姐的袖子，把画拿给她看。*我们可以从这一页看到米洛所处的真实世界的场景。米洛的姐姐无视他之后，他继续画画。翻到下一页，我看到了他想象的世界。这两页的画风也不一样。我可以对比这两页，找出不同之处。

我们一起

内文：*抵达熙熙攘攘的市中心地铁站后，米洛翻到新的一页。*哪些线索告诉你这页里的内容发生在现实生活中？下一页内容会有什么不同？

该你了

内文：*一群不速之客蹦蹦跳跳闯入地铁，打断了米洛的幻想。*我们翻到下一页，准备一睹米洛的想象世界，却发现米洛并不喜欢自己的这张画，思考并和同学讨论一下这是为什么。

阅读后

引导独立阅读

在这本书中，我们通过观察米洛的笔记本、透过他的眼睛看世界。我们从他的笔记本中看到了他真实的内心想法。克里斯蒂安·鲁滨逊通过他的画让我们一窥米洛的想象世界。有时，作者还会用思考气泡来展示人物的思考，或直接写出人物的内心想法。这两种技巧都能帮助读者更好地理解人物，并与之共情。你想在写作中尝试哪种技巧？

创新写作：看看周围的世界。把一张纸分成两半。在其中一半纸上画出你在真实世界中看到的事物。然后把这个真实事物所激发的想象画在另一半纸上。

《与你相伴》（*I'm Sticking With You*，Prasadam-Halls，2020）

朗读活动：辨别是谁在说话

内容简介：本书通过一只爱惹事生非的熊和颇有耐心的松鼠的视角让读者体验了友谊的起起伏伏。松鼠在独处了一段时间后意识到和熊相伴帮他成为了更好的自己。注意文中粗细不同的字体代表不同角色说的话。

寻找类似书时需要留意以下几点：

- 书中用不同方式标记了不同人物的话；
- 书中的人物经历了友谊中的快乐和矛盾。

学习目标：

- 我能辨别是哪个人物在说话。
- 我能思考如何通过人物的言行举止理解人物的视角。

有助于孩子加深理解的提示语

阅读前

留意正文以外的部分蕴含的信息

观察封面上的人物，你有什么发现？【他们看起来在赶往某个地方。】告诉大家一个有意思的事实：这是史蒂夫·斯莫尔（Steve Small）创作的首部作品。他首先用手绘的方式创作插画，然后用一个叫Photoshop的软件将所绘插画组合起来。当你对别人说“与你相伴”时，是在表达什么意思？【讨论并阐明这个短语的含义。】

带着问题阅读：你能预测“与你相伴”是书中哪个角色说的吗？有时候两个人物（这个故事中是两个动物）持有不同的观点，这意味着他们都只是从自己的视角看世界。我在想书中的熊和松鼠是不是也是这样。只有一种办法能让我们找到答案：一起开始阅读吧！

阅读中

- 内文：……糟糕的时光，无论开心还是悲伤。你能分辨出这页是谁在说话吗？你是依据哪些文字和图片线索得出的答案？【你可以从头再读一遍，以便给孩子提供更多的线索。】
- 内文：我们俩就像豆荚里的两颗豌豆，我们就是这么相配。你觉得松鼠和熊有相同的感受吗？为什么呢？
- 内文：我们坐在悬崖顶部。等一下！这个跨页中的情节发生了变化。你发现了什么？你有没有注意到松鼠的话在这里是两种不同

重要词汇和便于孩子理解的定义：

- 盛怒：非常生气
- 补救：把事物修好或修补好
- 整洁：整齐、干净

样式的字体？注意到这点有助于你更好地辨别是哪个角色在说话。

- 内文：啊！感觉好多了，一切都各归其位了。你认为在这里出现了什么问题？

阅读后

- 起初，大家听到的只是熊的独白，然后我们又听到了松鼠的内心想法。分别聆听两个动物各自的观点对于你理解他们的内心感受有什么帮助？
- 关于友谊，熊和松鼠学到了什么道理？

拓展练习

- 我们从本书中学到了很多关于友谊的道理。熊和松鼠彼此相伴的方式有哪些？

朋友会……
帮助我们尝试新事物
陪伴在我们身边
倾听我们的心声
提供帮助
有时候各自需要一些独处空间
生对方的气
共同解决问题

朋友会如何相伴

- 对比多元体裁作品集——关于友谊：熊和松鼠学到了一些关于友谊的重要道理。大家可以单独，也可以和朋友一起阅读这些书并享受阅读的乐趣，然后思考从中学到了哪些关于友谊的道理。和朋友讨论一下，或者在书上用便利贴做上标注，然后互相分享你们学到的知识。

多元体裁作品集——关于友谊

《我最好的朋友》（My Best Friend，Fogliano，2020）
故事
《与你相伴》（I'm Sticking With You，Prasadam-Halls，2020）
精读作品
《全宇宙最好的朋友》（Best Friends in the Universe，Watson，2018）
故事
《悲伤的詹妮·梅》（Jenny Mei Is Sad，Subisak，2021）
故事
《和瓦妮莎同行：一个关于小善举的故事》（I Walk With Vanessa: A Story About Simple Acts of Kindness，Kerascoët，2018）
无字图画书

共读活动1——精听发音：押韵词

阅读前

背景铺垫：这次精读的重点是关注发音规律如何帮助我们更好地阅读书中的词。

阅读中

解读关键页

我先示范

内文：无论你去何方，我必在你身旁。我注意到这页中的第二句和第四句的末尾单词押韵。我知道单词 you（你）和单词 too（也）是押韵的。我说出开头音 /j/，并结合押韵的规律，便能更准确地读出单词 you（你）。

我们一起

内文：你生气也好、犯傻也好、发疯也罢……我翻到这页时，大家注意看本页的最后一个单词。我们知道它与单词 mad（发疯）押韵，而且以 /s/ 音开头。这个押韵的单词会是什么？【sad（悲伤）】。

该你了

内文：时刻在你身边，陪你一路渡过难关……注意这页的最后一个单词。这个单词可不简单，因为它以不发音的 w 开头。你能想到一个与 along（一路）押韵、且以 /r/ 音开头的单词吗？【wrong（出问题）。】它的发音与 along(一路) 押韵吗？这里用这个词说得通吗？【继续往下读几页，并用同样的方式练习押韵。】

阅读后

引导独立阅读

押韵可以给文字带来节奏感。当我们知道同韵词有相同的结尾发音，就能够更容易地读出这些词。

共读活动2——精读提升流利度：强调斜体字

阅读前

背景铺垫：使用斜体字是作者为突出某个词的重要性而采用的一种方式。斜体字看起来好像往一边倾斜。斜体字意味着读者读到它们时要用强调的语气。

阅读中

解读关键页

我先示范

内文：……*糟糕的时光，无论开心还是悲伤*。我在阅读的过程中会注意斜体，比如当我看到斜体的“洗耳恭听”时，我知道我需要用强调的语气读它。大家听听是什么感觉。我继续往下读，又看到下句中的“所有”也是斜体。我再读一遍这个句子，大家用心听。

我们一起

内文：*你可能认为我做不到，但是我保证我能做到*。我们重读这两页之前，大家仔细观察，看看能否找出斜体字。我们一起读，并重点解读这些字。你认为作者为什么将“从不”和“你”变成了斜体？

内文：*我们坐在悬崖顶*。读到跨页上的最后一句话时，我看到 bearly 这个单词是斜体。之所以这个词用斜体，是因为作者在这儿玩了一个文字游戏。原词 barely（几乎没有）的正确拼写方式为 b-a-r-e-l-y，但是因为这个故事与 bear（熊）有关，所以作者刻意将其拼写成像 bear（熊）一样。明白了吗？

该你了

内文：*实际上*……这页中的斜体字就像模拟了回音的声波一样。做好准备，以回音的方式再读一遍这些文字！

阅读后

引导独立阅读

如果大家在阅读时看到了变成斜体的字，思考一下它们在句子中的图形，并加重语气来读。

创新写作：最终熊和松鼠相伴在一起。想出一位你承诺要与之相伴的人。把一张纸分成两半，在其中一半上画出你自己，在另一半上画出对方。在这张纸的顶部，补全下面这句话：“即使在……时候，我也要与你相伴。”

《我们爱钓鱼！》（*We Love Fishing!*，Bernstein，2021）

朗读活动：注意人物的观点

内容简介：虽然这个故事的旁白说熊、豪猪、水獭和松鼠都酷爱钓鱼，但是我们可以通过松鼠的态度和话语明显看出他并不喜欢钓鱼。当读者们透过动物各自不同的视角直接观察他们时，会忍俊不禁。这本书很适合读者剧场活动。

寻找类似书时需要留意以下几点：

- 书中用不同方式标记不同人物的对话；
- 书中的人物持不同的观点或视角

学习目标：

- 我能分辨出是谁在说话。
- 我能通过思考人物的说话方式和行为举止更好地理解人物视角。
- 我能思考、说出或写出人物视角。

有助于孩子加深理解的提示语

阅读前

留意正文以外的部分蕴含的信息

仔细看看封面上的四个动物。你认为他们对钓鱼的态度相同吗？和朋友聊聊这个故事的标题《我们爱钓鱼！》。【如果你能取下护封，不妨研究一下书壳和护封的不同之处。】

带着问题阅读：看了封面之后，我们已经大概判断出松鼠和水獭、熊、豪猪对钓鱼的态度不同，松鼠可能持有不同的观点。我们读读故事，看看预测是否正确。

阅读中

- 内文：*我爱钓鱼*。松鼠也和朋友们一样喜欢钓鱼吗？松鼠最爱的食物是什么？【坚果。】
- 内文：*我们坐出租车去好吗*？旁白说所有的动物都喜欢步行穿过树林。读完这页后，你是否同意？注意看，松鼠的话与下一页旁白的话有哪些不同。绘者和图书设计师通过改变文字的样式帮助读者分清故事不同节点的说话者分别是谁。
- 内文：*我可不想抓着它*！你预测下一页会发生什么？你预测熊、豪猪和水獭会有什么反应？
- 内文：*熊、豪猪、水獭和松鼠今天的捕鱼活动就此结束*。这页发生了什么变化？和旁边的同学分享一下你的想法。

阅读后

- 你如何看待这个故事的结局？
- 从故事的开头到结尾，松鼠的观点发生了怎样的转变？

拓展练习

- 你觉得松鼠还会再去钓鱼吗？为什么？
- 小调查：熊、豪猪和水獭误以为大家都喜欢钓鱼，但是松鼠却不这么想。想一想你的爱好，比如吃比萨、玩捉人游戏或者养宠物。对你的朋友展开调查，看看他们是否有相同的喜好。问问他们："你喜欢 ______ 吗？喜欢 / 不喜欢"，把调查结果记在白板或纸上。最后和大家分享一下你从中学到了什么。

延伸阅读

● **《最美好的一天！》**（*Best Day Ever!*，Singer，2021）

内容简介：这本充满活力的书是从一只顽皮的小狗的视角展开的。小狗和坐在轮椅上的小男孩兴奋地度过了最美好的一天。他们一起挖洞、追逐、玩飞盘，最后弄得浑身臭哄哄，急需冲个澡。这本书的绘者利亚·尼克松（Leah Nixon）也是一位轮椅使用者，她在29岁时因事故而瘫痪。

● **《树上的乌龟》**（*Turtle in a Tree*，Hudson，2021）

内容简介：两只狗正在争论。穿毛衣的狗认为树上有一只乌龟，而打领带的狗认为那是一只松鼠。正当他们争执不休时，树里突然蹦出一只松鼠，然后又钻出一只乌龟。因为角色的对话被放在不同颜色的对话气泡中，这本书可以作为分析不同人物视角的绝佳材料。

重要词汇和便于孩子理解的定义：

- 平和：平稳、沉着
- 提神：打起精神
- 陡峭：直上直下，形容大山或崖壁

共读活动1——推敲文字：缩约词（contractions）

阅读前

背景铺垫：我们要慢慢探究这个故事，并特别注意一种特殊形式的单词，即缩约词。缩约词是指两个单词合并而成的一个缩减形式单词。例如将 does not 缩减成 doesn't，将 we will 缩减成 we'll。被省略掉的字母用撇号替换。有时候作者用缩约词是为了更符合口语习惯。

阅读中

解读关键页

我先示范

内文：闻一闻新鲜的空气。读这页时，我会留意是否有缩约词。【指出单词 it's 和 don't。读这些句子的时候，把缩约词恢复成原有的两个单词的形式，这样孩子就能体会为什么缩约词更符合口语表达习惯。】

我们一起

内文：钓鱼让人心平气和。我们还照前面那样做。我们再读读豪猪、水獭和松鼠的话。大家先以缩约的形式读，然后再按缩约之前的形式读，听听两次的区别。你觉得哪种方式听起来更符合口语表达?

该你了

内文：我可不想抓着它！这一次，我先朗读这个句子。然后你和同伴再读两遍。第一次以缩约的形式读，第二次把缩约词恢复到原有两个单词的形式后再读。看看你能发现什么。还有一个额外的挑战：大家是否有兴趣和朋友一起从书中找出所有的缩约词，并汇总到一个表中?【给孩子展示如何制作两栏式表格，并在左边栏中放入缩约词，在右边栏中放入与其对应的两个原单词。】

阅读后

引导独立阅读

今天你注意到并读了缩约词，这拓展了你的语言思维。我相信你在阅读其他书的时候也一定会注意到它们，甚至可以在自己写作时尝试使用它们。

共读活动2——精读提升流利度：关注标点符号

阅读前

背景铺垫：通过注意句尾标点，读者可以在阅读时按照故事中人物的口吻阅读。这本书有不少有趣的内容。我们重读其中几页，试着把自己想象成故事中的人物。

阅读中

解读关键页

我先示范

内文：*我们把钓鱼线收回来！*读这页时，我注意到其中有两个句子是以感叹号结尾的，另外两个句子以问号结尾。我通过这些线索明白了作者想让我以什么语气读出角色各自的话。大家听听我是怎么用不同人物的语气朗读的。

我们一起

内文：*我可不想抓着它！*这是整本书里我们最爱的内容之一。大家用松鼠的语气再读读他的话。

该你了

内文：*最近的餐厅在哪里？*我把大家分成四组，每组代表一种动物。然后我们一起练习并表演这页中的对话。大家根据句尾标点和角色的面部表情推断应该用什么样的语气读。读完之后，我会把这本书放到阅读角，你可以和同学随时重读，用同样的方式练习。

阅读后

引导独立阅读

注意给我们带来阅读乐趣的标点符号，尤其是像这本一样有趣的书里的标点。阅读这类书就像是参与一场表演。在阅读时记住要像故事中的人物一样说话、思考和行动。

创新写作：这本书中有些动物酷爱钓鱼，但是松鼠并不喜欢。想想你喜欢和讨厌的事情。把你的好恶用对比的形式写出来或者用清单诗[①]的形式写出来。

我喜欢＿＿＿＿，但不喜欢＿＿＿＿。

① 清单诗：英文诗的一种类型。有不断重复的短语，长短和节奏变化较灵活。——编者注

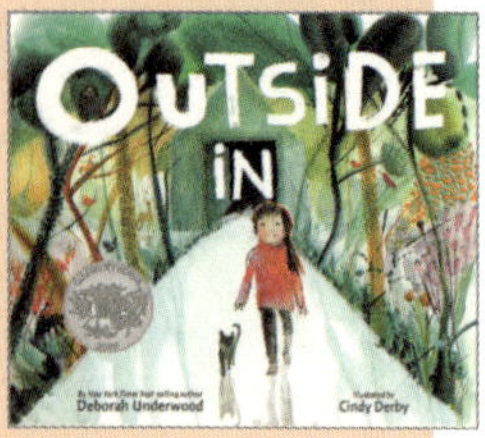

《外面真好》(*Outside In*，Underwood，2020)

朗读活动：推断中心思想

内容简介：你有没有注意过晴朗的天气或鸟儿的歌声是如何把你吸引到户外的？辛迪·德比（Cindy Derby）的插画与黛博拉·安德伍德（Deborah Underwood）字斟句酌的表达完美融合、相辅相成，提醒我们即便身处室内，大自然的馈赠也包裹着我们。故事通过一个小女孩的视角让读者认识了大自然是如何悄悄潜入室内、召唤我们去户外探险的。【如果你能取下护封，不妨研究一下书壳和护封的不同之处。】

寻找类似书时需要留意以下几点：

- 书的主题是欣赏大自然；
- 书中的人物被户外吸引，或喜欢户外的体验。

学习目标：

- 我能推断出故事的中心思想、道理和寓意。
- 我能说出、写出或画出这些道理对我的启发。

有助于孩子加深理解的提示语

阅读前

留意正文以外的部分蕴含的信息

辛迪·德比的封面插画让你有什么感受？你能看出来她的插画有些部分是用水粉创作的吗？有时候她会用脱水的花茎画线条！仔细观察，你会看到画中有熟悉的动物。告诉朋友你发现了什么动物。【注意字母 O 中的猫头鹰。】

带着问题阅读：你有没有曾经把衣服的“里面放在外面”（inside out）？我在思考为什么这本书的标题《外面真好》的原文（outside in）意思是把“外面放在里面”。读者就要像侦探一样，提出问题，然后利用书名、文字和插画中的线索深入理解故事。我们先欣赏这本书，然后思考作为读者的我们能学到什么，作为人类的我们又能受到哪些启发。

阅读中

- 内文：我们忘记了户外的存在。你有没有忘记户外的存在？为什么呢？
- 内文：……从窗户透过的亮光，以及缓慢的魔术戏法…… 仔细观察这两页中窗户外面有什么？这个小女孩注意到了吗？
- 内文：户外的一切冲着我们啾啾啾、沙沙沙地唱歌，屋顶上响起咚咚咚的声音。比较户外和室内的情形。你认为小女孩和妈妈听到了鸟鸣声吗?

- 内文:“我来了,”户外说。你预测下页中的小女孩会做什么?你预测的依据是什么?

阅读后

- 你认为黛博拉·安德伍德写这本书的目的是什么?本书传达了什么思想、道理和寓意?
- 读完这本书之后,你是否会改变你的某些行为?

拓展练习

- 你更喜欢户外还是室内?分享你的观点,并解释原因。
- 生长在户外的植物给我们的室内用品提供了原材料。以下是书中的一些例子。你能继续补充这个列表吗?

“户外 – 室内”	
户外	室内
棉花	衣服
树	椅子
种子	面包和浆果

重要词汇和便于孩子理解的定义:

- 引诱:刻意吸引人的目光
- 迫切:特别想做某事或拥有某物
- 潜入:悄悄进入

延伸阅读

● **《西南部日出》**(*Southwest Sunrise*, Grimes, 2020)

内容简介:杰登一家要从纽约州搬到新墨西哥州,这让杰登很不高兴。安顿下来后,母亲给了杰登一本旅行指南,让他到户外走走。杰登爱上了沙漠中种种不可思议的奇观。读者透过杰登的眼睛体验了美国西南部的壮丽景色。

● **《罗德尼去哪儿了》**(*Where's Rodney*, Bogan, 2017)

内容简介:罗德尼心心念念着去户外,但是却被困在学校里。当老师说全班要去公园郊游时,罗德尼并不太感兴趣,他以为要去的是他曾被告诫不要去的附近公园。但出乎他意料的是,全班同学乘坐巴士去了一个可能是州立或国立的大公园,而罗德尼发现这里“无比壮观”。

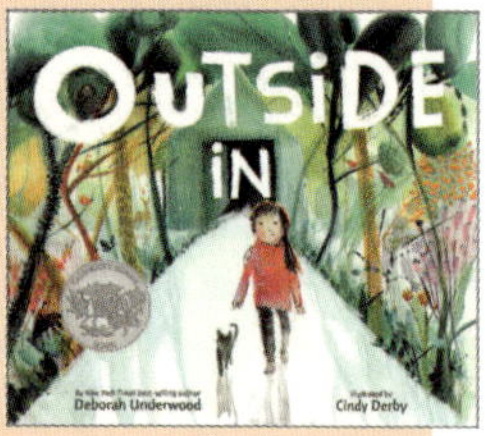

共读活动1——推敲文字：复合词

阅读前

背景铺垫：复合词是指将两个单独的词合在一起。两个词合并之后形成一个新词。有时候这个复合词会产生全新的含义，而有些时候你可以根据原来的两个单词推敲出复合词的词义。我们听一听这本书中的复合词，并用拍手法练习复合词的构成。

阅读中

解读关键页

我先示范

内文：*现在，即便我们身处户外*……outside（户外）这个词是由 out（外）和 side（面）复合而成。我先把左手举起来，说 out（外），再把右手举起来说 side（面），然后两手相拍，把两词合并为 outside（户外）。

我们一起

内文：*我们忘记了户外的存在。*大家准备，分别读出合成前的两个短词，然后两手相拍，把短词合并成一个词。

该你了

内文：*它把夕阳和影子送入室内玩耍。*这页中还有两个复合词。大家展示一下如何用拍手法演示 sunset（夕阳）和 inside（室内）这两个词。

阅读后

引导独立阅读

现在我们复习一下，用拍手法练习这本书中所有的复合词，同时思考它们的意思。复合之后产生了全新的意思吗？我们能不能只用复合词中的两个短词推断出复合词的词义呢？

outside（户外）	sometimes（有时）	inside（室内）
sunset（夕阳）		

共读活动2——精读促进理解：根据图片和文字推断

阅读前

背景铺垫：读者运用文字和插画中的线索，结合自己的图式进行推断。推断过程有点像侦探破案。你可以根据线索搜寻缺失的信息，或通过读透字里行间的隐含义理解作者想要表达的意思。

阅读中

解读关键页

我先示范

内文：*户外告诉我们什么时候该休息*……我必须利用这页中的线索分清“什么时候该休息，什么时候该醒来”。我看到这里有张图片显示的是夜晚的场景，另一张是白天的场景。所以我可以推断作者是在告诉我们可以参考太阳判断是该睡觉还是该醒来。

我们一起

内文：*户外悄悄潜入室内*。你能推断出“户外悄悄潜入室内”的含义吗？这页中的“潜入”和“溜进来”是一个意思。跟同学说说你的推断。

该你了

内文：……*甚至河流也会进入室内*。发挥你侦探的本领，利用图片和文字中的线索推断这页的含义。河流真的会进入室内吗？

阅读后

引导独立阅读

读者通过推断可以更好地解读作者的本意。推断需要专注和坚持。你必须放慢速度、反复阅读、推敲文字、观察图片，才能做好推断。你可以做到！

创新写作：想象一下如果有动物或植物从户外进入你的家里，会发生什么？把可能发生的事画出来。

《爷爷和时光机》（*Big Papa and the Time Machine*，Bernstrom，2020）

朗读活动：从人物身上学道理

内容简介：故事中的小男孩很抵触上学，于是爷爷带他回到过去，看到了一幕幕家庭往事，这让小男孩从中学到了重要的人生道理。

寻找类似书时需要留意以下几点：

- 书中有传授人生道理的人物；
- 书中涉及多代人的故事。

学习目标：

- 我能推断出故事的中心思想、道理和寓意。
- 我能从人物身上学到道理。
- 我能说出、写出或画出这些道理对我的启发。

有助于孩子加深理解的提示语

阅读前

留意正文以外的部分蕴含的信息

你知道吗，书的版权页上有时会告诉我们绘者使用的创作工具。我要读一读这页的内容。【阅读版权页 ISBN 编号下面的注释，体会绘者在工具表中加上的“耐心和技巧”的用意。】我认为绘者谢恩 · 埃文斯（Shane Evans）的插画让封面看起来很魔幻。你在观察封面时有什么发现？对此有什么感想？

带着问题阅读：封面中的爷爷和孙子在什么地方？【在汽车里。】思考本书的书名《爷爷和时光机》。我们跟着爷爷的时光机旅行时，可以了解其中的人物，并且向他们学习。

阅读中

- 内文：“我必须要去上学吗？”你还记得开学第一天或第一次离开家的感受吗？可以把你的感受用表情表现出来。
- 内文：“不，我曾经无数次担惊受怕。”爷爷说。我想知道爷爷说的这句话是什么意思：“如果你想过上自己期待的生活，那么就要舍弃现在的生活”。和同学讨论一下。你可以用这样的句子表达你的思考：“或许他的意思是……”【如果孩子有需要，为他们提供必要的指导和支持。】
- 内文：“我不想总在低处徘徊”爷爷说。你对这页中爷爷说的话有什么疑问吗？【引导孩子通过问答形式推断爷爷话里的含义。】
- 内文：“我害怕你成长得太快。”男孩从爷爷那里学到了什么？他对上学的态度发生了怎样的转变?

阅读后

- 运用“双词策略”（Hoyt，1999）总结这个故事的主题。你可以这样做：想出两个总结故事中心思想的词语。两个词既可以互相搭配组成一个短语，也可以分别表述不同的思想。
- 我们通过相互提问和讨论来探究爷爷话中的道理或含义。相互提问、共同思考和讨论有助于我们更加深入地挖掘故事的意义。共同思考能让你变得更聪明！

拓展练习

- 这本书中的爷爷向孙子展示了什么是勇敢。你在自己的哪些经历中表现得很勇敢？结合这个句子想一想：“我在……时非常勇敢。”
- 做个时间轴。这个故事带我们和爷爷一起穿越回了他人生中难忘的时刻。让你的家人帮你把人生中的重要时刻做成一个时间轴，然后把它带到学校和大家分享一下。

延伸阅读

● **《莫德和奶奶》**（*Maud and Grand-Maud*，O'Leary，2020）

内容简介：莫德期待着周六去奶奶家里过夜。他会和奶奶穿同款睡袍，吃早晨的剩饭，一起看黑白电影。莫德的床下藏着一个木箱，那里面是奶奶专门为他收集的宝贝。有些宝贝是从商店里买的，有些是手工制作的，但是最有价值的还是那些承载了奶奶童年回忆的老物件。

● **《奶奶阿夸去学校》**（*Nana Akua Goes to School*，Walker，2020）

内容简介：祖拉很担心学校举办的祖父母节，因为她在这个世界上最爱的人——奶奶阿夸和其他人不太一样。在加纳长大的奶奶阿夸遵循阿肯[1]文化的传统，脸上有部落的标记。由于担心同学们会害怕奶奶，更担心奶奶会被取笑，她犹豫要不要把奶奶带到学校。奶奶阿夸想到一个办法。她带了一张印有阿丁克拉符号[2]的被子，面部涂了一些彩绘，并且向祖拉的同学们解释了自己的与众不同，她还邀请祖拉的同学们以及爷爷奶奶们尝试选择适合自己的特殊符号。

重要词汇和便于孩子理解的定义：

- 勇敢：随时愿意面对危险
- 意想不到：为某事的发生感到惊讶

---

① 阿肯：西非的民族之一。
② 阿丁克拉符号：阿肯族的传统符号，常被印在织物和陶器上。

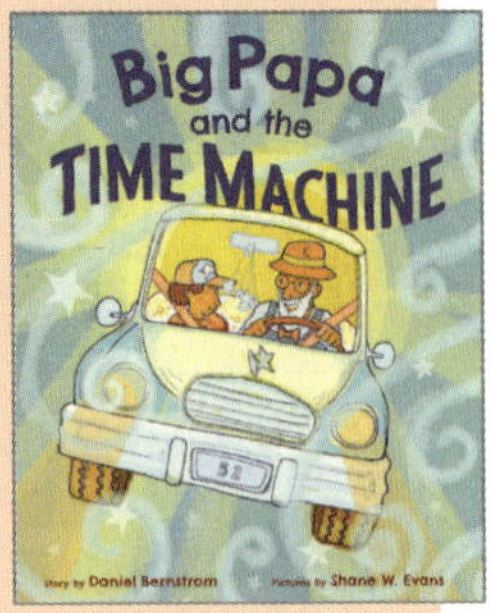

共读活动1——精读促进理解：理解不同视角

阅读前

背景铺垫：作者从不同人物的角度讲述了这个故事。换句话说，作者决定由哪个人物讲故事。分清是哪个人物在讲故事可以帮助我们更好地理解情节。我们再读一遍这本书，辨别故事中的不同视角。

阅读中

解读关键页

我先示范

内文：我永远不会忘记那个九月…… 我通过阅读文字和观察插画推断出故事是由这个男孩讲述的。我要继续往下读，而且我知道我是从他的视角体验故事的。

我们一起

内文：我们乘爷爷的时光机回到了很久以前。这页内容有点难度。我们听到的内容仍然是从男孩的视角讲述的，但是现在却又读到了爷爷和男孩之间的对话。听听有哪些线索表明本页是从男孩的视角讲述的。

该你了

内文："对不起，我让你害怕了。"故事以男孩的视角讲述，这让我们感受到了他倾听爷爷回忆时的心情。如果故事是以爷爷的视角讲述的，会有什么不同？你还会觉得故事很有趣吗？为什么？

阅读后

引导独立阅读

你认为阅读时分清不同视角对你有什么帮助？你喜欢读那些从主角的视角讲述的故事吗？不妨带着这个问题选择你要读的书。你可以把今天学到的哪些内容运用在写作中？思考不同视角对故事叙述有什么影响。

共读活动2——探究作者的写作技巧：重复句

阅读前

背景铺垫：写作者通过重复使用词语、短语或句子强调要点，以此帮读者记住故事的关键内容或突出主题。我们再读一遍，思考为什么作者在《爷爷和时光机》中使用了重复句。

阅读中

解读关键页

我先示范

内文："不，我曾经无数次担惊受怕。"爷爷说。这是故事中第一次出现"这叫作勇敢"这句话。爷爷是在告诉孙子勇敢意味着放弃停留在熟悉的领域，转而尝试未知领域或新领域。

我们一起

内文："我不想总在低处徘徊。"爷爷说。这个句子又出现了。爷爷做了什么勇敢的事？

该你了

【继续让孩子留意并讨论这个重复句。强调重复技巧对于突出故事主题或中心思想的作用。】

阅读后

引导独立阅读

作者在这本书中刻意运用了重复句。他希望作为读者的你能够记住故事的主题。他并不是唯一使用重复的作者。大家在阅读时也多注意其他作者是如何通过重复突出特定词语或中心思想的。想一想自己在写故事时如何重复使用某一表达。

创新写作：如果你有一台时光机，你想去哪——回到过去还是去未来？把你想去的地方和原因用文字、绘画或视频的形式记录下来。

我最爱的用于探究人物的资源

户外的世界，万物蓬勃生长。

——《下一个春天》

（*Outside, Inside*）

花黎渊（LeUyen Pham）著 / 绘

运用阅读策略理解非虚构作品 3

将户外世界带入室内

桌上的托盘中满是五颜六色的叶子。孩子们聚在托盘四周，通过放大镜仔细观察。他们热切讨论、充满好奇。“这是什么叶子？”思瑞卡问。“我来查查这本书。”米亚说话的工夫，快速翻起书来，将叶子与一张张图片相比较。欢迎来到这里——观察中心——一个将户外世界带入室内的空间（或篮子）。精读一本书的过程中，孩子们可以在观察中心探究，学习老师讲解的概念和主题。如果你实践过第二章里面关于观察中心的点子，我希望你能看到孩子们沉浸在书中，全神贯注地与同学互动交流，并对课堂之外的世界有更多的了解。本章和第4章还将介绍更多的与观察中心相关的点子。

另一种将户外世界带进课堂的方法是与孩子们分享含有丰富知识的图书。我翻遍书架，找了那些孩子爱不释手、读起来朗朗上口的非虚构作品供你参考——这个过程可不容易。阅读本章所选的书时，你会发现它们的结构和风格各式各样。我在这些精读书目的基础上又加入了其他有趣的书，这样既充实了作品集，也为观察中心提供了更多素材。本章设计的所有阅读活动旨在帮助孩子培养一系列阅读非虚构作品所需的技能，要实现这一目标，他们需要做的就是：

- 明确非虚构作品的写作结构
- 整合文字和图片信息
- 明确主题和重要细节
- 提出问题并解答
- 推敲作者的写作目的

孩子长大后的世界将与他们当下身处的世界大不相同。你可以充分利用孩子与生俱来的好奇心，让他们沉浸在妙趣横生的非虚构作品中，并引导他们走上趣味十足的学习之路。

精读书单

书名	共读活动1	共读活动2
《谁的家？》（*Whose House Is That?*，Tekiela，2021）	琢磨标点符号：如何写谜语	探究作者的写作技巧：对比
《我行云一样的思想：正念之诗》（*My Thoughts Are Clouds：Poems for Mindfulness*，Heard，2021）	琢磨标点符号：创造性手法	探究作者的写作技巧：独特的诗歌写作技巧
《深入海底：阿尔文号潜水艇的深海之旅》（*Flying Deep：Climb Inside Deep-Sea Submersible ALVIN*，Cusolito，2018）	推敲文字：描述性语言	探究作者的写作技巧：记述人生中的一天
《红色探测器：火星上的好奇号》（*Red Rover：Curiosity on Mars*，Ho，2019）	精读促进理解：理解不同视角	探究作者的写作技巧：拟人
《鸟喙大全》（*The Beak Book*，Page，2021）	推敲文字：动词	精读促进理解：学习信息图
《派对之星：太阳系的庆典！》（*Star of the Party：The Solar System Celebrates!*，Carr，2021）	关注高频词：疑问词	探究作者的写作技巧：创意十足的附加材料
《如果蜜蜂消失了》（*If Bees Disappeared*，Williams，2021）	精读促进理解：探究因果关系	探究作者的写作技巧：借助示意图解释细节
《水滴：一场水循环之旅》（*DROP：An Adventure Through the Water Cycle*，Moon，2021）	推敲文字：感叹语	精读促进理解：学习信息图
《有时人们结伴游行》（*Sometimes People March*，Allen，2020）	关注高频词：people（人们）和 they（他们）	琢磨标点符号：陈述句的句号
《下一个春天》（*Outside, Inside*，Pham，2021）	推敲文字：复合词	探究作者的写作技巧：跷跷板结构

我最爱的可用于提升阅读理解力的非虚构图书

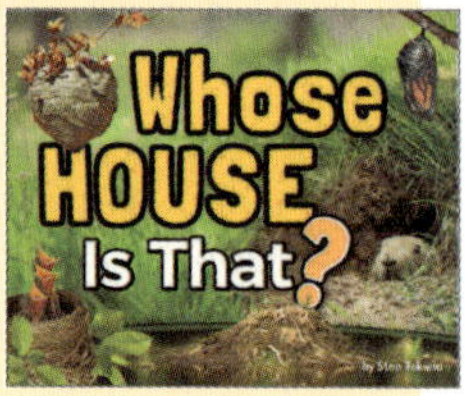

《谁的家？》（*Whose House Is That?*，Tekiela，2021）

朗读活动：留意问答结构

内容简介：《谁的屁股？》（*Whose Butt?*，2012）的作者斯坦·特基拉（Stan Tekiela）在他的问答结构式非虚构作品集中又添了一本新作。动物爱好者们可以观察书中图片里的动物栖息地并找寻线索。往后翻一页，读者便能看到栖息于此的动物以及一段关于这种动物的知识介绍。（如果你感兴趣，可以参考《上好一堂绘本课》（*The Ramped-Up Read Aloud*）285页中《谁的屁股？》相关的朗读活动。）

寻找类似书时需要留意以下几点：

- 书中内容旨在讲解知识，且使用了问答结构；
- 书中有可供孩子在个人写作中借鉴的结构。

学习目标：

- 我能注意到书中的问答结构。
- 我能将掌握的写作结构运用到个人写作中。

有助于孩子加深理解的提示语

阅读前

留意正文以外的部分蕴含的信息

- 我发现这本书的标题是一个疑问句。也许作者还会在内文里向我们提问。你注意到了什么？你认为这本书是虚构类还是非虚构类？你判断的依据是什么？

带着问题阅读：我们阅读《谁的家？》时，留意作者的内容组织方式。做好准备，我们将学习更多关于动物栖息地的知识。

阅读中

- 内文：*这个家小小的、圆圆的，由泥和草建成。*你发现什么规律了吗？把你的发现跟身边的朋友谈论一下。
- 内文：*这是一只美洲知更鸟！*你见过知更鸟吗？你知道它们在北美各地几乎随处可见吗？这对我来说可是新知识！
- 内文：*在这个闪闪发光、明亮的绿色房子中正上演着精彩一幕。*我们已经读了几页，大家发现这本书的规律了吗？你认为这个规律会持续下去吗？
- 内文：*这是帝王蝶！*注意看作者是通过什么方式告诉我们 chrysalis（蝶蛹）这个单词的读法的。标出单词发音是非虚构类作者常见的做法。

- 【根据孩子的兴趣和精力，你可以决定是否让活动到此停止，下次继续。在继续阅读这本问答结构式作品时，你可以让孩子们谈一谈他们对这些动物有了哪些新认识。】

阅读后

- 给同学解释一下这本书的结构和规律，以及它们是如何帮助你了解了不同的动物和它们的栖息地的。
- 分享你对问答结构的看法。你觉得这种结构对于非虚构作品来说是一种有效的组织方式吗？

拓展练习

- 问答结构是非虚构作品的一种常见结构。下次你写作知识类的作品时可以尝试使用这个结构。
- 对比相同和不同！多元体裁作品集——问答结构式作品：你知道吗？作者在虚构类和非虚构类作品中都会采用问答结构。我收集了一些采用问答结构的作品，你可以把它们与《谁的家？》进行对比。找出它们的相同和不同。仔细研究这些书，你也可以将获得的启发用于写作你自己的问答结构式作品。

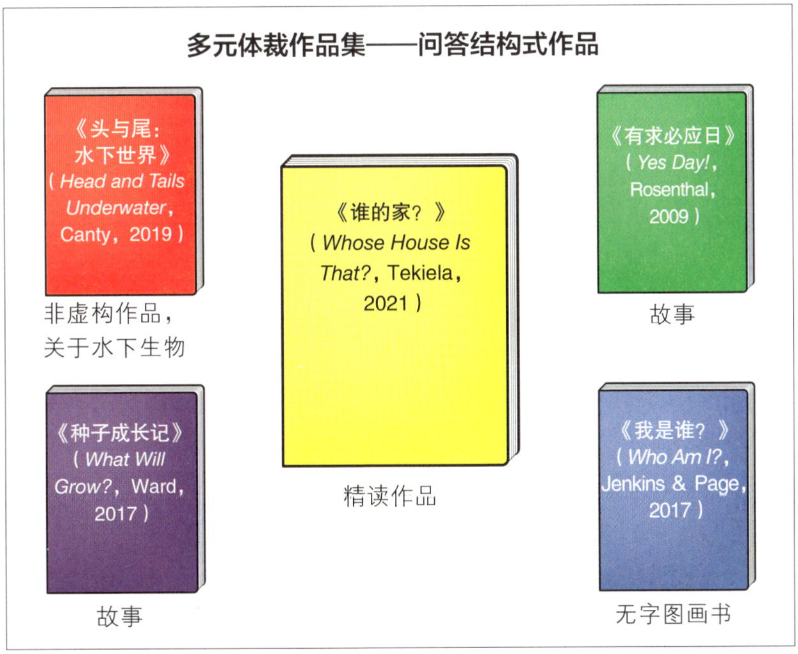

重要词汇和便于孩子理解的定义：

- 舒适：指某物给人以温暖、安全或舒服的感觉
- 野生动物：在野外生活的动物
- 栖息：在树枝或杆子上坐着或休息

共读活动1——琢磨标点符号：如何写谜语

阅读前

背景铺垫：作者斯坦·特基拉在这本书的每一页中都提出了同样的问题：“这是谁的家？”并且提供了帮助我们推断的线索。这种为了帮助读者猜出答案而提供线索的做法其实就是出谜语。我们试着找出作者在谜语中使用的各种句尾标点。

阅读中

解读关键页

我先示范

内文：这个穴通常建在地下。我从这页中读到了三条线索。我判断的依据是每个线索的结尾处都有一个句号，这意味着每条线索都是一个陈述句。随后出现了一个问题。我知道它是个问题，因为这句话结尾处有个问号。最后，我翻到下一页时，看到了谜底：“这是一只黑熊！”这个谜底结尾处是个感叹号，这意味着我们要用兴奋的语气读这句话。

我们一起

内文：这个窝挂在高草和树枝之间。这页中有多少线索？你是怎么判断的？【继续往下读几页，注意每页中提供了多少线索，并总结其中的规律：线索是陈述句，问题是疑问句，而答案以感叹号结尾。】

该你了

给旁边的同学出个谜语。说完每个线索后，在空中比画一个句号。如果你是在提问，那么比画一个问号。轮流着来。你们两人都出完谜题后，谈谈你从这本书的谜语句尾标点用法中学到了什么。

阅读后

引导独立阅读

句尾标点是写作者给读者的提示。在这本书中，作者用句尾标点告诉我们哪些句子是提供线索的陈述句，哪些句子是疑问句，哪些句子是令人激动的答案。你在创作自己的谜语时，记得加上这些重要的标点。

共读活动2——探究作者的写作技巧：对比

阅读前

背景铺垫：写作者运用对比向读者展示人物、地点、物品或动物的相同和不同之处。通过对比可以揭示事物之间的联系，也可以帮助你更好地理解陌生的事物。

阅读中

解读关键页

我先示范

内文：*比足球还要大。*作者在这里将马蜂窝与足球做对比，以帮助读者更好地理解它的大小。因为我知道足球有多大，所以我能想象出马蜂窝的大小。

我们一起

内文：*这个窝潮湿、多沙，形状像一个浅浅的盘子。*想想你曾用过的盘子。“浅”是“深”的反义词。就好比儿童游泳池的水位很浅，所以池边不是很高，而普通游泳池的池边要高一些，因为水很深。你能想象浅盘子的样子吗？仔细看这张照片。如果让你拿太阳鱼的窝和别的东西做对比，你会把它和什么做对比？

该你了

内文：*这个巢穴与你的家相比可能算是袖珍了。*想象一下你曾住过的地方。它们与蚁丘相比如何？你还能把蚁丘和什么做对比？和身边的同学分享你的想法。

阅读后

引导独立阅读

这本书中的对比技巧对你理解动物巢穴的大小或形状起到了什么作用？想想你自己在画图或写作时会如何使用对比。在写作中你可能会用到如下表达进行对比：

- 像……
- 比……大
- 比……小
- 和……一样

如果你发现了其他运用了对比的作者，可以把他们的书带到我们的分享活动来，我们也可以探究一下这些作者是如何做的。

创新写作： 这本书中，作者斯坦·特基拉为每种动物的栖息地创作了对应的谜语。谜语中提供了线索，帮助我们认识每个巢穴中栖息的动物。现在该你出谜语了。你不需要创作关于动物巢穴的谜语，而是要围绕某个动物写谜语。找张该动物的照片，或者在脑海中先想出它的样子。思考一下它的特征。它看起来像什么？它的生活习性如何？它有什么特别之处？找一张纸，在正面写出三条线索帮我们猜测是哪种动物。把纸翻过来，在反面写出或画出令人激动的答案。

《我行云一样的思想：正念之诗》（*My Thoughts Are Clouds: Poems for Mindfulness*，Heard，2021）

朗读活动：注意特殊结构

内容简介：作者乔治娅·赫德（Georgia Heard）在这本自由体诗集中引导孩子们放慢生活节奏、倾听“内心的天气状况”。每一章的开始都简要介绍了正念练习。书中各章分别阐述了关于呼吸技巧、正念、冥想和善良的内容。

寻找类似书时需要留意以下几点：

- 书中内容以诗歌形式呈现；
- 书中有可供孩子在个人写作中借鉴的想法和结构。

学习目标：

- 我能注意到作者分享信息时用的独特方式。
- 我能借鉴书中的想法和结构，运用到个人写作中。

有助于孩子加深理解的提示语

阅读前

留意正文以外的部分蕴含的信息

你能推断出这个孩子在做什么吗？【看天空、看云朵。】这本书的标题是《我行云一样的思想》。你有没有过在草地上放松身心，仰望云朵的经历？你看到了什么？感觉如何？【如果你有这本书的精装版，那么留意一下护封和书壳在设计上的不同之处。】

带着问题阅读：这本书的副标题是“正念之诗”，这是一本特殊的诗集。我们一起探究一下作者的创作动机。换句话说，她写作的目的是什么呢？【乔治娅·赫德在原书第6~7页的《致读者》中阐明了她的创作动机。如果你想让孩子推断作者的创作动机，可以在读完诗后再来读这儿的内容，以验证他们的推断。】

阅读中

- 内文：《我的脑海中有只猴子》（原书第10页）你能在脑海中想象乔治娅·赫德描绘的内容吗？你是否曾感到脑海中有只猴子？如果你产生了这种感觉，她建议你怎么做？【善待它，给它空间，把它引到安静的地方。】你认为这些建议是什么意思？你会如何让脑海中的猴子平静下来？
- 内文：《我内心的天气状况》（原书第30页）如果女孩的内心是暴风

重要词汇和便于孩子理解的定义：

【具体取决于你选择朗读的诗歌。】

雨天气，你认为她是什么感受？如果她的内心“阳光明媚、微风习习”，你认为她是什么感受？你此时的内心是什么天气？

- 内文：《睁开眼睛》（原书第38页）。作者在这页提出了什么建议？这首诗里有让你强化正念的建议吗？
- 内文：《大自然中的漫步》（原书第40页）。这首诗调动了哪些感官？注意作者在这页底部提供了额外的信息。我们一起读读这些信息，深入了解一下森林浴。

阅读后

- 乔治娅·赫德写作这本书的目的是什么？
- 你认为这本书是虚构类、非虚构类，还是两者兼有？与身边的同学讨论一下。

拓展练习

- 【当孩子需要冷静或集中精力时，尝试一下原书第44~45页的“蝴蝶放松式”。】
- 还记得原书第30页那首关于内心天气的诗吗？我制作了这张练习纸，你可以用它记录内心的天气。我会把它放在随手可及的地方，以便你写写自己的内心天气。参考“我内心的天气”练习纸。

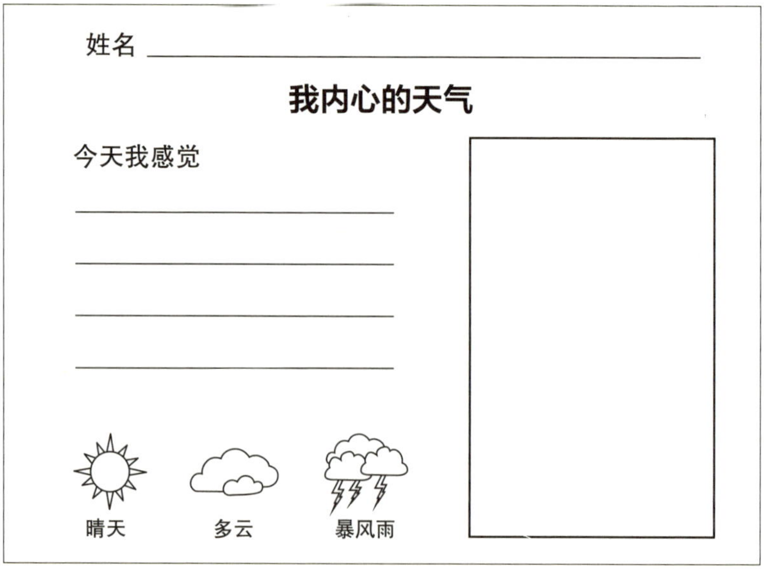
姓名 ____________________

我内心的天气

今天我感觉

____

____

____

____

晴天　多云　暴风雨

“我内心的天气”练习纸

延伸阅读

● **《泥土之书：关于生活在我们脚下的动物的诗歌》**（*The Dirt Book: Poems About Animals That Live Beneath Our Feet*，Harrison，2021）

内容简介：这本诗集描述了迷人的地下世界。它可以作为我们学习地下生物的绝佳辅助材料。注意跨页中将地上和地下两个世界分割开来的垂直线。

共读活动1——琢磨标点符号：创造性手法

阅读前

背景铺垫： 诗人常会使用包括拼写、标点、大写、空格、不同句子结构等常规手法来表达思想。常规手法使作品清晰易懂。有时他们也会使用创造性手法。让我们看看作者乔治娅·赫德有没有在这本诗集中使用创造性手法。

阅读中

解读关键页

我先示范

内文:《我的内心世界》(原书第8页)我注意到这首诗的字里行间少了些什么。通常，我们将句子开头的单词首字母大写，在单词之间留出空格，并在句尾加上标点符号——这些都是常规手法。但是乔治娅·赫德在这首诗中抛弃了这些元素。我想她是刻意这样做的，这个形式使我在读这首诗时，好像所有的感受都混杂在了一起。

我们一起

内文:《正念是我的空格键》(原书第27页)这首诗看起来很独特。我们研究一下作者是如何使用创造性手法的。【当她想表达“不使用空格键”时，就把单词之间的空格省去了；而当她想表达“使用空格键”时，就用较大的间隙把单词隔开。】这些新颖的手法是如何使作者要表达的内容变得清晰易懂的?

该你了

内文:《三种仁爱冥想》(原书第52页)谈谈你在这首诗中注意到的创造性手法。【粗体和斜体。】你在创作自己的诗歌时，会怎样运用这些手法?

阅读后

引导独立阅读

阅读过程中，读者要注意创造性手法是如何丰富文意的。创作诗歌时，追随你想象力的指引，巧妙运用一些写作手法，这样可以使文意更加丰富。

共读活动2——探究作者的写作技巧：独特的诗歌写作技巧

阅读前

背景铺垫：在这本诗集中，乔治娅·赫德通过诗歌引导读者理解正念的含义。这次我们要重点学习作者在诗歌创作中使用的技巧。

阅读中

解读关键页

我先示范

内文:《吸气呼气》(原书第22页)重读这首诗后，我发现作者运用了反义对立技巧作诗。这有助于读者想象相似和不同的观点。她在这首诗中告诉我们要呼出消极的想法，吸入积极的想法。这个建议很棒!

我们一起

内文:《冥想》(原书第42页)作者在本章开头的描述中使用了比喻，以帮助我们更好地理解冥想的概念。比喻是指含有“像”“一样”等字眼的比较手法。想象一个雪景玻璃球。这个画面能帮助你更好地冥想吗?你还可以把冥想比喻成其他什么事物呢?

该你了

内文:《振作精神的妙语真言*俳句》(原书第48页)注意这首诗标题中“妙语真言”后面的符号。这个符号叫作星号。星号表示在这页的某个地方提供了更多信息。你在这页的底部发现对应的星号了吗?我来给你读一读这里的内容。现在你知道“妙语真言”的意思了，和同学一起读一读这些激励人们振作精神的妙语真言和这页底部的诗。注意这页底部的诗中使用了一种叫作“俳句”的特殊诗歌结构。跟同学说说你对俳句的了解。【如有需要，简要展示俳句诗的结构。】

阅读后

引导独立阅读

诗人会巧妙运用文字，创意性地表达思想。我要把这本书留给大家，方便大家回顾乔治娅·赫德在书中运用的各种技巧。有什么吸引你的技巧吗?如果有，那么你可以在创作自己的诗歌时借鉴一下。

创新写作：我们在第48页读到的那首诗列举了振作精神的妙语真言。我现在把它投屏出来，供大家学习。在便利贴上写出能让你振作精神的妙语真言，把它放在你随时可以看到的地方。

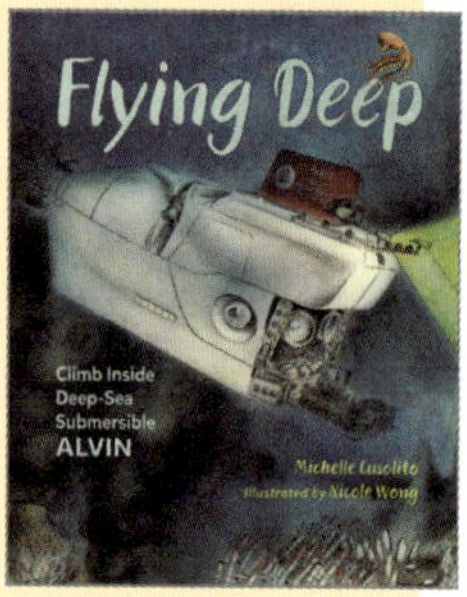

《深入海底：阿尔文号潜水艇的深海之旅》（*Flying Deep: Climb Inside Deep-Sea Submersible ALVIN*，Cusolito，2018）

朗读活动：留意问答结构

内容简介：米歇尔·库索利托（Michelle Cusolito）的这部处女作让读者把自己想象成阿尔文号潜水艇的领航员，身临其境体验一场历时八小时的惊险海底之旅。故事中，领航员和两名队员的任务是调查和寻找水下火山周围的生命。作者的注释表明这次深海之旅发生在距离墨西哥阿卡普尔科海岸885千米处的东太平洋海隆。如果你想找一本和《深入海底》相匹配的虚构类无字图画书，可以读一读《通往深海之旅》（*Field Trip to the Ocean Deep*，Hare，2020）。

寻找类似书时需要留意以下几点：

- 书中有引人入胜、为文本增姿添彩的插画；
- 书中有非虚构作品独有的技巧。

学习目标：

- 我能运用插画来帮自己更好地理解知识。
- 我能说出、写出或画出我学到的知识。

有助于孩子加深理解的提示语

阅读前

留意正文以外的部分蕴含的信息

花点时间探究一下妮科尔·王（Nicole Wong）所绘的封面插画。她在绘者注释中提到为了确保艺术创作的准确性，她在写作这本书中的插画前事先观察并研究了潜水艇和深海生物。你能相信这幅细节丰富的插画是她用 iPad 画出来的吗？这本书的书名是《深入海底》，副标题是“阿尔文号潜水艇的深海之旅”。副标题透露了更多的内容。当你听到副标题时，你会觉得书中讲述了什么内容？

带着问题阅读：我没有太多关于潜水艇的图式或背景知识，所以我带着激动的心情阅读并探究阿尔文号。既然绘者绘制插画之前做了一番研究，这些插画一定能够让我们更深入地认识潜水艇。让我们钻进阿尔文号，一起深入海底一探究竟吧！

阅读中

- 扉页：这幅插画叫作剖面图。阿尔文号就像被切成了两段，这样我们就可以看到它的内部结构。你在画中发现了什么？

- 内文：你今天的任务是调查致命爆炸的地点。仔细看这张插画。你看到白色的阿尔文号潜水艇了吗？别忘了书上说它仅能容下三个人。当它潜入海底时，你会发现什么？你觉得你能找到生命的迹象吗？大家可以用竖起或朝下的大拇指表示你的答案。
- 内文：通过阿尔文号的舱口进入舱内……这个跨页上有三幅插画，分别从不同的视角展示了阿尔文号。观察每幅画，你发现了什么？又学到了什么？
- 内文：2：00 p.m.。这个跨页中也有三幅插画。绘者想向我们展示什么内容？【左边的插画是绵鳚的特写，右边的圆圈插画是三位科学家的特写，还有一幅画是捕鱼枪的清晰特写。】你如何结合这三幅插画读懂这页内容呢？

重要词汇和便于孩子理解的定义：

- 怪异：难以解释的、神秘、恐怖的
- 调查：仔细观察以了解事实
- 茁壮成长：长得强壮、健康

阅读后

- 书中插画对于我们了解阿尔文号潜水艇起到了什么作用？如果我只给你读文字而不给你看插画，你会有同样的收获吗？
- 你认为作者米歇尔·库索利托为什么给这本书取名《深入海底》？如果让你给它换个标题，你会取什么名字？【请孩子在便利贴、笔记本或共享电子文档中拟一个新标题，并解释原因。】

拓展练习

- 把你从这本书中学到的知识画出来，并做上标注。
- 【根据这本书的附加材料中的“了解更多”页面搜索更多资源，并与感兴趣的同学分享。】

延伸阅读

- **《奥蒂斯和威尔的深海之探：潜水球的创纪录之旅》**（*Otis and Will Discover the Deep: The Record-Setting Dive of the Bathysphere*，Rosenstock，2018）

内容简介：作者巴布·罗森斯托克（Barb Rosenstock）记录了1930年奥蒂斯·巴顿（Otis Barton）和威尔·比贝（Will Beebe）的潜水球首次潜水之行。本书首先向读者展示了潜水球的设计原理，然后随着每次30米的下潜深度逐步增加悬念感。反复出现的“不断下沉”使整本书的内容连贯，节奏紧凑。绘者凯瑟琳·罗伊（Katherine Roy）在注释中详细说明了她为完成这本书的插画而做的大量研究和准备。这本书前几页文字叙述较多，所以你可能需要几天的时间才能读完。

● **《大海知道》**（*The Sea Knows*，McGinty & Havis，2020）

内容简介：潜到海面之下，见一见居住在海底世界的生物。这本书以押韵的对句形式呈现，辅以色泽明亮的插画，能够激发好奇的读者提出各种问题。其中部分问题的答案藏在附加材料提供的额外信息中。

共读活动1——推敲文字：描述性语言

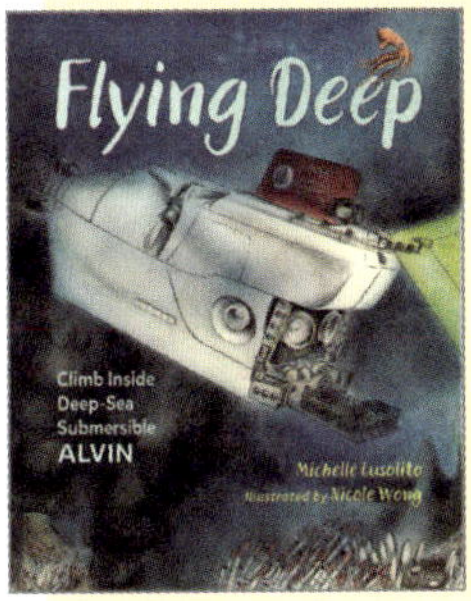

阅读前

背景铺垫：作者使用描述性语言帮助我们想象科学家在海底的所见所闻。描述性语言能够帮助读者对主题有更深入的了解。

阅读中

解读关键页

我先示范

内文：*浅绿的海水逐渐变成蓝绿色*。这页中的描述性语言为我想象科学家们的所见所闻提供了线索，因为我可以将这些描述与我的经历联系起来。当我读到“浓厚的黑色”这个表达时，我能想象出海底世界中光线无法穿透的黑暗，就像眼睛被一条厚毯子遮住了。作者把发光的海洋动物描述为“自然界的烟花表演”，我可以把它们想象成节日里绽放的烟花。

我们一起

内文：9：00 a.m.。作者在这页使用了拟声词来帮我们想象声音。大家和我再读一遍声呐的声音。想象一下声呐在探测到水下物体之前发出的乒乒声。它检测到物体之后就会发出不同的声音。阿尔文号降到海洋底部时发出了什么样的声音呢？这个声音能让你联想到从前听过的其他声音吗？

该你了

内文：*柔软的菌类伴着水流在摇曳*。我给大家读一读这些描述，大家参考这些描述寻找插画中的生物。【可以参考这本书的附加材料中有图解的词汇表，检查孩子的回答是否正确。】

阅读后

引导独立阅读

描述性语言可以帮助读者更好地想象身处某个陌生地方的场景，例如海底世界。读者在阅读非虚构类作品时发挥想象力，可以更好地抓住关键细节，从而更容易记住重点知识。因此，在阅读的过程中你可以适当暂停，想象作者用图像和文字描绘的人物、地点、动物或思想。你还可以使用另外一种聪明的策略，即在便利贴或笔记本上迅速记下要点。

共读活动2——探究作者的写作技巧：记录人生中的一天

阅读前

背景铺垫：这本书记录了阿尔文号潜水艇内科学家们一天的活动。大家思考一下：作者在每页的开头交代了具体时间，这么做是如何帮我们更好地感受在阿尔文号内时间的流逝的？【在不分散孩子注意力的前提下，可以给孩子提供一个便携式钟表或数字显示时钟，以展示时间的流逝。】

阅读中

解读关键页

我先示范

内文：8：00 a.m.。看到这页顶部的具体时间点时，我在想自己通常在早晨8点做什么。我知道这里是指早上，因为 a.m. 是一个缩写的拉丁词，意思是中午之前。【与孩子分享一下你在工作日的早上8点通常做什么。】

我们一起

内文：9：00 a.m.。小声告诉你旁边的同学这页顶部的时间。作者交代具体的时间点是如何帮读者更好地感受科学家们开启海底之旅后时间的流逝的？到达海底花了多长时间？他们每小时下沉3.2千米，而正常人每小时行走4.8到6.4千米。那么阿尔文号的移动速度是快还是慢呢？

该你了

内文：**中午时分**。“中午”这个词是什么意思？科学家们在水下多久了？想象一下这么长时间不能上厕所的感受。【如果孩子好奇阿尔文号上的科学家是如何上厕所的，你可以在作者注释的第一段中找到有趣的答案。】

【继续精读那些交代了时间点的页面，并展开讨论。让孩子回答作者交代经历的时长，科学家在特定时间点的活动以及具体时间点这一写作技巧是如何帮助读者更好地理解科学家的日程安排的。】

阅读后

引导独立阅读

为了帮你更好地了解阿尔文号上科学家们的日程安排，作者在书中加入了具体的时间点。这对于阅读有帮助吗？你自己阅读的哪本非

虚构作品适合使用这个技巧？你能把这个标记时间流逝的技巧运用在你自己的作品中吗？【头脑风暴并分享想法。】

创新写作：发挥你的想象力。想象如果你回到阿尔文号，再次潜入海底，这次你会看到什么，又会做些什么？你可以用这句话开始你的故事：“第二天，我们再次乘坐阿尔文号潜入海底，这一次……”

《红色探测器：火星上的好奇号》（*Red Rover: Curiosity on Mars*，Ho，2019）

朗读活动：探究插画

内容简介：这本从火星视角讲述的非虚构作品会让读者爱不释手，尤其是太空迷孩子。绘者凯瑟琳·罗伊（Katherine Roy）用极具写实风格的插画描绘了火星车在这颗红色星球表面的经历。作者理查德·霍（Richard Ho）在这部处女作中将好奇号火星车拟人化，让这本书变得妙趣横生。

寻找类似书时需要留意以下几点：

- 书中有引人入胜、为文本增姿添彩的插画；
- 书中有非虚构作品中独有的技巧。

学习目标：

- 我能运用插画来帮自己更好地理解知识。
- 我能说出、写出或画出我学到的知识。

有助于孩子加深理解的提示语

阅读前

留意正文以外的部分蕴含的信息

封面和封底向我们呈现了观察好奇号的两种视角。你认为绘者为什么展示侧视图和后视图？你从这两幅图中学到了什么？【如果可以，给孩子展示一下护封下的书壳，然后讨论封面插画是如何让这个探测器看起来像人类的。】

带着问题阅读：你对火星车和火星有多少了解？【让孩子分享一下背景知识并记录下来。】阅读非虚构作品时，我们从文字和插画中都能学到知识。跟我一起探索这颗红色的星球，见一见这个名为“好奇号”的探测器。我们看看这本书是否能验证你的背景知识，并增加你的新知识。

阅读中

- 内文：探测器从未疲倦过。到目前为止。你对这个探测器有了什么了解？【它在火星上漫游，从不停步。】这页中的插画对你想象火星表面的样貌有什么帮助？
- 内文：它满腹好奇。我们必须把读到的文字与看到的图片结合起来，这样才能更好地了解探测器的工作原理。注意你是否能够借助这些插画回答下列问题：好奇号是如何进行观测的？【借助相机。】你是依据什么线索判断的？好奇号是如何收集物质的？【用铲子。】你是怎么判断的？

- 内文：*在这里居住可不是一件易事*。和同学讨论这页的内容。转过身问身边的同学：“你想住在火星上吗？为什么？”可以先听对方的回答，然后分享你的观点。

阅读后

- 你记住了关于好奇号的哪些知识？跟同学分享一下：“我记得……”（Hoyt，2002）。
- 你认为还有其他发往火星的探测器吗？我们可以通过阅读附加材料或搜索调查了解更多内容。有没有同学有兴趣组建团队，一起探寻这个问题的答案？

拓展练习

- 内文：*好奇号解构图*。【如果条件允许，把这页内容投屏展示出来，让孩子能近距离观看。】哇！原来好奇号上有这么多零件。注意绘者为这个构造图添加的词汇表。这个词汇表解释了所有缩写词的含义。大家一边用手指着好奇号上的零件，一边学习相关知识。如果让你设计一个探测器，它会是什么样子？画出它的构造图，并标注零件名称。完成之后，和同学互相分享一下各自的构造图。
- 认真观察！探索太空：读完《红色探测器：火星上的好奇号》，你对太空有什么疑问吗？【把孩子的疑问记下来。】我在观察中心准备了图书和其他资料，或许可以解答你的问题。我们迫不及待想听听你的发现。

延伸阅读

《欢迎来火星做客》（*Mars! Earthlings Welcome*，McAnulty，2021b）

内容简介：拟人化的火星邀请地球人来参观。为了吸引游客来参加派对，火星把自己和姐妹星球（即地球）做了一番类比。这本引人入胜的非虚构作品是史黛西·麦卡努蒂（Stacy McAnulty）的“我们的宇宙”系列作品的第五部。

重要词汇和便于孩子理解的定义：

- 好奇：提出问题，努力寻找答案，渴求新知识
- 漫游：没有目的地四处走动
- 辽阔：非常广阔

●《火星的首批朋友：欢迎到来，探测器们！》(*Mars' First Friends: Come on Over, Rovers!*，Hill，2020)

内容简介：无聊又孤独的火星很想找个玩伴儿。意识到太阳系中行星兄弟无暇陪伴他后，火星对“勇气号”和“机遇号”探测器的到来感到惊讶。这些动物幼崽一样的探测器成了火星完美的宠物。这本书的附加材料中提供了关于太阳系、火星和探测器的丰富知识。

观察中心里孩子们做的太空知识分享

观察中心里的“太阳系行星图”太空作品示例

共读活动1——精读促进理解：理解不同视角

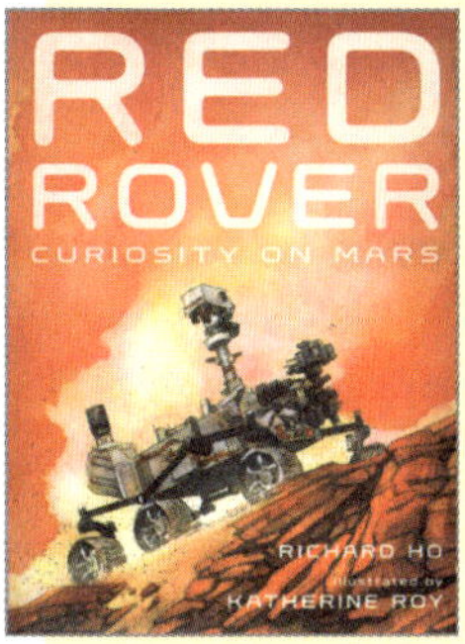

阅读前

背景铺垫：作者在创作中会采用不同的视角。换句话说，作者决定由哪个人物讲故事或分享知识。理查德·霍的这部作品采用了一个有趣的视角。我们再读一遍，一起辨别《红色探测器》中的不同视角。

阅读中

解读关键页

我先示范

内文：*大家称我为火星*。我记得当我读到这页时，诧异地发现原来这个故事是从火星的视角讲述的。我是根据“我”这个字得出这个结论的。“我”字是本书采用第一人称视角的线索。在读到这页之前我并没有意识到第一人称视角。我们再回到书中，看看是否还有其他可能被我们遗漏的线索。

我们一起

内文：*它们穿越浩瀚的太空，降落在陌生的地面*。我们再读一遍这页内容，重点关注最后一句话。这句话中有没有线索表明火星是叙述者？【*……这儿的样貌*。】如果叙述者不是火星，那么本页最后一句话可能变成“它向他们展示火星的样貌”。但实际上，这儿的原句是“它向他们展示这儿的样貌”。和身边的同学聊聊这两种表达间的区别。

该你了

内文：*我很冷*。读一读这页里每句话的第一个字，看看你能发现什么？【*除了一句话，其他所有句子都是以“我”开头的*。】记住，作者通过使用“我”字进行第一人称（或第一行星）视角写作。“我”字是证明火星是讲述者的另一个线索——即这本书是以这个星球的视角叙述的。你认为作者理查德·霍为什么以火星的口吻来写这个故事？

阅读后

引导独立阅读

大家阅读时，留意非虚构作品中的不同视角。这能帮你明确叙述者的身份。

共读活动2——探究作者的写作技巧：拟人

阅读前

背景铺垫： 拟人是指作者赋予动物或物体人类的特征，就好像作者把动物或物体写成人一样。大家注意“拟人”这个词中的“人”字。我们再次阅读时，大家思考作者是如何以及为什么要将“好奇号”探测器拟人化的。

阅读中

解读关键页

我先示范

内文：探测器留下的踪迹玩着捉迷藏游戏……你玩过捉迷藏吗？捉迷藏是人类常玩的一种游戏。这是作者将“好奇号”拟人化、为其赋予人类特征的一个线索。

我们一起

内文：它满腹好奇。我们重读这一页，看看是否能找到更多显示“好奇号”的行为与人类行为相似的线索。【它忙着观察、测量、收集；它口渴了。】你有过这些活动吗？你是否有口渴的经历？你能想象“好奇号”的感受吗？

该你了

内文：探测器独自漫游，看起来很是孤独。和我一起读这一页，然后和身边的同学讨论一下“好奇号”被拟人化的线索。【它很孤独，它也有朋友。】你曾经感到孤独吗？像探测器这样的工具真的有感情吗？

阅读后

引导独立阅读

作者通常在含有动物角色的书中使用拟人手法，将动物的行为人格化。看看你的书柜，你是否能找到另一本将动物行为人格化的图书？

创新写作： 想想某个属于你的、在学校或家里的非生命物品。【让孩子头脑风暴一下这类物品，如铅笔、牙刷、背包、枕头等。】以这个物品的视角进行写作。开头可以参考下列句型：

我的名字是________________________________。

我喜欢____________________________________。

我住在____________________________________。

在无人注视时，我______________________。

《鸟喙大全》（*The Beak Book*，Page，2021）

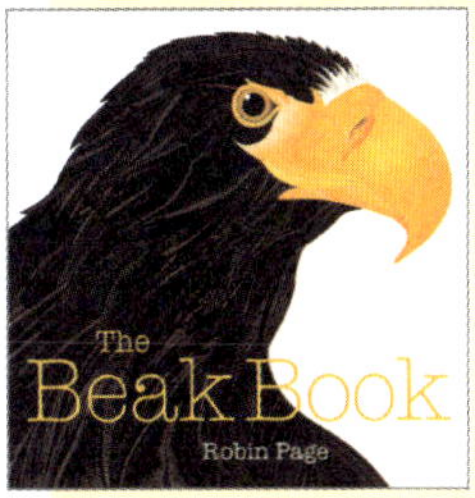

朗读活动：发掘说明性非虚构作品中的细节

内容简介： 鸟喙形态各异、大小不同、用途多种多样。罗宾 · 佩奇（Robin Page）这本引人入胜的大全会让读者着迷不已。她简洁明了的讲解突出了主题概念和关键细节。你可以考虑安排两次互动式朗读活动，这样就能让孩子们充分讨论。

寻找类似书时需要留意以下几点：

- 书中有清晰明确的知识以及辅助性插画；
- 书中内容是关于某个主题具体某方面的知识类信息。

学习目标：

- 我能理解这本书的主要内容。
- 我能记住与主题相关的关键细节。

有助于孩子加深理解的提示语

阅读前

留意正文以外的部分蕴含的信息

哇！罗宾 · 佩奇的封面插画吸引了我的注意力。我忍不住看了一遍又一遍。你知道吗？她借助数字工具将不同的纹理和颜色叠加在一起创作艺术作品。为了增加笔下动物的真实感，她收集并研究了相关动物的照片。你觉得这是什么鸟？我们看看能否在书里找到它，以此判断我们的答案是否正确。

带着问题阅读： 你可以用手做出哪些动作？【听听孩子的回答。】我想知道鸟类用喙是否也能做出那么多我们用手做出的动作。我猜你肯定能根据《鸟喙大全》这个书名推断出这本书将带我们了解更多的鸟喙知识。大家做好成为鸟喙专家的准备吧！

阅读中

- 内文：这个喙的作用是过滤。谁家的厨房里有过滤器？【如果需要，给孩子展示一下厨房过滤器的图片。】你能想象这个鸭喙的功能吗？以前我并不知道鸭喙可以把食物从泥土里过滤出来。这对我来说是新知识。
- 内文：这个喙的作用是嗅探。指一指你的鼻孔，再用手指到本页奇异鸟鼻孔的位置，然后告诉你身边的同学奇异鸟鼻孔的作用。【阅读后面几页时，继续给孩子解释那些有难度的词汇，并且参考

重要词汇和便于孩子理解的定义：

- 引人瞩目：因与众不同而引人注意
- 强大：很有力量
- 不同寻常：不普通

熟悉的动物或人类行为来解释鸟类行为。如果你想中途停顿，那么可以在读到“这个喙的作用是刺戳”这一页时暂停一下。】

- 内文：**这个喙的作用是撕扯。**你认出这只鸟了吗？它正是我们在封面上看到的那只。我们阅读并了解了鸟喙各种各样的功能，现在我们花点时间研究一下作者组织信息的方式。她首先告诉我们什么信息？【鸟喙的功能。】这是本页的主要内容。本页其他的内容讲了什么？【鸟喙相关细节。】细节和插画是如何相互搭配帮助读者深入理解主题的？

阅读后

- 关于鸟喙，你学到了哪些新知识？
- 你觉得书中哪只鸟最有趣？

拓展练习

- 把一张纸分成两半。写下你从本书中学到的两个知识点。

  认真观察！探究动物身体部位：【做这个拓展练习之前，可以搜集各类动物的相关书籍、图片、文章多形态资源等，例如：
  - 《动物眼中的世界》（*Eye to Eye*，Jenkins，2014）
  - 《羽毛：不只是为了飞行》（*Feathers：Not Just for Flying*，Stewart，2014）
  - 《神奇的尾巴》（*What Do You Do With a Tail Like This?*，Jenkins，2003）】

  我在读《鸟喙大全》时想到了一个点子。我知道大家喜欢研究动物，所以我想你会乐于写一本介绍动物身体部位的书。如果你感兴趣，我会把所有的参考资料放在观察中心。你可以独立或者与同学合作，在观察中心完成下列活动：
  - 选择动物的某个身体部位，如眼睛、耳朵、鼻子、嘴巴等。
  - 通过调查找出这个部位在三种不同的动物身上的作用。
  - 把你学到的知识通过文字、绘画或短视频的形式分享给大家。

延伸阅读

- **《通道：为非凡动物设计的非凡之路》**（*Crossings: Extraordinary Structures for Extraordinary Animals*，Duffield，2020）

内容简介：这本书介绍了人类为野生动物安全穿越车来车往的高速

公路而设计和建造的专用通道。文中重复出现的词汇（上面、下面、跨越、穿过）帮助读者充分体验这个引人入胜的、关于科技与自然相结合的科普作品。

● **《野外之趣：动物宝宝们的欢乐时光》**（*Play in the Wild: How Baby Animals Like to Have Fun*，Judge，2020）

内容简介：读这本书时，孩子们会发现他们玩的游戏和书中动物的游戏有很多相似之处。书中每个跨页都以一个主题句开头，后面又紧跟另一个跨页，其中提供了便于孩子理解的细节。这本书翔实的附加材料中提供了文中单词的词汇表以及各种动物的相关介绍。

共读活动1——推敲文字：动词

阅读前

背景铺垫：大家有没有注意到作者在解释鸟喙的功能时使用了同一类词？即动词，也称动作词汇。我很好奇写出这么多动词对她来说是不是一个挑战。我们这次只重读主题句，并重点关注其中的动词。读每一页时，大家用自己的方式表演出文字描述的每一个动作。

阅读中

解读关键页

我先示范

内文：这个喙的作用是过滤。我们来模拟一下这个动作，我可以把手指当成一个过滤器，然后这样把水倒进去。

内文：这个喙的作用是嗅探。我来表演一下嗅花的动作。

我们一起

【继续读剩下的几页，让孩子把每个动词表演出来。】

该你了

现在，你要模仿作者的写作模式，用动词向同学描述你可以用脚做出的三个动作。你可以借助这个句型：我可以用脚__________。

阅读后

引导独立阅读

作者罗宾·佩奇在这本书中用动词描述了鸟喙的功能。在阅读过程中，我们也可以根据动词想象人物或动物的行为。其他作者也和罗宾·佩奇一样，会在写作时精挑细选动词。当你描写人物或动物时，选择一个能准确描述其动作的动词。尽量具体、精准。例如，“跑”这个字有很多同义词，如猛冲、赛跑、慢跑、奔跑、疾跑、小跑等。你会选择哪个动词来描述马奔跑的样子？兔子奔跑呢？【继续探索在写作中可能用到的其他动词的同义词。】

创新写作：读完《鸟喙大全》之后，我开始思考人类可以用身体部位做出的种种动作。你的手、眼睛、大脑、心脏、脚、手指、脚趾或鼻子各能做出什么动作？现在轮到你创作自己的非虚构作品了。你可以借鉴罗宾·佩奇在书中使用的这个句型：(某个身体部位)的功能是__________。【给孩子提供一本白纸装订成的小册子。我建议册子含有封面和三到四张内页，你可以根据他们的需求调整尺寸。】

共读活动2——精读促进理解：学习信息图

阅读前

背景铺垫：【如果条件允许，将信息图投屏展示。你可能还需要一张世界地图或地球仪。】写作者通常会在非虚构作品中加入附加材料。大家细品“附加材料”这个词。“材料”是“内容”的同义词，且因为它位于书的后部，所以被称为“附加材料”。你可以通过阅读附加材料了解更多与主题相关的信息。在《鸟喙大全》中，作者设计了一幅信息图，补充了正文文字中没有包含进去的信息。

阅读中

解读关键页

我先示范

我首先阅读信息图的标题，然后从图中提取知识。这张信息图的标题是“鸟类的栖息地和食物”。这个标题帮我把注意力集中在那些可以从文字和图片中挖掘出的信息上。我还看到图中鸟群的旁边有一个人的轮廓。我要先读一下对应的图注，因为我敢肯定它能解释这个轮廓存在的理由。【与孩子讨论相对大小的概念，并讨论使用成年人作为参考对于读者想象鸟类体型有什么帮助。】

我们一起

我想了解更多关于美洲红鹮的知识。首先，我要在信息图上找到它。现在，我了解了这三个知识点：

- 它相比于人类体型的大小
- 它的食物
- 它的栖息地

你对哪只鸟更感兴趣？【根据孩子选择的不同鸟类，重复上述练习过程。】

该你了

和同伴一起练习。选一种我们还没学过的鸟。了解它的体型、食物和栖息地。你也可以挑战自己，找两只鸟来对比一下。注意它们的体型、食物和栖息地的异同。

阅读后

引导独立阅读

信息图对于主题学习很有帮助。探究信息图时，记得阅读标题、图注、注解或关键词。然后，阅读信息图内外的文字。问问自己：“这张信息图教给了我什么知识？”思考你从信息图中获得的主要信息或关键内容。

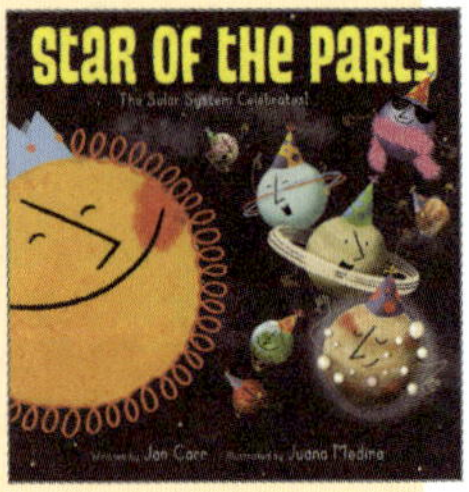

《派对之星：太阳系的庆典！》（*Star of the Party: The Solar System Celebrates!*，Carr，2021）

朗读活动：发掘叙事类非虚构作品中的细节

内容简介：准备好参加派对啦！在这部精心设计的叙事类非虚构作品中，行星们一起为太阳举办了一个生日派对。行星们一边拟定派对嘉宾名单，一边制作座位卡，选取礼物，读者也从这个过程中了解了关于太阳系的重要知识。在本书的文前辅文中，太阳和八颗行星分别做了一段自我介绍。趣味十足的附加材料为读者提供了在线资源，后面跟着一些额外知识，这些信息都被置于行星的对话气泡中，以分格插画呈现。

学习目标：

- 我能理解这本书的主要内容。
- 我能记住与主题相关的关键细节。

寻找类似书时需要留意以下几点：

- 叙事类非虚构作品，全书贯穿了知识；
- 叙事类非虚构作品，讲解了太空。

有助于孩子加深理解的提示语

阅读前

留意正文以外的部分蕴含的信息

我把书完全翻开，便于你好好欣赏它的整个封面。观察绘者胡安娜·梅迪纳（Juana Medina）的插画，你有什么发现？【行星看起来栩栩如生，绘者还为它们画上了脸、胳膊和派对帽。】你认为谁是“派对之星”？看看这别致的封底文字——这是派对的邀请函！

带着问题阅读：既然我们已经大概推断出了《派对之星》的大意，现在我要问你一个问题。你认为这是一本故事书，还是一本讲解知识的书？还是两者兼有？只有一个办法能让我们找到答案——一起加入书中的派对吧！

阅读中

- 内文：邀请了谁？作者贾恩·卡尔（Jan Carr）在这页描述了太阳和环绕它的所有行星。作为读者，你可以自行决定是先读这些描述性内容再读后文，还是按照相反顺序读。今天，我们先跳过这些描述。

- 内文：水星拟了一份嘉宾名单。你从这页学到了什么知识？是关于哪颗行星的？【冥王星。】
- 内文：卫星呢？我们先回到阅读开始之前我问的那个问题。这是一本故事书，还是一本讲解知识的书？还是两者兼有？【两者兼有。】我同意！这本书被称为叙事类非虚构作品，因为它既有故事元素：人物（行星）、地点（太阳系）、目的（为太阳举办派对）、以及结局（派对很成功），同时也分享了很多关于行星的知识。
- 内文：接下来的任务是选取生日礼物。通过巧妙组织内容，作者教给了我们行星的知识。绝大多数页面都包含一个主题和一些关键细节。把这页的主题告诉朋友。【环带。】
- 内文：突然，另外一个声音响起。和旁边的同学聊聊这页的主要内容。
- 内文：所有行星的目光聚集在太阳身上。想想太阳在形容这场派对时用到的词汇。它们有什么共同点？【讨论“闪亮”“光芒四射”“耀眼”等词以及作者选用这些多义词的原因。】

阅读后

- 作者通过将知识融入故事的方式描述行星。你对这种写作技巧有什么看法？你喜欢这本书吗？为什么？从中学到了什么？
- 你学到了哪些关于太空的新知识？和同学分享一下。

拓展练习

- 叙事类非虚构作品讲述故事的同时也在讲解知识。因此，如果你要跟别人讲述这本书的内容，你既可以复述故事，也可以复述知识。先选定你更喜欢的形式，然后找到“复述故事或复述知识”练习纸，并完成练习。
- 对比相同和不同！对比多元体裁作品集——太阳系：作为读者和学习者，你更喜欢用什么类型的作品学习知识：说明性非虚构作品、叙事类非虚构作品，还是其他作品？为了帮你更好地比较不同类型的作品，我收集了一篮子的作品。

重要词汇和便于孩子理解的定义：

- 吹嘘：夸大自己拥有的东西或能力
- 温暖舒适：暖和、安全、舒服
- 任务：需要完成的工作

姓名：________________

复述故事或复述知识

复述故事	复述知识
	三个有趣的知识点
起初 ________	1. ________
________	________
中途 ________	2. ________
________	________
最后 ________	3. ________
________	________

“复述故事或复述知识”练习纸

共读活动1——关注高频词：疑问词

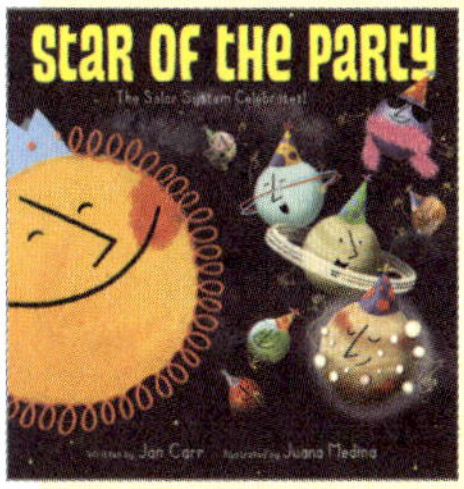

阅读前

背景铺垫：你会在很多书中反复读到一些词，我们称它们为高频词。这次精读过程中，我们要寻找并学习疑问词。

阅读中

解读关键页

我先示范

内文：木星说："我们为太阳办个派对吧。"我要再读一遍这一页，读到疑问词时就停下。这有个疑问词 why（为什么）。这个单词包括两个音，wh 发音为 /w/，y 发音为 /ai/。我把这个单词写在白板上，一边写一边念：/w/-/ai/ → why。

我们一起

内文：卫星呢？你找到这页中的疑问词了吗？是 what（什么）。这个单词包括两个音，wh 发音为 /w/，at 发音为 /ɔt/。我们把它写在白板上，一边写一边念：/w/-/ɔt/ → what。

该你了

翻到封底文字部分。我们先一起读单词和发音。然后，大家把它们写在白板上：

who = /hoo/

what = /w/-/ɔt/

where = /w/-/ear/

when = /w/-/en/

还有一个额外的挑战：写出一两个与行星相关的问题。句子以疑问词开头，然后问问同学是否能回答你的问题。

阅读后

引导独立阅读

你在阅读中会遇到疑问词，在写作时也会用到它们。掌握它们的拼写和发音规则能够帮你更好地阅读和写作。

创新写作：假设你要为自然界的某种生物或物体举办一场生日派对。参考这本书的封底写一封邀请函。我们先一起写。随后大家可以用“邀请函”练习纸，自己写一封。

共读活动2——探究作者的写作技巧：创意十足的附加材料

阅读前

背景铺垫：写作者出于多种原因会在书中提供附加材料。附加材料可以给读者提供更多的背景信息，拓展书中的知识，并且解释作者或绘者的创作方式。作者贾恩·卡尔在《派对之星》中将附加材料设计成了分格式插画，就像图像小说或连环漫画一样。我们来看看吧！

阅读中

解读关键页

我先示范

“我们为什么绕太阳公转？”部分：行星们在交谈和开玩笑时也分享了一些知识。我必须阅读它们的对话，并从中提取重要的知识。我从这一部分中了解到行星绕太阳公转是因为引力作用。

我们一起

“如果太阳拉着我们，为什么我们没有被直接拉过去呢？”部分：你从金星和火星的对话中学到了什么知识？告诉身边的朋友你从这幅漫画中学到的一项知识。

该你了

“塔哒！”部分：我们重读这个部分，你的任务是从玩笑和对话中提取知识。【如果条件允许，可以用某种方式标记出知识点。】我会把这本书留在教室图书角，以便你继续探索书中以连环漫画形式呈现的知识。

阅读后

引导独立阅读

《派对之星》中的附加材料以颇具创意的方式拓展了正文中的信息。在平时的阅读中多多留意其他含有创意附加材料的非虚构作品。把它们分享给大家，这样我们就可以在写作时把它们作为范文使用。

为 树

举办的 答谢 派对

举办者：所有的鸟儿

主题：感谢你让我们栖身

地点：森林

时间：某个晴朗的春日

姓名：______________

孩子们共同制作的邀请函

为 ______

举办的 ______ 派对

举办者：______________

主题：______________

地点：______________

时间：______________

姓名：______________

“邀请函”练习纸

《如果蜜蜂消失了》(*If Bees Disappeared*，Williams，2021)

朗读活动：阅读前、阅读中和阅读后的思考

内容简介： 这本书带领读者跟随一位小女孩来到英国肯特郡，探究如果蜜蜂消失会对生态系统造成什么影响。作者莉莉·威廉姆斯(Lily Williams)清晰透彻地解释了可能导致蜜蜂灭绝的前因后果。书末，她提到越来越多的人意识到了蜜蜂的重要性，为读者传递了乐观的态度。这本书的附加材料中列举了一系列拯救蜜蜂的方法。如果孩子喜欢这本书，可以再给他读一读同一系列中的其他几本，包括《如果鲨鱼消失了》(*If Sharks Disappeared*，Williams，2017)、《如果北极熊消失了》(*If Polar Bears Disappeared*，Williams，2018)、《如果大象消失了》(*If Elephants Disappeared*，Williams，2019)。(参考《上好一堂绘本课》(*The Ramped-Up Read Aloud*)中《如果鲨鱼消失了》相关的朗读活动。)

学习目标：

- 我能在阅读前、阅读中和阅读后提出问题。
- 我能想方设法解答自己提出的问题。

寻找类似书时需要留意以下几点：

- 书中内容旨在讲解知识，且涉及让孩子着迷的话题；
- 书中内容能够引出更多问题。

有助于孩子加深理解的提示语

阅读前

留意正文以外的部分蕴含的信息

我打开整个书封，大家仔细观察封面和封底的内容，你发现了什么？【封面上蜜蜂的周围有一条虚线。】你认为作者为什么在蜜蜂周围画了一条虚线？

带着问题阅读： 这本书的标题是《如果蜜蜂消失了》。如果蜜蜂灭绝了，你认为会发生什么？你有没有感到不解的地方？我们现在开始阅读，学习更多关于蜜蜂的知识。与此同时，大家思考阅读前提出的问题是否能从书中找到答案。你在阅读中是否又会产生新的疑问？

阅读中

- 内文：蜜蜂是关键物种……我第一次读这页内容时，很好奇“关键物种”是什么意思。然后我注意到了作者在书中对这个术语的解释。【指出作者对“关键物种”以及“授粉者”这两个术语的解释。】你还有其他不太明白的词吗?

- 内文：蜜蜂是超个体生物。在这里我们再一次看到了作者是如何解释关键词的。【指出作者在文中对“超个体”的定义。】回忆前几页的内容并讲给同学听。你还有什么不解的地方吗?
- 内文：到时候就不会再有自然害虫防治。哇！原来蜜蜂消失会导致这么多可怕的后果。解释你从这页示意图中学到的知识。你有什么疑问吗?
- 内文：庆幸的是，我们看到了关于蜜蜂的乐观消息。你对这页的词汇或内容有什么疑问吗?【如果孩子们不熟悉“都市农场计划”这个术语，可以把它解释为“在城镇种植农作物的行动计划”。】

重要词汇和便于孩子理解的定义：

- 扰乱：阻止正在进行中的事
- 生存：保持活着的状态
- 受到威胁：没有良好的生存或成长机会；身处危险之中

阅读后

- 我们在阅读过程中提出了很多疑问，也学习了很多关于蜜蜂的知识。有时候非虚构作品会给我们留下一些未解之谜。你读完书之后还有什么疑问吗？你接下来要怎么做才能找到答案呢?
- 你可以把从书中学到的哪些知识应用到自己的非虚构类写作呢?

拓展练习

- 与伙伴一起制作幻灯片或海报，给其他人展示一下如何拯救蜜蜂。大家完成海报或幻灯片之后，我们会把它们张贴出来或投屏展示。
- 对比相同和不同！对比多元体裁作品集——蜜蜂：莉莉·威廉姆斯创作的这本蜜蜂相关的图书旨在帮助我们理解蜜蜂对于生态系统的重要性。其他作者也本着不同的目的创作了关于蜜蜂的图书。我收集了一些蜜蜂相关的书籍，并把它们放在这个名为“蜜蜂”的篮子中。你可以独自或与同学一起欣赏这些书，然后思考从中学到的道理，并分析作者的创作目的。和朋友讨论一下，或者在书上用便利贴做上标注，以分享你学到的知识。

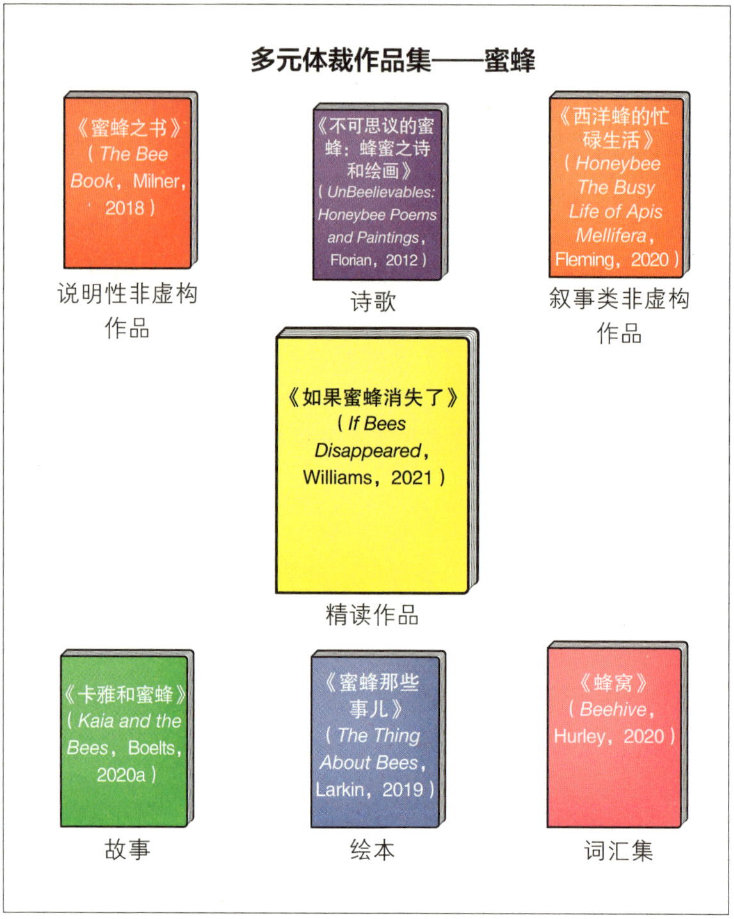
多元体裁作品集——蜜蜂
《蜜蜂之书》（*The Bee Book*，Milner，2018）
说明性非虚构作品
《不可思议的蜜蜂：蜂蜜之诗和绘画》（*UnBeelievables: Honeybee Poems and Paintings*，Florian，2012）
诗歌
《西洋蜂的忙碌生活》（*Honeybee The Busy Life of Apis Mellifera*，Fleming，2020）
叙事类非虚构作品
《如果蜜蜂消失了》（*If Bees Disappeared*，Williams，2021）
精读作品
《卡雅和蜜蜂》（*Kaia and the Bees*，Boelts，2020a）
故事
《蜜蜂那些事儿》（*The Thing About Bees*，Larkin，2019）
绘本
《蜂窝》（*Beehive*，Hurley，2020）
词汇集

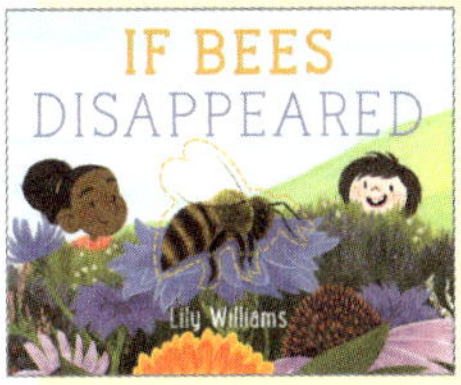

共读活动1——精读促进理解：探究因果关系

阅读前

背景铺垫：莉莉·威廉姆斯在这本书中描述了蜜蜂消失会导致的后果。她先告诉我们可能致使蜜蜂消失的原因，然后说明可能产生的结果。

阅读中

解读关键页

我先示范

内文：不幸的是，现在的蜜蜂正遭受着环境因素和人为因素的双重威胁……我们从这页了解了可能会导致蜜蜂灭绝的一个原因。翻到下一页，我便看到了对应的后果。我要把从这学到的内容记录在“因果关系”表上。

我们一起

内文：如果不再有蜜蜂授粉……你会在下一页读到没有蜜蜂授粉会导致的后果。我翻到下一页，大家阅读并思考相应的后果。我应该在“因果关系”表上写什么内容呢？

该你了

我们继续往下读，大家可以说一说我们应该往“因果关系”图中添加什么内容。

阅读后

引导独立阅读

作者使用因果关系揭示事物之间的联系。作为读者，注意到这种联系能帮我们更好地理解内容。

《如果蜜蜂消失了》（作者：莉莉·威廉姆斯）

如果……	那么……
蜜蜂消失了	它们授粉的植物也会消失
不再有蜜蜂授粉	鸟类就会消失
很多水果消失	鸟类就会消失
鸟类消失了	一些我们最爱的食物就会消失
原因	结果

孩子们共同制作的“因果关系”图

共读活动2——探究作者的写作技巧：借助示意图解释细节

阅读前

背景铺垫：非虚构类作者借助示意图帮助读者想象并理解细节。我们回顾一下莉莉·威廉姆斯是如何在非虚构作品中使用示意图的。

阅读中

解读关键页

我先示范

内文：*蜜蜂是关键物种*……这张示意图展示了不同种类的蜜蜂。我注意到这里把蜜蜂按照颜色分在了不同的区域，且每个区域都有标注。我并不知道这些标注具体代表的意思，但我可以推断蓝色的蜜蜂共同住在蜂巢里，因为标注“群居”意味着与其他蜜蜂同居；而绿色的蜜蜂独自居住，因为旁边标注了“独居”。我在读这本书之前并不知道有些蜜蜂是不住在蜂巢里的。我从这张示意图中学到了新知识！

我们一起

内文：*蜜蜂是超个体生物*。参考本页的示意图和词汇判断正在飞离蜂巢的蜜蜂属于什么种类。

该你了

内文：*靠它们授粉的绝大多数植物也同样会灭绝*。这页的示意图比较了蜜蜂授粉和风媒授粉。解释一下示意图中的内容。

阅读后

引导独立阅读

阅读示意图可以深化理解。你在创作非虚构作品时加入示意图可以帮助读者更好地理解。

创新写作：想象一下，如果世界上的其他事物消失了会导致什么后果。你笔下的事物不一定是生物。如果铅笔、交通工具或书籍等消失了，会发生什么？发挥你的想象力，写出并画出可能导致的后果。可以用这个句型写作：如果__________消失了，那么__________。

《水滴：一场水循环之旅》（*DROP: An Adventure Through the Water Cycle*，Moon，2021）

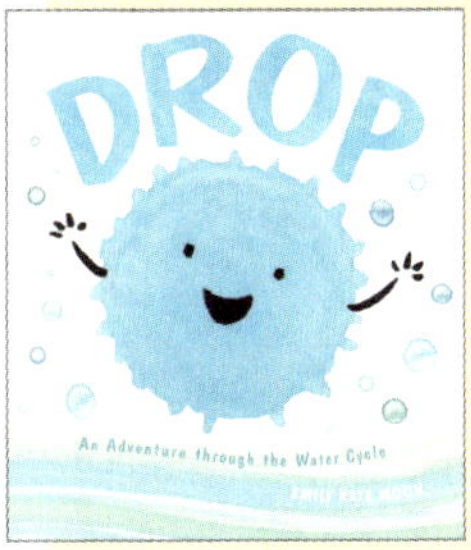

朗读活动：学习过程中的提问

内容简介：我曾读过很多介绍水循环的书，但这本尤为出众。故事是从一个拟人化的水滴的视角讲述的，它已经存在了45亿年，经历了水循环各个环节。前环衬和后环衬中的信息图分别展示了水的三态变化和水循环。

寻找类似书时需要留意以下几点：

- 书中用颇有创意的方式讲解了水循环；
- 书中内容能够激发你提问。

学习目标：

- 我能在阅读前、阅读中和阅读后提出问题。
- 我能注意到作者分享信息的方式。
- 我能想方设法解答自己提出的问题。

有助于孩子加深理解的提示语

阅读前

留意正文以外的部分蕴含的信息

注意封面上的水滴。你知道艾米丽·凯特·穆恩（Emily Kate Moon）用了什么绘画方式吗？【听听孩子的想法。】她先将水和颜料混合，然后把染了色的水滴滴在纸上。有时她会用滴管作画。你见过滴管吗？【展示一下滴管的照片或实物。】

带着问题阅读：你可以从副标题“一场水循环之旅”看出这本书讲的是水循环。对于水循环，你有多少了解？我们开始阅读之前，你对这本书或水有什么好奇吗？

阅读中

- 内文：*她曾畅游过每一条湖，曾沉浸于每一片海洋。*水滴已经存在了很久了，对吧？我们再读一遍水滴的这句话：“So much sea to see！（我看到了无边无际的海洋！）”作者在这玩了一个同音异义词的文字游戏。同音异义词sea（海洋）和see（看）发音相同，但含义和拼写都不同。sea的意思是海洋，而我们要用眼睛看（see）东西。你现在理解这个文字游戏了吗？
- 内文：*太阳为水滴注满能量。*你对于水滴此时的经历有什么好奇吗？有什么不懂的地方？

重要词汇和便于孩子理解的定义：

- 冒险：参与刺激或危险的旅行或经历
- 休闲：悠闲、放松
- 表面：某物的外部

- 内文：**挤满水滴的云可能发生巨变！**这朵云的内部发生了很大的变化。大家可以转过身问问同学对此有没有什么疑问。
- 内文：**如果她冻结成雪或冰，可能会被困住……**我有一个问题，当水滴身处冰川中时，为什么会问："我们到了吗？"你是怎么想的？

阅读后

- 在纸质或电子便利贴上写下你对这本书仍有的疑问。大家先分享这些疑问，然后思考可以用什么办法找到答案。之后我们可以一起探寻解答这些具体问题的方法。
- 作者从一滴水的视角展示了水循环的知识。你觉得这个写作技巧怎么样？

解决读后未解问题的方式

- 重读或重听书的全部或部分内容。
- 与其他同学讨论这些问题。
- 独自阅读或听别人阅读封面、前勒口、后勒口、封底文字、附加材料，获取更多信息。
- 通过调查了解更多与该主题相关的信息。
- 把你从书中学到的内容写出或画出来。
- 通过在线上搜索作者个人网站、采访或其他多媒体信息探究作者的写作目的。

拓展练习

- 制作一幅信息图，展示你对水循环的了解。【孩子在信息图上做标注时，可以向他们展示与水循环相关的关键词汇。】
- 【准备好以下物品，供孩子创作自己的水滴故事：滴管、混合了食用色素的水、厚白色画纸。】用滴管把水滴在纸上，等水滴变干。水滴干涸后，在图中加入细节，创作自己的水滴故事。

延伸阅读

- **《漂流而去的冰山小蓝》**（*Blue Floats Away*，Jonker，2021）

内容简介：一座叫小蓝的冰山离开了父母。他漂流而去，一路上见识了种种新事物。后来，小蓝在太阳下融化蒸发。最终，他变成了一朵云，回到了家乡。

● **《精灵科学：三态转化》**（*Fairy Science: Solid, Liquid, Gassy*, Spires, 2020）

内容简介：本书是《精灵科学》（*Fairy Science*, Spires, 2019）的后续之作。酷爱科学的精灵埃丝特和朋友克洛芙、费格一起揭开了其他精灵深信不疑的魔法神话背后的真相。看到池塘消失后，这个三人组仔细观察、提出问题、形成假设、进行实验并验证结果。这本书的附加材料中介绍了雨天孩子们可以在家完成的简单实验。

共读活动1——推敲文字：感叹语

阅读前

背景铺垫：作者在文字或图片中加入感叹语，用来表达人物的感受。感叹语可以表达积极或消极的情绪，如惊讶、厌恶、高兴、失望或兴奋。

阅读中

解读关键页

我先示范

内文：水滴大部分时间在海洋中度过。这页中有两个感叹语：“哇！”和“太棒了”。我读到这些感叹语时了解到水滴对于海洋生活很是兴奋。

我们一起

内文：因为这个时候水滴就会变成……雨。你发现这页中的感叹语了吗？推测水滴的语气并读出来。

该你了

内文：一场全新的冒险开始了！这页和下页中各有一个感叹语。读出每个感叹语，思考水滴的感受，和同学说说你的想法。

阅读后

引导独立阅读

好！我们读了也学了不少感叹语。我在这张图中列出了这本书中的所有感叹语。注意作者是如何通过感叹语表达人物情感的。如果你在自己阅读时发现了感叹语，也把它们加到这张图中。在写作时，你可以考虑如何运用图中的感叹语表达人物的感受。

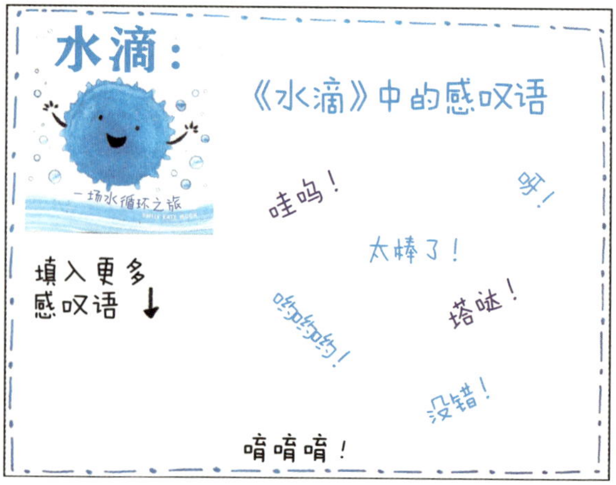

《水滴》中的感叹语

共读活动2——精读促进理解：学习信息图

阅读前

背景铺垫：为了向读者展示更多水循环的知识，作者艾米丽·凯特·穆恩在前环衬和后环衬都加入了信息图。信息图是指用于呈现信息的统计图、示意图、照片等。信息图，顾名思义，就是以图像形式展示信息。

阅读中

解读关键页

我先示范

后环衬：我先给大家读这张信息图的标题。标题告诉我们可以从信息图中学到什么知识。接下来我会观察图中的内容。我看到一个圆圈的周围有一些箭头，这代表水在地球上的移动轨迹。当然，我们在现实生活中并不会看到这样的线和箭头。它们出现在这张图中是为了表示水循环的过程。

我们一起

后环衬：水滴说这些是她最喜欢的长词。我给大家读一遍这些词，你们可以一边看图一边推断它们的含义。如果需要额外的信息，你可以读一读信息图旁边的定义。

该你了

前环衬：大家先读读这张信息图的标题。接下来，仔细观察文字和图片。问问自己："这张信息图展示了什么知识？"【水的三态变化。】转过身，和身边的同学一起思考并讨论你从这张图看到和学到了什么。大家记住，可以运用文字、图片和符号解读信息图。

阅读后

引导独立阅读

你从《水滴》中的信息图里学到了哪些正文文字中没有的知识？你更喜欢读信息图还是读文字内容？你在解读这张信息图时用到了哪些可以下次继续使用的策略？

创新写作：【从线上资源中搜集信息图，或找到与《以数字识动物：图解动物》（*Animals by the Numbers: A Book of Animal Infographics*，Jenkins，2016）和《我与世界：图中探索之旅》（*Me and the World: An Infographic Exploration*，Trius，2020）相似的作品。】围绕某个你感兴趣的主题设计一张信息图，从图中寻找写作灵感。

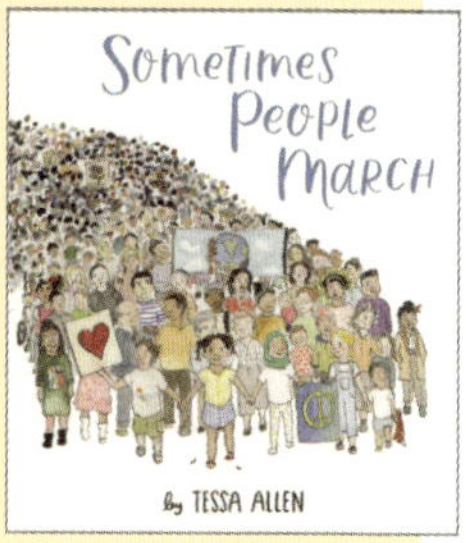

《有时人们结伴游行》（*Sometimes People March*，Allen，2020）

朗读活动：付诸行动

内容简介：作者泰莎·艾伦（Tessa Allen）首先在这本书中描述了行进的蚂蚁和乐队，旨在借助这类孩子们熟悉的事物引入主题。然后她用直截了当、精挑细选的事实解释人们参与游行的种种原因。书中的插画展示了美国当代和历史上的游行事件。书后题为“游行和关键人物”的附加材料中提供了相应的事件概述以及正文中插画所示事件对应的页码。

寻找类似书时需要留意以下几点：

- 书中讲述了与游行相关的活动，是叙事类非虚构作品；
- 书中内容真实且传达出乐观积极的态度。

学习目标：

- 我能思考作者的写作目的。
- 我能注意到作者分享信息所采用的有趣方式。

有助于孩子加深理解的提示语

阅读前

留意正文以外的部分蕴含的信息

我把书完全翻开，便于你好好欣赏它的整个封面。观察一下封面插画中游行者的标牌，并思考书名《有时人们结伴游行》。这群人为什么游行？你有没有发现本书插画是用墨水和水粉创作的？仔细观察，游行者的脚旁边是什么东西？【蚂蚁。】我很好奇为什么封面上画了蚂蚁？

带着问题阅读：写作者本着不同的目的进行写作。我们一边阅读《有时人们结伴游行》，一边思考这本书的作者泰莎·艾伦为什么要写这本书。随后我们再来讨论大家的答案。

阅读中

- 内文：*游行是一件人们一起做的事情*……读这页内容之前，我先给大家定义两个词语。“抗议”的意思是努力改变某事，“不公”的意思是不公正或不平等。用自己的话向旁边的同学解释人们为什么会游行抗议。现在大家参考这页背面的图片线索，看看能否明白人们想通过抗议改变什么。
- 内文：*有时人们手持标牌*……我们已经了解了人们游行的很多原

因。你有没有听说过游行事件？当时人们游行是为了改变什么？

- 内文：**人们通过集会进行抵抗**。游行是抵抗的方式之一，但还有其他的方式。说说你知道的人们进行抵抗的其他方式。
- 内文：**人们团结起来力量会更强大**。你认为为什么人们团结起来进行游行或抵抗力量会更强大？

阅读后

- 关于游行，你学到了哪些在读本书之前不了解的内容？
- 我们从这本书中了解了人们游行的种种原因以及抵抗不公的种种方式。你有没有看到过通过游行解决的事情？

拓展练习

- 要确定作者的写作目的，你可以这样思考："作者写这本书的主要原因是什么？"以下是作者写作的三个常见原因：
  - 讲解：围绕主题进行解释
  - 劝说：用说理或论证的方式说服读者
  - 娱乐：引起读者兴趣，为读者带来欢乐
  - 在纸上或笔记本上补全下列句子，分享你的想法：作者写这本书的主要目的是____________________。我判断的依据是____________________。

延伸阅读

● **《爱是力量》**（*Love Is Powerful*，Brewer，2020）

内容简介：玛丽和妈妈动手制作标牌。玛丽问妈妈为什么要制作这个标牌，妈妈解释说这是"一则给世界的信息"。玛丽思考如何才能让其他人都能看到它，妈妈解释说："爱就是力量"。游行途中，玛丽喊出标语，人群也高声呼应。作者在这本书的附加材料中附了一张玛丽的照片以及她在2017年纽约市妇女游行中的经历介绍。

● **《我们游行》**（*We March*，Evans，2012）

内容简介：1963年8月28日，一个家庭参加了华盛顿大游行。作者埃文斯（Evans）用简洁的文字和引人入胜的插画重现了这个故事。如果孩子们了解这次游行的一些背景知识，那么就能够充分理解这个富有感染力的故事。

重要词汇和便于孩子理解的定义：

- 勇气：面对恐惧和危险的胆量
- 强大：强壮、充满能量
- 抵抗：努力改变某事

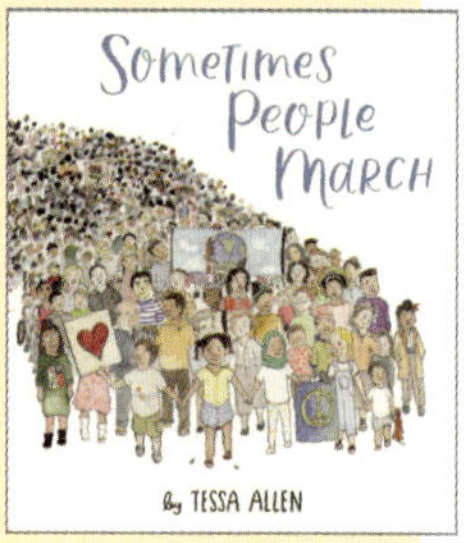

共读活动1——关注高频词：people（人们）和 they（他们）

阅读前

背景铺垫：你必须背下来这本书中的两个高频词，因为它们的字母组合和发音并不匹配。这两个词分别是 people（人们）和 they（他们）。我们把它们放在一块学习。【让孩子在一张纸或卡片上拼写单词 people（人们），并在另一张纸或卡片上拼写单词 they（他们），过程中视情况给予帮助。让他把写好的单词放在面前的地板或桌子上。】随后我们将精听这两个单词的发音。

阅读中

解读关键页

我先示范

内文：有时人们结伴游行。读到 people（人们）时，我会指向写着这个单词的卡片。

我们一起

内文：游行是一件人们一起做的事情……我们一起读这一页。读到 people（人们）时，指一指这个单词；读到 they（他们）时，也指一指。

该你了

【如果孩子兴致不减，那么继续以这种方式练习。】

阅读后

引导独立阅读

看看这两个词：你会拼写单词 people（人们）吗？你会拼写单词 they（他们）吗？把卡片翻过来。告诉同学如何拼写每个词。让同学也用同样的方式练习。

共读活动2——琢磨标点符号：陈述句的句号

阅读前

背景铺垫：我们第一次读这本书的时候，我注意到了一个有趣的地方——作者泰莎·艾伦通篇只用了一种句尾标点——句号，因为书中所有的句子都是陈述句。

阅读中

解读关键页

我先示范

内文：*有时蚂蚁结伴而行。*我看到这个句子以大写字母开头，以句号结尾。这是一个陈述句。这句话告诉我蚂蚁结伴行进。为了表明这是个陈述句，作者在句尾用了一个句号。

我们一起

内文：*有时乐队结伴而行。*我们再读一遍这页上的两个句子。它们是哪种句子？你在每个句子末尾看到什么标点？

该你了

内文：*人们游行的原因多种多样。*这页的两句话有什么不同？【*一个是短句子，另一个是长句子，但两个都是陈述句，都以句号结尾。*】【*继续读，并着重强调本书中每句话都以句号结尾的特点。*】

阅读后

引导独立阅读

你认为作者为什么将全书都用陈述句来写？作者在讲述或陈述某事的句子结尾会用句号，这样的句子被称为陈述句。大家写陈述句时，别忘了加句号！

创新写作：这本书的标题是《有时人们结伴游行》，我们从书中了解了人们游行的种种原因。游行是一种集体活动。除此之外，人们还会进行什么活动？【*和孩子一起做一个清单，列出人们的日常活动，如阅读、写作、玩耍、跑步、游泳等。*】写出人们的某种活动，然后列出几个原因。可以用这个句型作为开头：

有时人们__________。他们__________是为了__________。

举例：

有时人们玩耍。他们玩耍是为了开心。他们玩耍是为了发挥想象力。有时人们跑步。他们跑步是为了锻炼身体。他们跑步是为了追赶公交车。

《下一个春天》（*Outside, Inside*，Pham，2021）

朗读活动：理解重要事件

内容简介：范黎渊（LeUyen Pham）记录了新冠疫情的大暴发，颂扬了抗疫的中坚力量，展示了不屈的意志、不灭的希望和人类的精神。她在作者注释中表明，“这本书是一颗时间胶囊，浓缩了当下历史阶段，见证了全人类团结一致，致力于正确事业的故事。”作者的注释部分感人肺腑，因此可以花点时间把它认真读完。你也可以选择把全部或部分读给孩子听。如果你关注范黎渊创作这本书的过程，那么可以阅读以下列句子开头的两部分：“居家隔离的最初几周，我开始记录一些日常瞬间”和“这本书中的每张面庞都源自于生活中真实的人，包括新闻中的人物和我自己的家人。”

学习目标：

- 我能思考作者的写作目的。
- 我能注意到作者分享信息所采用的有趣方式。
- 我能思考这本书给我带来的感受。

寻找类似书时需要留意以下几点：

- 书中讲述了真实的历史事件，是非虚构作品；
- 书中内容真实且传达了乐观积极的态度。

有助于孩子加深理解的提示语

阅读前

留意正文以外的部分蕴含的信息

我现在翻开这本书，大家注意观察范黎渊用数字技术绘制的封面插图的所有细节。把自己的所见所想与同学分享。问问同学的所见所想。大家认为封面描绘的场景是在什么地点？【厨房。】你判断所依据的线索是什么？

带着问题阅读：我迫不及待要和大家分享《下一个春天》。书中有太多内容值得讨论学习。我们一边欣赏文字和插画，一边思考这个故事发生的时间，并且试着去理解作者的写作目的。

阅读中

- 内文：进入室内。你记得或听说过有哪个时期人们被迫居家隔离吗？【听听孩子的回忆。】书中内容发生在新冠病毒肆虐的2020年。我们继续往下读，看看作者向我们展示了这个时期的什么内容。
- 内文：嗯，几乎是所有人。你在这张插画中看到了哪些人？【医护人员、消防队员、环卫工人、邮递员、快递员、杂货店员工。】这些都是必不可少的工作者，他们在疫情期间勇敢无畏地坚守在各自的岗位。

- 内文：户外既有真实的栅栏，也有想象的栅栏。这页有太多需要我们观察和思考的内容，你有什么发现？有什么疑问？【围绕孩子的观察和问题展开讨论。】
- 内文：我们在室内等候着……我们在这页再次停顿一下。你有什么发现？有什么疑问？【围绕孩子的观察和问题展开讨论。】
- 内文：回到室内，我们都成了一个样子。花一分钟时间安静地思考一下这页的含义。

重要词汇和便于孩子理解的定义：

- 孤独：独处时的悲伤感受
- 假装：不真实地装扮成别的样子
- 平平无奇：普通、平常

阅读后

- 故事结局让你有什么感受？【快乐，充满希望。】你认为作者是刻意这样写的吗？
- 你认为作者写这本书的目的是什么？她想让我们记住这段历史时期的哪些方面？请把这个句子补全：范黎渊写《下一个春天》是为了帮助我理解 ______________________。

拓展练习

- 时间胶囊：范黎渊在作者注释中将这本书称为一颗封存了当下记忆的“时间胶囊”。“时间胶囊”既可以塞入实物，也可以像这本书一样，填入回忆中的画面。用“时间胶囊”练习纸，将你在某一年的相关回忆画出来。

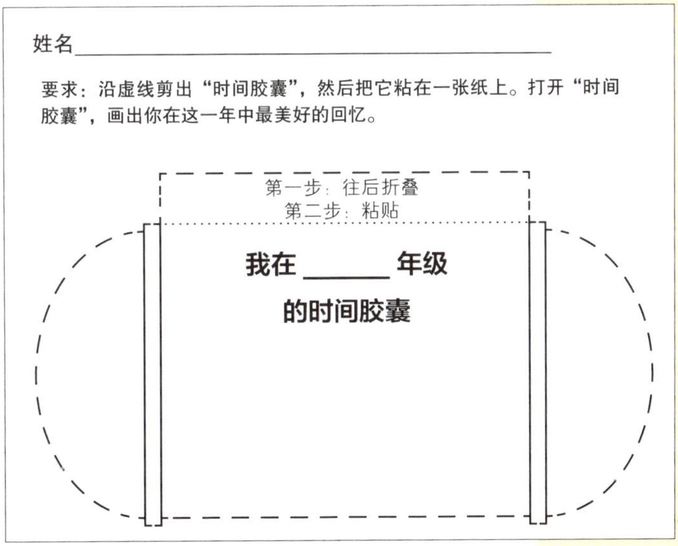
姓名
要求：沿虚线剪出“时间胶囊”，然后把它粘在一张纸上。打开“时间胶囊”，画出你在这一年中最美好的回忆。
第一步：往后折叠
第二步：粘贴
我在 ______ 年级
的时间胶囊

“时间胶囊”练习纸

认识写作者 探究作者：范黎渊（LeUyen Pham）
你知道吗？ • 她出生在越南。她和家人在战争中逃离了越南。 • 她曾担任梦工厂动画电影的布局设计师。 • 她养了一只名叫沙丁的猫和一只名叫金橘的壁虎。
作者其他作品： •《熊来了》（*Bear Came Along*，2019） •《隐藏的熊》（*The Bear Who Wasn't There*，2016） •《雀斑脸草莓》（*Freckleface Strawberry*，2007） •《格蕾丝去华盛顿》（*Grace Goes to Washington*，2019） •《黑衣公主》（*The Princess in Black*，2014）【系列作品】 •《爱是力量》（*Love Is Powerful*，2020）

延伸阅读

● **《团结之被》**（*The All-Together Quilt*，Rockwell，2020）

内容简介：2008年以来，作者丽兹·洛克威尔（Lizzy Rockwell）一直与一个名为“织出和平”的组织一道为社区织被子，这本书记录了这个温馨的故事。故事向读者展示了不同年龄段的织被人，也让读者近距离看到了被子的设计和缝制过程。这本书的附加材料中提供了更多“织出和平”组织的介绍以及织被子的相关知识。

● **《让城市继续运转》**（*Keeping the City Going*，Floca，2021）

内容简介：2020年的春天，布莱恩·弗洛卡（Brian Floca）画出了在纽约安静的街道上行驶的车辆。他将画作汇集成册，于是有了这本旨在感谢维护城市卫生和安全的重要工作人员的作品集。这些人“在大街上开着形形色色的交通工具、赶赴各式各样的目的地”。（详见作者注释。）

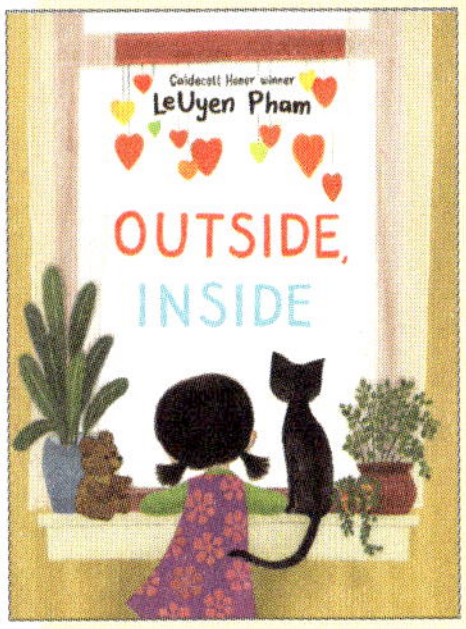

共读活动1——推敲文字：复合词

阅读前

背景铺垫：复合词是指将两个单独的单词合在一起形成的新词。有时候这个复合词会产生全新的含义，而有时候你可以根据两个原来的短词推敲出复合词的词义。我们听一听这本书中的复合词，并用拍手法练习复合词的构成。

阅读中

解读关键页

我先示范

内文：所有在户外的人……这个单词是由 out（外）和 side（面）复合而成。我先把左手举起来，说 out（外），再把右手举起来说 side（面），然后两手相拍，把两词合并为 outside（户外）。

我们一起

内文：每个人。这页中的两个词都是复合词。大家准备，读出每个单词的构成短词，然后两手相拍，把两个短词合并成一个词。

该你了

内文：嗯，几乎是所有人。这里又有一个复合词。大家展示一下如何用拍手法练习 everyone（所有人）。【继续用拍手法练习复合词的构成。如果你想让学生用拍手法练习更多的复合词，这里有一些与本书中词尾相同的单词供你练习。】

以 side 结尾的复合词：

hillside（山边）fireside（炉边）poolside（游泳池边）seaside（海边）bedside（床边）beside（旁边）

以 where 结尾的复合词：

elsewhere（别处）somewhere（某处）anywhere（无论何处）nowhere（无处）

阅读后

引导独立阅读

现在我们复习一下，用拍手法练习这本书中所有的复合词，同时思考它们的意思。两词复合之后产生了全新的含义吗？我们能不能只用复合词中的两个短词便能推断出词义呢？

something（某物）	everybody（所有人）	outside（户外）
inside（室内）	everyone（所有人）	everywhere（到处）
birthdays（生日）	without（没有）	

共读活动2——探究作者的写作技巧：跷跷板结构

阅读前

背景铺垫：我们第一次读这本书时，把重点放在了理解词义上。这一次，我想让大家思考作者是如何布局文字的，看看是否能从中找出规律来。

阅读中

解读关键页

我先示范

内文：*所有在户外的人……*看到这页的单词 outside（户外）和下页的单词 inside（室内）时，我注意到作者用了某些方式凸显它们：首先，它们所有的字母都是大写；其次，单词 outside（户外）用了蓝色字体，单词 inside（室内）用了红色字体。我很好奇作者为什么这么设计？

我们一起

内文：*户外，天空寂静无声。*观察这页的单词 outside（户外）和下页的单词 inside（室内），你有什么发现？当相同的几个词以相同的顺序出现时，我们可以认为作者遵循了一定的规律。我们给这里的规律取了一个特殊的名字——跷跷板结构，因为单词交替出现：outside(户外)，inside（室内）,outside（户外）,inside（室内）。【*精读时留意跷跷板结构。*】

该你了

内文：*室内……*等等！这个拉页中的用词规律发生了变化。你认为作者为什么改变了原有的规律？和同学讨论一下。

阅读后

引导独立阅读

找出规律可以帮你预测后文的内容。我敢打赌，你能在自己读过的许多书中找到类似规律。

创新写作：“户外”和“室内”是反义词。你还知道其他的反义词吗？【*给孩子列出一组反义词，如快乐——悲伤、夜晚——白天、上——下、大——小。*】思考一下能不能将一对反义词和跷跷板结构用于自己的写作。

我最爱的知识类作品资源

“喂，爸爸，你打断我的思路了！
今天该我讲故事了。
让我讲完好不好？”

——《炖章鱼》
（*Octopus Stew*）
埃里克 · 维拉斯奎兹（Eric Velasquez）著 / 绘

激发孩子的写作潜能

4

分享我们的故事

我仍然记得第一次读《炖章鱼》(*Octopus Stew*)时的场景：在意识到自己选取了过多的以女孩为主角的作品后，我开始疯狂搜寻以男孩为主角的书。丈夫听厌了我的抱怨，于是开始和我一起搜寻。谢天谢地，他找到了《炖章鱼》。我不会在这剧透这个故事的任何内容，但可以告诉大家我把这本书推荐给了很多人。为学生的写作寻找范文是一场持续不断的探索，我对于这个过程极为慎重。为什么？因为我深信写作能给予人力量，对于这些年幼的孩子尤为如此。他们就像《炖章鱼》中的拉姆齐一样，既能讲出自己的故事，又能用文字创造自己的世界。你可以将本章所列的书作为参考范文，和孩子一起探索写作者在如下方面的创作特色：

- 收集灵感
- 讲故事
- 巧用文本结构
- 尝试一种文本结构
- 搜集词汇
- 创作诗歌

把孩子们聚在一起，用某个引人入胜的范文作为原料，接下来用它做一份美味的“炖文字”。加入满满“一勺”的对话，给予小作家们充足的时间去细炖慢煨。帮他们加入“香料”提味，并提供必要的支持和帮助。仔细看好锅，因为锅里的故事很快会沸腾冒泡。(顺便说一句，你也可以直接跳到《炖章鱼》的精读部分！)

精读书单

书名	共读活动1	共读活动2
《罐中的美好》（*In a Jar*，Marcero，2020）	琢磨标点符号：并列事物中的顿号	探究作者的写作技巧：加快时间流逝
《十件美好的事物》（*Ten Beautiful Things*，Griffin，2021）	关注高频词：数字单词归类	精读提升流利度：强调斜体字
《日出之夏》（*Sunrise Summer*，Swanson，2020）	精读促进理解：通过阅读附加材料加深理解	探究作者的写作技巧：对比
《炖章鱼》（*Octopus Stew*，Velasquez，2019）	推敲文字：拟声词	探究作者的写作技巧：人物对话中的精准用词
《绿意盎然的新一天》（*A New Green Day*，Portis，2020）	琢磨标点符号：引号	精读提升流利度：轮换朗读
《我想坐拍拍车》（*I Want to Ride the Tap Tap*，Joseph，2020）	匹配字母与发音：-ap 和 -op 词族	精读促进理解：注意人物的反应
《寻鸟指南》（*How to Find a Bird*，Ward，2020）	关注高频词：寻找单词	精读促进理解：查看标注
《吃掉苍蝇的十三种方式》（*13 Ways to Eat a Fly*，Heavenrich，2021）	匹配字母与发音：-ed 词尾	探究作者的写作技巧：创意十足的附加材料
《你好，雨！》（*Hello，Rain!*，Maclear，2021）	推敲文字：拟声词	探究作者的写作技巧：运用修辞表达
《雨林里，枝叶间》（*Over and Under the Rainforest*，Messner，2020b）	推敲文字：表示方位的词	精读促进理解：通过阅读附加材料学习更多知识
《写！写！写！》（*Write! Write! Write!*，VanDerwater，2020）	精读提升流利度：读者剧场	探究作者的写作技巧：清单诗
《最后一根吸管：孩子与塑料》（*The Last Straw：Kids vs. Plastics*，Hood，2021）	精读提升流利度：读者剧场	探究作者的写作技巧：象形诗或形状诗

我最爱的用于启发写作的资源

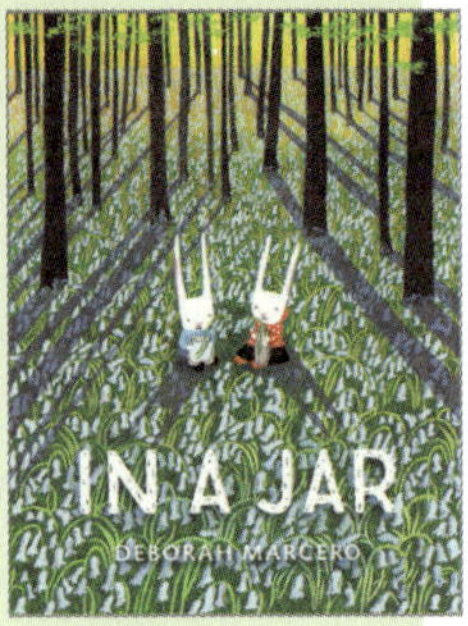

《罐中的美好》（*In a Jar*，Marcero，2020）

朗读活动：描写回忆

内容简介：卢埃林和伊芙琳收集一切想象中的事物。他们把一年四季难忘的时刻收集到罐子中。当伊芙琳告诉卢埃林她要搬走时，卢埃林的罐子变得空荡荡的。幸运的是，这两位收藏家找到了一种跨越距离分享新体验的方法。

寻找类似书时需要留意以下几点：

- 书中有鼓励读者收集灵感或记忆的情节；
- 书中有在户外找到灵感的人物。

学习目标：

- 我能注意到人物是如何收集记忆的。
- 我能反思我自己的记忆。
- 我能在写作时融入自己的记忆。

有助于孩子加深理解的提示语

阅读前

留意正文以外的部分蕴含的信息

你是否曾经把找到的东西放到罐子里？【听听几个孩子的回答。】封面上两只小兔子的罐子里装着什么？【如果你有精装版，可以给孩子展示一下书壳，尽情浏览那些精美的罐子。】

带着问题阅读：我们将从写作角度出发，读一读《罐中的美好》，看看我们能从这个故事中学到什么，并将其运用在写作中。我迫不及待地想知道两只小兔子的罐子里还装了什么别的东西。

阅读中

- 内文：当他拿起罐子向里面窥视时……卢埃林向罐子里面窥视时，发生了什么？【他回忆起了自己曾经见过的和做过的事物。】你认为卢埃林能把罐子里的事物写出来吗？
- 内文：卢埃林把鲜红色的晚霞收集到了罐子中。和身边的朋友聊一聊卢埃林这一次又往罐子里存了什么东西。你的答案是什么？你真的能把晚霞放进罐子里吗？
- 内文：久而久之，卢埃林家的墙壁上摆满了他们收集的罐子。这是我最爱的其中一页！我会把这本书留在教室的图书角，以便你慢慢欣赏小兔子们罐子中的收藏品。注意看卢埃林和伊芙琳在做什么？【画画。】我在想他们是不是在画封藏在罐子里的某段记忆。

你觉得呢？

- 内文：*伊芙琳离开后，卢埃林的心就像罐子一样空荡荡的。*这页与其他页有很大的区别。你注意到了什么？现在你又有什么感受？
- 内文：*第二天，他准备了一个邮包。*你还可以用什么方式与朋友分享一段经历或记忆？

阅读后

- 故事的开头说卢埃林是一位收藏家。他收集了什么东西？你是收藏家吗？你收集什么东西？给同学讲讲你的收藏品，也问问其他人收集什么。
- 收集灵感和记忆对你的写作有什么帮助？

拓展练习

- 把你自己独一无二的罐子的轮廓画出来。在这个轮廓里画出你的灵感或记忆，做上标注，供日后写作时参考。
- 认真观察！探究岩石：【做这个拓展练习之前，收集一些岩石和相关知识介绍。】卢埃林和伊芙琳是收藏家。生活中，人们也会收集各式各样的物品。我在观察中心放了一些收集来的岩石和相关知识介绍。大家研究岩石时，可以做一做下列活动。
    - 仔细观察：用放大镜观察岩石。你有什么发现？画出岩石的示意图。
    - 对比分类：挑选一些岩石。在纸上或白板上写出分类标准，然后按照标准把岩石进行分类。和朋友聊聊这些岩石的特征和形成这些特点的原因。
    - 鉴定类别：你最喜欢哪种岩石？为什么？它的学名是什么？查找书籍或上网搜索，鉴定它的类别。

观察中心：岩石

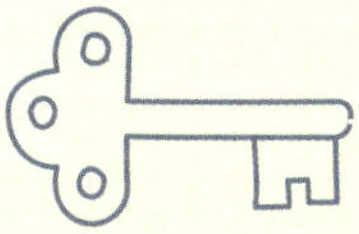

重要词汇和便于孩子理解的定义：

- 平常事：经常看到或做的事物
- 凝视：仔细观察
- 冒险：不顾危险，勇敢地前进

延伸阅读

● 《夜晚之行》（*The Night Walk*，Dorléans，2020）

内容简介：午夜时分，爸爸妈妈把两个孩子叫醒，踏上了一段夜晚之旅。在跋涉途中，各处光源投来的暖光点缀着靛蓝的夜空。当一家人即将攀登到山顶时，“新一天的曙光”为他们带来了最好的奖赏。讨论一下两个孩子的这场夜间之旅以及途中的种种经历是如何转化为作者的写作灵感的。这本书也可以用作科学课上学习光源的绝佳材料。

● 《好奇之旅》（*Wonder Walkers*，Archer，2021）

内容简介：在这本书的开头，一个孩子问:“要不要来一场好奇之旅？”另一个孩子回答说:“当然。”于是这对满怀好奇的朋友穿过田野和森林，一路提出了各种各样的关于自然的问题。给孩子读读这本书，激发他的好奇心和写作灵感，然后带孩子也来场好奇之旅吧。

共读活动1——琢磨标点符号：并列事物中的顿号[①]

阅读前

背景铺垫：今天我们要搜寻和学习书中的顿号。顿号看起来像一个短尾巴。让我们一起探究这本书中的顿号，看看能学到什么。

阅读中

解读关键页

我先示范

内文：*他收集小巧平常的物品……*这儿有一份清单，列出了卢埃林所有的收藏品。我注意到每件物品后面都有一个顿号。顿号是停顿的标志。大家听听读出来是什么感觉。【再读一遍这一页。】作者使用顿号将并列的三个或更多的事物分开。

我们一起

内文：*自那以后，卢埃林和伊芙琳开始一块收集物品。*这页中列出了一系列难以捕捉的自然现象。你在每个现象名称之后注意到了什么？【有顿号。】大家用我们刚学到的顿号知识重读这个清单。

该你了

内文：*伊芙琳知道该怎么做。*这是另一份清单，展示了伊芙琳在城市中收集的物品。我先读，然后大家跟着我读。注意伊芙琳收集的每件物品名称后面的顿号。

阅读后

引导独立阅读

你学到了哪些顿号的用法？【听听孩子的答案，并给出点评。】作者会在清单中的各项事物之间加上顿号，这种用法被称为“并列事物中的顿号”。我想以后阅读时，你会开始注意清单中各种事物之间的顿号。记住，顿号是提醒你在阅读时暂停的标志。以后你在写清单时，也可以在每项事物之间加一个顿号，提醒你的读者在此停顿。

---

① 在英文中并列事物中间用逗号“,”分隔。——编者注

共读活动2——探究作者的写作技巧：加快时间流逝

阅读前

背景铺垫：这次我们精读的目的是注意故事中时间的流逝。大家看看能从作者黛博拉 · 马塞罗（Deborah Marcero）那里学到哪些能够在自己写故事时借鉴的技巧。

阅读中

解读关键页

我先示范

内文：*卢埃林是一位收藏家。*通过观察这页内容，我发现故事始于秋天。我推断的依据是卢埃林收集了五颜六色的树叶。

我们一起

内文：*他们收集冬天的奇观……*现在是哪个季节？【重读下面两页。讨论作者加快时间流逝的方法，即在每一页分别描绘一个季节：春、夏、秋、冬。】

该你了

内文：*于是，当秋天金黄的叶子再次落下时……*故事中的时间跨度是多长？【一年。】你感觉有一年的长度吗？为什么？把你学到的内容与同学聊一聊。

阅读后

引导独立阅读

有时作者会在故事的中途加快时间流逝。在这个故事中，作者在每页分别描绘一个季节，这样就可以让故事既在秋天开始又在秋天收尾。这种写作技巧是为了推动故事发展、吸引读者的兴趣，同时涵盖所有重要内容。你也可以在写故事时尝试这个技巧。

创新写作：讲出、写出或画出你最美好的一段记忆。回想当时的场景，你看到、听到、尝到、摸到或闻到了什么？那段记忆给你带来什么感受？

《十件美好的事物》（*Ten Beautiful Things*，Griffin，2021）

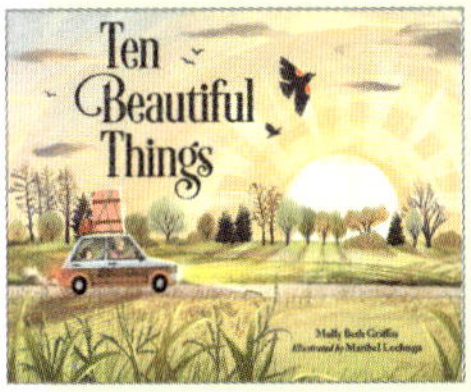

朗读活动：描写观察到的事物

内容简介：莉莉遭遇了生活中的巨变——与奶奶一起踏上搬往新家的行程。前往艾奥瓦州的途中，奶奶鼓励莉莉寻找十件美好的事物。尽管一开始莉莉半信半疑，但她渐渐爱上了这个游戏，并且在得知自己以后将要和奶奶一起生活时感到释怀。

寻找类似书时需要留意以下几点：

- 书中有鼓励读者收集灵感或记忆的情节；
- 书中涉及多代人的故事。

学习目标：

- 我能注意到人们的灵感从何而来。
- 我能想出找到灵感的地方。
- 我能将灵感运用到自己的写作中。

有助于孩子加深理解的提示语

阅读前

留意正文以外的部分蕴含的信息

绘者玛丽贝尔·莱丘加（Maribel Lechuga）将数字工具和其他艺术工具相结合，画出了大家在这个封面上看到的景色。慢慢欣赏插画，然后告诉同学你的发现。你在封面上看到了哪些美丽的事物？

带着问题阅读：你可以从《十件美好的事物》这个书名中推断出我们将在书中读到十件美好的事物。同时，书名也暗示了书中要上演什么故事，所以我们阅读这本书时必须细心观察、积极思考，才能一探究竟。我们系上安全带，跟着莉莉和奶奶一起去兜风吧！

阅读中

- 扉页：跟同学讨论你注意到的内容和你的思考。你猜这个女孩要去哪里？
- 内文：*莉莉用手指在艾奥瓦州地图上划过。*好了，小读者们，这页中有一些重要的线索。我们现在知道了莉莉的目的地和与她同去的人。你认为她为什么要搬到新家去？【讨论一下孩子和爷爷奶奶一起生活的原因可能有哪些。】
- 内文：*路边栅栏的柱子急速后退。*你能推断出这页中莉莉的感受吗？你认为奶奶为什么要让她寻找十件美好的事物呢？
- 内文：*后来，奶奶打了转向灯，把车驶到一条小路上。*你认为书

重要词汇和便于孩子理解的定义：

- 怨言：因为不满而说的话
- 空洞：内部的空虚
- 闪光：发亮、放光

中这句“但食物并不能填补她心中的空洞”是什么意思？“空洞”是指内部的空虚。

- 内文：在休息区，莉莉从车里蹦了出来……奶奶和莉莉用眼睛和耳朵发现了美好的事物。她们现在用的是什么感官？你认为莉莉的感受是否发生了变化？你是依据这页的哪些线索推断的？
- 内文：“不，是十件。很容易。”莉莉从这场和奶奶的自驾之旅中学到了什么？

阅读后

- 本书的重点并不仅仅是那十件美好的事物，对此你是否赞同？为什么？这个故事让你有什么思考？有什么感想？
- 如果让你从这个故事里十件美好的事物中选择一件进行描述，你会选哪件？为什么？

拓展练习

- 奶奶用“寻找十件美好的事物”这个游戏把莉莉的注意力从悲伤的心事转移到周围世界上来。我们可以将这个点子用另外的方式练习一下。把一张纸折成四部分，在每个矩形部分上画出你心中美好的事物，并做上标注。然后，从这些事物中选择一个进行详细描述。
- 认真观察！地理：【做这个拓展练习之前，准备好下列物品：儿童版地图集、分类地图、地球仪、可以访问线上地图的设备、其他地理相关的书籍或资源。】在故事的开头，莉莉查看艾奥瓦州地图，寻找她们的目的地。地图是地球表面的图像，向我们展示地理位置。我收集了一些不同种类的地图。选一个你想去的地方，在地图、地球仪或在线地图上找到它。用手指沿着从你家的位置到那个地方的路线走一趟。那个地方远不远？你可以使用什么交通方式到达那里？沿途你会发现什么美好的事物？

延伸阅读

- **《中间的事物》**（*In-Between Things*，Tey，2018）

内容简介：普丽西拉·泰伊（Priscilla Tey）的这部处女作用押韵的文字和引人入胜的插画探讨了两人地点之间的事物，既有真实的也有想象的。我们可以围绕这本独特的书中那些位于中间地带的物体、动物等进行讨论和写作。

● **《听雪的十种方式》**（*Ten Ways to Hear Snow*，Camper，2020）

内容简介：暴风雪后的早晨，也是制作黎巴嫩葡萄叶卷[①]的日子。莉娜迫不及待地去奶奶家，帮她做饭、给她讲外面的雪景。意识到奶奶的视力越来越弱，莉娜在路上时倾耳细听雪的不同声音。

① 葡萄叶卷（warak enab）：黎巴嫩人用葡萄叶卷肉、菜、米制作而成的一种食物。——编者注

共读活动1——关注高频词：数字单词归类

阅读前

背景铺垫：我们读的许多书中都会出现数字单词。今天我们找出这本书中的数字单词，根据字母与发音是否匹配对它们进行分类。【教给孩子如何将白板或纸张设计成对照表的样式。】

阅读中

解读关键页

我先示范

内文：莉莉倒抽一口气。我在精读时看到了数字单词 one（一）。这个词不简单，因为它的拼法是 o-n-e，但发音却是 /w/-/un/。它的字母和发音并不匹配，所以我要把它写在对比表中的“不匹配”一侧。

我们一起

内文：莉莉感到心中又涌起一阵埋怨……我们一起再读一遍这一页。你发现数字单词了吗？没错！是数字 two（二）。这个单词同样不简单，因为它的拼法是 t-w-o，但发音却是 /t/-/u:/。它的拼写字母和发音也不匹配，所以我们一起把它写在对照表中的“不匹配”一侧。

该你了

我们继续往下读，同时寻找数字单词，并添加到对照表中。【注意这本书中没有数字 five（五）。】

阅读后

引导独立阅读

有些数字单词的字母与发音相互匹配，所以大家可以运用自然拼读规则解析并拼出这些单词。但也有一些数字单词的字母和发音并不完全匹配，这时就需要你记住正确的发音，在阅读中记住它们的样子，在写的时候记住它们的拼写方式。

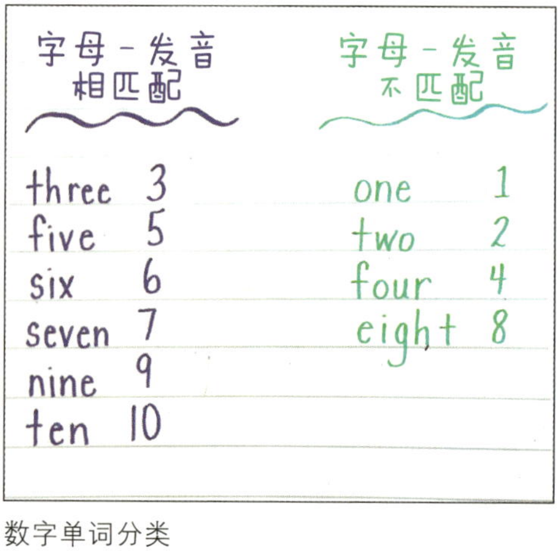

字母-发音 相匹配
three 3
five 5
six 6
seven 7
nine 9
ten 10
字母-发音 不匹配
one 1
two 2
four 4
eight 8

数字单词分类

共读活动2——精读提升流利度：强调斜体字

阅读前

背景铺垫：使用斜体字是作者为了突出某个词的重要性而采用的一种特殊样式。斜体字看起来好像往一边倾斜。斜体字意味着读者读到它们时要用强调的语气。

阅读中

解读关键页

我先示范

内文：我们并不是要找表面漂亮的东西。我在阅读的过程中会注意斜体字，比如当我看到斜体的“美丽”时，我知道我需要用强调的语气读它。这里的意思是奶奶告诉莉莉美好的事物不一定是表面漂亮的。我重读一遍这页内容，大家听听是什么感觉。

我们一起

内文：过了很长时间，她们就快要到达目的地了。我们重读这页之前，大家仔细观察，看看能否找出斜体字。我们一起读，并重点强调这些字。你认为作者为什么将“快要”变成了斜体?

该你了

内文：奶奶说：“我们就是第十个[①]”。这页中有两个斜体词。大家跟着我一起读每个句子，我会按照正常的语气去读，而你们跟读时遇到斜体字要加重语气。

阅读后

引导独立阅读

如果大家在阅读时看到了斜体字，思考一下它们在句子中的意思，并加重语气来读。因为斜体字手写起来并不容易，所以如果你想在写作中强调某些单词，可以在单词下方标出下划线。

创新写作：这本书中，莉莉和奶奶沿途发现了十件美好的事物。大家可以再想一个新的清单，补全这个句子：十件 ________ 事物。【与孩子一起头脑风暴，把可能的点子都列出来。下面这些仅供参考：十件学校的事物、十件冰冷的事物、十件热的事物、十件有趣的事物、十件毛茸茸的事物、十件绿色的事物等。】

① 原书第十件美好的事物就是奶奶和孙女。

学习目标：

- 我能注意到作者是如何在故事中加入有趣细节的。
- 我能将所学内容用于写作自己的真实故事。

《日出之夏》（*Sunrise Summer*，Swanson，2020）

朗读活动：讲述真实的故事

内容简介：每年夏天和家人一起去美国阿拉斯加偏远地区捕鲑鱼是什么样的体验？这正是绘者罗比·贝尔（Robbi Behr）的童年经历。如今，罗比·贝尔与丈夫马修（Matthew，本书作者）以及家人在美国阿拉斯加的咖啡角消夏，并在那里经营着捕鲑鱼的生意。《日出之夏》以他们女儿的视角讲述了第一次下海捕鱼的经历。这本书有四页的附加材料，向读者介绍了故事的真实背景。

寻找类似书时需要留意以下几点：

- 书中有第一人称视角叙述的故事；
- 书中讲述了真实的故事。

有助于孩子加深理解的提示语

阅读前

留意正文以外的部分蕴含的信息

- 封面上的人物在做什么？你喜欢做这样的事吗？
- 绘者罗比·贝尔使用钢笔、墨水和树胶水彩创作。树胶水彩是一种像水粉一样不透明的颜料。她还用数字拼贴技术制作了背景图。我认为她的插画很漂亮。大家同意吗？【如果你有精装版，那么留意护封和书壳在设计上有什么不同。】

带着问题阅读：我们将从写作角度出发来阅读《日出之夏》，注意作者和绘者为了增加故事的趣味性而添加的细节。

阅读中

- 内文：又到了夏天，一年中我最爱的季节。你猜这个故事是以谁的视角讲述的？故事发生在一年中的哪个季节？
- 内文：我们的旅程有两天之久，需要乘坐四趟航班，全程约6500千米。写故事时明确故事的时间、地点和背景对读者很有帮助。这家人要去哪里？【为了帮助孩子更好地想象故事的发生地，可以在地图或地球仪上找到美国阿拉斯加州，展示给孩子看。】
- 内文：去年夏天，我采摘浆果、搭建堡垒……现在我们知道了她的夏天计划。你想不想加入捕鱼队?

- 内文：它们到达之前，我们一直忙碌不堪。观察插图中女孩的脸，你能推断出她此时的感受吗?
- 内文：我们一直警惕灰熊的出现……我的天！和同学聊聊这页的故事情节。
- 内文：它们又重又滑……你留意到美国阿拉斯加州和你的家乡有哪些不同吗?

阅读后

- 故事的哪些情节让你印象深刻？你记住了哪些细节?
- 你和家人愿不愿意去阿拉斯加的咖啡角避暑？为什么?

拓展练习

- 书中的一家人去阿拉斯加消夏。你喜欢在夏天做什么？把你的答案画出来，并做上标注，或者录成视频。
- 如果让你写一个故事，记录某件让你难忘的事，你会写什么?

延伸阅读

● **《露营之旅》**(*The Camping Trip*，Mann，2020)

内容简介：欧内斯廷买了新的睡袋，在旅行包中塞满生活用品，还和爸爸准备了一些干果。她已经准备好与姑妈杰姬、表妹萨曼莎一起踏上自己的第一次露营之旅。到了营地后，欧内斯廷很快意识到露营远比想象中困难。不过最终她体会到了户外隐藏的乐趣。和《日出之夏》一样，这本书的作者也对比了露营生活与城市生活。故事以分格式插画呈现，并以第一人称视角讲述，且全文穿插着对话气泡。

● **《法蒂玛的精彩户外之旅》**(*Fatima's Great Outdoors*，Tariq，2021)

内容简介：卡兹一家计划着第一次举家露营之旅。在学校度过了漫长而煎熬的一周后，法蒂玛整装待发。到了营地后，她学习搭帐篷和生火。她在露营中挖掘出了自己的“超能力”，随之而来的成就感和自豪感也一直伴随她回到学校。这本书的故事是基于作者阿布瑞恩·塔里克（Ambreen Tariq）作为印度移民成长中的童年经历和家庭露营的经历而创作的。

重要词汇和便于孩子理解的定义：

- 全体成员：一群一起参与活动的人
- 取回：去拿东西并带回来
- 修复：维修，让事物恢复原来的样子

共读活动1——精读促进理解：通过阅读附加材料加深理解

阅读前

背景铺垫：这个故事是作者基于真实事件创作的。阅读过程中，我们可以想象在阿拉斯加捕鱼消夏的感觉。作者和绘者在书末提供了附加材料，介绍了这个故事的幕后轶事。我们一起阅读附加材料，并且思考如何通过添加一些幕后故事让书的内容变得更加充实。

阅读中

解读关键页

我先示范

内文：*你好，我是罗比。*【阅读这页的前三段。】读到罗比打小就和家人常去咖啡角度假时，我觉得很有意思。再读到《日出之夏》是根据真实事件改编后，我更喜欢这本书了。我们从附加材料中了解了更多关于人物的真实生活。你也可以在自己作品的附加材料中加入这样的内容。

我们一起

内文：*我们的目的地是阿拉斯加的偏远地区。*【阅读下面三段，了解更多关于美国阿拉斯加州咖啡角的信息。】你对咖啡角的哪些信息感到惊讶？我们从这里知道了故事的发生地。你也可以在自己作品的附加材料中加入一张细节图，详细展示事件发生地。

该你了

【为了让全班同学都有机会学习附加材料中的内容，你可以朗读这部分，并录成音频或视频。然后，把录制内容放在孩子可以随时听随时学的地方。】我会把这本书留在教室图书角里，这样你就可以独自或和同学一起了解更多《日出之夏》的幕后故事。

阅读后

引导独立阅读

写作者在作品中加入附加材料，可以更为详细地表达思想，展现人物或地点，从而让故事更加丰富充实。花点时间学习附加材料可以加深你对故事的理解。回忆一下你从这本书的附加材料中学到了什么，并考虑在某个自创的故事结尾加一些附加材料。我们迫不及待地想看看你会加些什么内容。

共读活动2——探究作者的写作技巧：对比

阅读前

背景铺垫：作者运用对比向读者展示事物的相同和不同之处。对比可以揭示事物之间的联系，也可以帮助你更好地理解陌生的事物。我们将精读《日出之夏》其中几页，并学习对比技巧。

阅读中

解读关键页

我先示范

内文：*有些家庭度假前要打包泳衣和凉鞋。*作者马修通过对比海滩度假和阿拉斯加度假携带的日常用品，让我们更好地理解在海滩和在阿拉斯加度暑假的区别。

我们一起

内文：*有的海滩有木板人行道、救生员和细软的白沙。*作者在这页对比了什么内容？你更想去哪个海滩？

该你了

内文：*我的弟弟们在苔原上忙着追逐旅鼠……*这页中同样有对比。作者这次对比了什么内容？【*女孩和弟弟们的不同活动。*】和身边的同学聊一聊。你更喜欢哪项活动？

阅读后

引导独立阅读

这本书中用到的对比对你理解阿拉斯加的捕鱼场景起到了什么作用？你可以在写作中通过哪些方式使用对比，从而更好地解释某事？如果你发现了其他运用了对比的作品，可以把它们带到我们的分享活动来，大家一起探究作者的写作技巧。记住，你可以对比图片，也可以对比文字。如果你在自己的作品中使用了对比，可以分享给我们，这样我们也可以向你学习。

创新写作：在《日出之夏》中，小女孩讲述了她第一次加入捕鱼队的经历。你还记得你第一次学习某项技能时的场景吗？把那段特殊的经历写出或画出来。

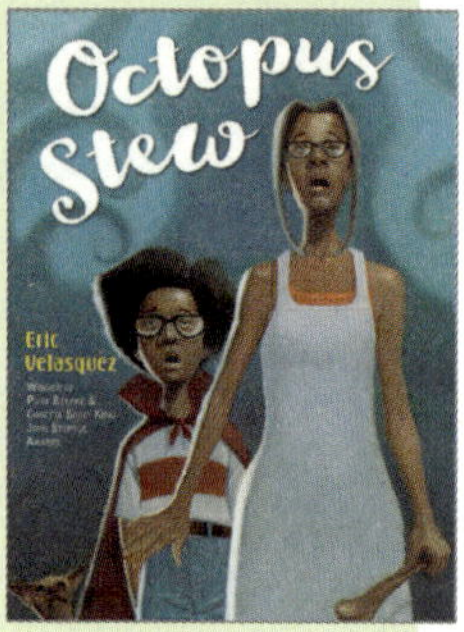

《炖章鱼》（*Octopus Stew*，Velasquez，2019）

朗读活动：讲述虚构的故事

内容简介：受到拉姆齐所画的“超级章鱼”的启发，奶奶决定做一顿炖章鱼。在商店购买食材时，拉姆齐的手机里收到了关于章鱼的警告。奶奶没有理睬拉姆齐和手机警告，依旧准备拿章鱼做饭，于是一场冒险拉开了序幕。故事的中间部分出现了令人惊讶的转折，读者发现原来这一切是拉姆齐给家人讲的一个夸张的故事，这里正好可以让你和孩子围绕故事叙述和写作之间的联系展开一些讨论。作者埃里克·维拉斯奎兹（Eric Velasquez）在书中还夹杂了他家人不太标准的西班牙语，并且为那些不懂西班牙语的读者提供了发音指导和释义。

学习目标：

- 我能注意到作者如何营造了故事的悬疑感。
- 我能将所学内容用于写作自己的虚构故事。

寻找类似书时需要留意以下几点：

- 书中有第一人称视角叙述的故事；
- 书中有分享虚构故事的人物。

有助于孩子加深理解的提示语

阅读前

留意正文以外的部分蕴含的信息

你看到封面人物的表情了吗？你认为发生了什么？【听听孩子的想法和猜测。】仔细观察，作者的油画插画非常逼真，看起来就像照片一样。观察插画的背景，你有什么发现？【章鱼触手的影子。】

带着问题阅读：我们一起欣赏《炖章鱼》这本书的时候，请注意作者讲述故事的方式。大家想一想你可以从作者那里学到哪些能在自己的写作中借鉴的技巧？

阅读中

- 内文：我在商店里看到许多长相酷酷的鱼。是谁在讲述这个故事？【这个男孩。】你推断的依据是什么？记住，当作者使用“我”或“我的”之类的文字时，故事采用的是第一人称叙述视角。你同意小男孩对于章鱼的观点吗？你有什么想法或预测吗？
- 内文：我决定上网逛逛，手机上却跳出一条警示信息……和旁边的同学分享自己的观点。你猜测手机上的警示信息是什么？

- 内文：我做作业的时候，奶奶走过来坐在我旁边。你预测发生了什么？我们翻到下页一探究竟！
- 内文：爸爸打断了我。等一下！这并不是故事的一部分。大家谈一谈从这页学到了什么。

阅读后

- 分享你对《炖章鱼》故事结局的看法。
- 如果让你把这个故事讲给家人听，你会如何设计结局？

拓展练习

- 有时作者会给我们提供一些预测后文情节的线索。这种手法称为“埋伏笔”。伏笔为故事营造悬念感，激发读者继续往下读的欲望。【指出封面插画里章鱼触手的影子、手机上的警示信息以及故事中人物听到厨房传来的声音时的面部表情。】你有没有在你读过的书或看过的电视节目中注意到伏笔？
- 男孩给家人讲了一个虚构的故事。大家也构想一个包含开头、发展和结局的虚构故事，把这个故事讲出来或写出来。

延伸阅读

● **《纸王国》**（*The Paper Kingdom*，Ku Rhee，2020）

内容简介：昏昏欲睡的丹尼尔被迫跟着父母去上夜班。妈妈和爸爸打扫办公大楼时，为了让丹尼尔开心起来，为他编了一个纸王国的神奇故事。我们可以从作者注释中了解到这本书的灵感源于作者勤劳的父母。

● **《什么馅都有的比萨》**（*A Pizza With Everything on It*，Scheele，2021）

内容简介：比萨店主的儿子渴望得到一张包含一切馅料的比萨。父亲答应后，父子俩开始了一场奇幻的比萨冒险，体验了比萨黑洞和旋转的比萨旋涡。这个故事一定能激发读者的想象力！

重要词汇和便于孩子理解的定义：

- 害怕：感觉可能会有危险
- 高喊：大喊大叫
- 警示：麻烦或危险来临的信号或迹象

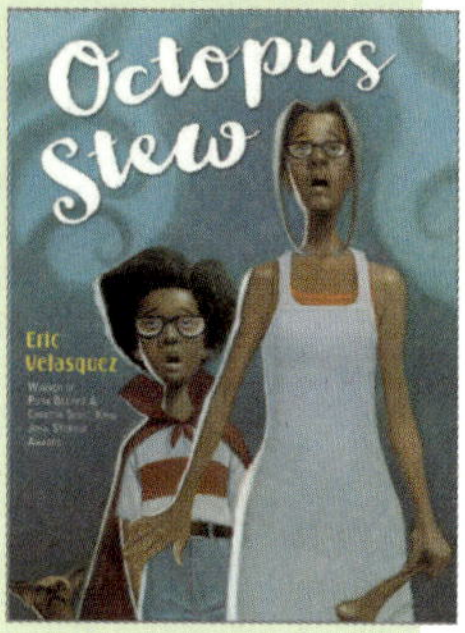

共读活动1——推敲文字：拟声词

阅读前

背景铺垫：拉姆齐和奶奶正是因为听到了那些拟声词（也称表音词），才警觉起来，并循声来到厨房中。在故事中加入拟声词可以帮助读者更好地想象声音。

阅读中

解读关键页

我先示范

内文：……*奶奶走过来坐在我旁边*。我注意到这页中的拟声词是重复出现的。你有没有听到这个声音的感觉？你认为作者为什么要重复使用拟声词？也许你也可以在写作中尝试这个技巧。

我们一起

内文：*声音越来越大*。我们再读一遍这页内容，听听其中的拟声词。你注意到了什么？【所有的单词都以字母B开头，并且重复出现。】

该你了

章鱼从锅里爬出的跨页。这儿的拟声词布满了整个跨页。它们是插画的一部分。现在轮到你读了。这些拟声词的位置和字体大小是否影响了你对词义的理解和朗读的方式？

阅读后

引导独立阅读

如果大家用心寻找，我打赌你会在很多书中发现拟声词。【让孩子把他最爱的拟声词记录在要点图或笔记本上。】如果你要在自己写作的故事中加入拟声词，可以尝试从作者那里学到的两个技巧：重复使用拟声词以及将拟声词融入插画中。

共读活动2——探究作者的写作技巧：人物对话中的精准用词

阅读前

背景铺垫：我们注意到这个故事是从拉姆齐的视角讲述的。为了让人物形象更加生动，作者引入了人物对话，即让人物开口说话。你也可以在自己写的故事中加入人物对话。我要告诉大家如何在写人物对话时精准选择词语，这样就能让读者知道如何用准确的语气读出来。

阅读中

解读关键页

我先示范

内文：*奶奶看到我的画时*……在这一页中，作者没有用“奶奶说”这个表达，而是用了“奶奶厉声斥责我”。“厉声斥责”是指用生气的语气对别人说话。我来读奶奶的话，大家仔细听。

我们一起

内文：*章鱼变得越来越大，一口气就吹掉了锅盖*。我们看看这页是如何精准描写人物对话的。【讨论这两个短语：“我警告说”和“奶奶高喊道”，思考这些表达为什么比“说”字更加生动。让孩子牢记这些词，再读一遍这页中的人物对话。】

该你了

内文：*我穿上超人的斗篷，大步跨入厨房*。在这一页中，拉姆齐“大吼”。你能想出别的词代替“大吼”吗？【让孩子进行头脑风暴，列出可能替换这个词的同义词。如果需要，可以给他们提供词典并教给他们查词的方法。“大吼”的近义词包括：“大喊”“大叫”“尖叫”“惊叫”等。】

阅读后

引导独立阅读

如果你想通过加入人物对话让人物形象更加生动，那么想一想该用什么样的词才能让读者用准确的语气读出来。

创新写作：故事开头，男孩正在画超级章鱼。创造你心中的超级英雄。把一张纸四等分，围绕你的超级英雄创作一部短篇漫画。

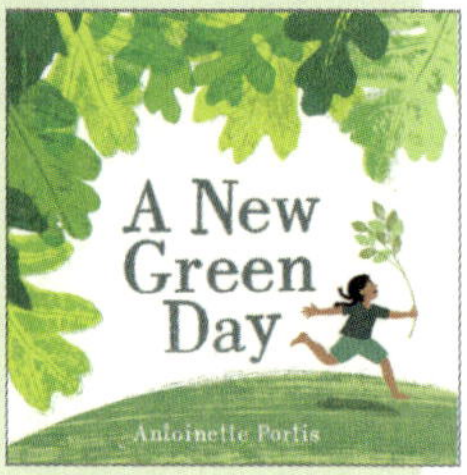

《绿意盎然的新一天》（*A New Green Day*，Portis，2020）

朗读活动：猜谜语

内容简介：本书以富有诗意的谜语引导读者猜测栖息的生物和种种自然现象。

寻找类似书时需要留意以下几点：

- 书中有可供孩子在个人写作中借鉴的文本结构；
- 书中描绘了自然界。

学习目标：

- 我能注意到书中的文本结构。
- 我能将所学结构运用到个人写作中。

有助于孩子加深理解的提示语

阅读前

留意正文以外的部分蕴含的信息

安东尼特·波第斯（Antoinette Portis）使用多种艺术工具为这本书创作了插画。为了增加树叶的逼真感，她使用了树叶印①和字母印章。也就是说，她并没有将字母打出来，而是将每个字母印章蘸上墨水，然后印在纸上。我想这个过程耗时又耗力。你觉得呢？

带着问题阅读：《绿意盎然的新一天》是一本别出心裁的书。我们阅读时，大家找一找其中特殊的结构或文本规律。做好准备，我们要猜谜语了！

阅读中

- 内文：“清晨将我洒在你的枕头上。”在翻到下页之前，大家运用这页中的线索试着推断一下是谁出的谜语。和同学讨论，看看能否揭开谜底。
- 内文：“我是我那绿色之家的地图。”你发现这本书的文本规律了吗？你能猜到这页中是谁出的谜语吗？
- 内文：“我是移动的高山。”这个谜语的谜底可能是什么？和身边的同学交流你的推断。
- 内文：“我迅速冲上山丘，同时也躺在你脚下。”这个谜语又是谁出的？什么东西会在你向它挥手的同时也向你挥手？

① 树叶印：用树叶蘸取颜料印在纸上。——编者注

阅读后

- 谈谈你对书中的文本结构的看法。你是否对这种谜语风格的结构感兴趣？
- 你认为作者为什么要写这本书？读完之后你学到了什么？

拓展练习

- 你也以某种生物或自然现象的视角创作一个大自然的谜语吧！从“我”这个视角讲出谜面。在纸的正面写出三条线索，在背面画出谜底。看看读者是否能猜出来。参考本书的“我的谜语”练习纸。
- 如果让你给这本书换个书名，你会换成什么？为什么？

延伸阅读

● 《土豚会叫吗？》（*Can an Aardvark Bark?*，Stewart，2017）

内容简介：读者可以通过这本问答结构式的作品了解动物使用声音进行交流的不同方式。做好心理准备，因为当你合上这本书后仿佛仍能听到此起彼伏的动物叫声：咕哝、咆哮、吼叫、嗥叫和尖叫。

● 《天空的狮子：四季的俳句》（*Lion of the Sky: Haiku for All Seasons*，Salas，2019）

内容简介：读者在阅读这本书中被作者劳拉·珀迪·萨拉斯（Laura Purdie Salas）称为“谜语俳句”的、以季节为主题的诗歌时需要全程猜谜。她在书末附加材料中简要解释了自己是如何创造出“谜语俳句”的，同时也鼓励孩子尝试创作自己的谜语。

姓名：________________

我的谜语

1. ________________

____

2. ________________

____

3. ________________

____

谜底是什么？

谜底是：⇨

“我的谜语”练习纸

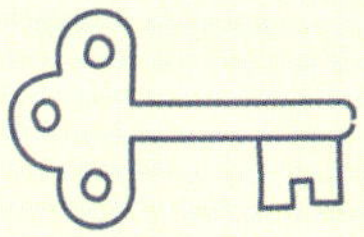

重要词汇和便于孩子理解的定义：

- 合唱：一群人一起唱歌或动物一起发出声音
- 隆隆声：长而低沉的声音
- 弹拨：通过弹拨弦乐器演奏乐曲

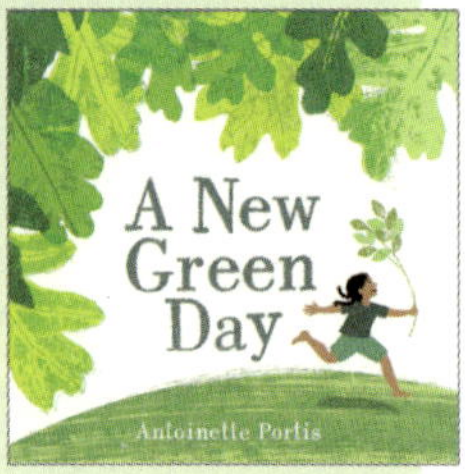

共读活动1——琢磨标点符号：引号

阅读前

背景铺垫：安东尼特·波第斯在创作这本书时使用了一种别出心裁的手法。她将线索融入到生物或自然现象的对话中。她通过使用引号向我们表明我们读到的是角色的原话。引号总是成对出现，分别放在一段对话的前后。

阅读中

解读关键页

我先示范

内文："我用闪亮透明的墨汁一路涂鸦。"我看到蜗牛所说的话前后都有引号。引号让我知道是蜗牛在说话（尽管蜗牛实际上并不会说话）。作者让动物或其他非人类的事物说话的手法被称为拟人。

我们一起

内文："我一边行走，一边测量。"用一个手指指向左引号。用另一个手指指向右引号。告诉朋友这页是谁在出谜语。【尺蠖。】

该你了

内文："我用明晃晃的獠牙划破天空。"这页开头和结尾的标点符号叫什么？它们的作用是什么？

阅读后

引导独立阅读

写作者使用引号表明人物在说话。引号把人物所说的话包在里面。如果你写的内容中某个人物说了话，看看是否能在他的话前后加上引号。

共读活动2——精读提升流利度：轮换朗读

阅读前

背景铺垫：这次我们要轮换朗读这本书。我先读引号中的谜语，大家接着读出是谁说的。想象说这些话的生物或自然现象，想象它们的口吻并用此口吻读出它们的名字。

阅读中

解读关键页

我先示范

内文："清晨将我洒在你的枕头上。"我先给大家示范一下轮换朗读。我先读这页引号中的谜语。现在轮到大家了。大家接着读出下页中揭示说话者身份的词。

我们一起

我们继续轮换朗读——我先读，然后大家接着读。

该你了

【如果时间足够、孩子兴趣不减，那么可以继续轮换朗读练习。轮换朗读可能会导致无法读完整本书。】

阅读后

引导独立阅读

和朋友、家人一起以轮换的方式朗读——即每个人轮换着各读一页——是一件颇有意思的事情。你可以用这个方式练习如何带着感情、流畅地朗读。大家也可以按照轮换的方式读自己写的作品。在朗读自己的作品时，你通常会发现需要完善或修改的文字和思想。

创新写作：这本书里提到四种动物：蜗牛、尺蠖、蝌蚪和蟋蟀。大家用我们教室里的材料做出其中一个动物。然后让同学猜一猜你做的是哪种动物。

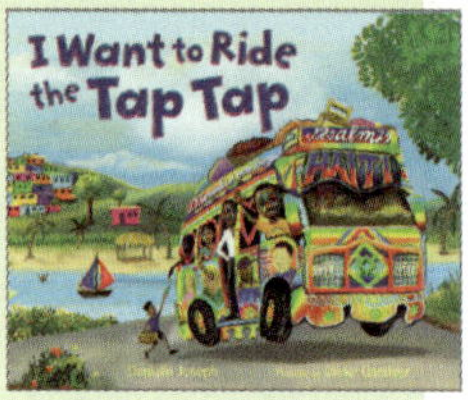

《我想坐拍拍车》（*I Want to Ride the Tap Tap*，Joseph，2020）

朗读活动：一周七天的顺序规律

内容简介：从星期一到星期五（海地克里奥尔语：从 Lendi 到 Vandredi），克劳德陪着父亲去拍拍车站。他一心想着和爸爸一起乘坐拍拍车，但他必须去上学。终于，星期日（海地克里奥尔语：Dimanch）到了，克劳德的父母带他去了海边，在那里他们见到了拍拍车站偶遇的每个人。因为书中穿插着海地克里奥耳语，读者必须推断词义，或者查阅书后的词汇表。

寻找类似书时需要留意以下几点：

- 书中有可供孩子在个人写作中借鉴的文本结构；
- 书中讲述了关于交通工具的故事。

学习目标：

- 我能注意到书中的文本结构。
- 我能将所学结构运用到个人写作中。

有助于孩子加深理解的提示语

阅读前

留意正文以外的部分蕴含的信息

大家观察这本书的彩色封面插画，注意故事发生的背景。这个故事发生在海地。【在地图或地球仪上找到海地。】海地有一种称为拍拍车的交通工具。它有点像优步车或来福车，但可以像校车一样大。乘客在想下车的地方拍拍车窗就可以下，这就是拍拍车名字的由来。

带着问题阅读：大家可以根据书名推断出故事中有人想坐拍拍车。我们阅读时要找出是谁想坐拍拍车，原因是什么，同时还要注意观察故事中的文本结构。找出规律可以帮你预测后文内容。

阅读中

- 内文：星期二，拍拍车从山上驶下来。我们可以看到第一页的故事发生在星期一，而这页的故事发生在星期二。你发现什么规律了吗？你能预测下一页的故事发生在星期几吗？
- 内文：星期五，一名男子敲打着钢鼓……大家正确找到了一周七天顺序的规律。你还注意到其他规律了吗？【每天，克劳德都会在车站遇见新的人。】你还记得克劳德遇见过哪些人吗？【芒果小贩、渔夫、织帽子的女士、画家。】明天是星期六。大家预测会发生什么？和旁边的同学分享一下。
- 内文：星期六，克劳德早早起来。这页中的克劳德是什么心情？

除了面部表情，你还可以借助其他哪些线索推断他的感受？
- 内文：**一阵叮叮当当声中，拍拍车停住了。**终于！克劳德如愿以偿地搭上了拍拍车。你认为他和家人要去哪里？把你的答案小声告诉身边的同学。
- 内文：**克劳德从拍拍车上急冲冲地下来，奔向海滩。**看！卖芒果的女士也在海滩上。想一想这个故事的规律。克劳德还可能在海滩上遇到谁？

阅读后

- 是谁想去坐拍拍车？大家找到答案了吗？【克劳德。】他为什么想坐？【让孩子们分享一下各自想法。】
- 有时候作者在书中运用了某种规律，就像这个故事一样。有人将它称为一本“可预测的书”。你赞同这个说法吗？规律确实有助于读者预测故事情节吗？为什么？

拓展练习

- 克劳德最终到达了海滩，在那里吃上了芒果、钓上了鱼、编了草帽、与艺术家一起作画，还随着鼓点起舞。你想参加哪项活动？和同伴合作，把你喜欢的活动用动作表演出来，看看对方能否猜出是哪项活动。然后互换角色。
- 你最喜欢一周中的哪一天？为什么？用写作、绘画或录制短视频的方式展示一下你的理由。

延伸阅读

● **《巴士上的兔子》**（*Bunnies on the Bus*，Ardagh，2019）

内容简介：在你朗读这本描写阳光小镇、细节丰富、欢快闹腾的书时，孩子也会跟着你反复念叨书中的叠句：“巴士上的兔子！巴士上的兔子！难怪巴士上的兔子会大惊小怪！”朗读环节结束后，再回去探究插画中的故事线。多多留意插画中在逃的蒙面强盗、一只准备赴约的熊和其他很多细节。

● **《老卡车》**（*The Old Truck*，Pumphrey，2020）【环形结构】

内容简介：这本采用了环形结构的书讲述了一个拥有一辆红色卡车的农场家庭的故事。卡车日益变老，农场主的女儿越长越大。多年后，女儿变成了农场主，重新改造了老卡车，让它再次运转起来。最后，她和自己的小女儿开着卡车干农活。

重要词汇和便于孩子理解的定义：

- 飞奔：快速奔跑
- 停住：停止
- 央求：请求或乞求

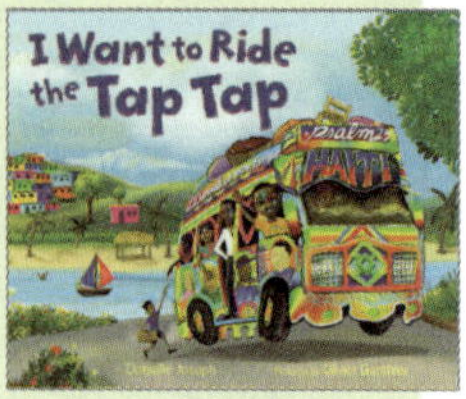

共读活动1——匹配字母与发音：-ap 和 -op 词族

阅读前

背景铺垫：单词小侦探们，做好准备，竖起耳朵，仔细听单词词尾发音，重点关注发音规律和词族。如果你能读出且拼出词族中的一个单词，那么便能读出且拼出词族中其他有相同发音规律的单词。

阅读中

解读关键页

我先示范

内文：*星期一早晨，克劳德和妈妈陪爸爸走到拍拍车站*。我注意到单词 tap（拍）和 stop（车站）都以字母 p 结尾，但它们的元音不同。tap（拍）和 stop（车站）属于不同的词族。现在我要把它们写在词族表上，这样你可以清楚看到单词结尾的拼写规律。读一读 tap（拍）和 stop（车站）。用心听两个单词的结尾发音。

我们一起

你能想到其他和 tap(拍) 押韵的单词吗？你能想到其他和 stop(车站) 押韵的单词吗？

该你了

【把孩子分成两组，一组代表 -ap 词族，另一组代表 -op 词族。让各组组员相互合作或独立进行头脑风暴，然后尽可能多地写下他们想到的有相同拼写规律的单词。孩子可以在白板、电子便签条或纸上记下单词。把这些词添加到班级词族表上。一起朗读这些单词，并用心听结尾发音。】

词族	
-ap 词族	-op 词族
tap（拍）	stop（车站）

阅读后

引导独立阅读

借助单词或词族中的发音规律来解码和拼写单词是个十分聪明的策略。如果你想在自己的笔记本中放上一张我们制作的词族表，只管告诉我。

共读活动2——精读促进理解：注意人物的反应

阅读前

背景铺垫：不同人物对同一事件或挑战的反应各不相同。留意不同人物在各种处境下的应对方式能够加深我们对这个人物的了解。书中克劳德在失望的时候是什么反应？我们再读一遍《我想坐拍拍车》找出答案。

阅读中

解读关键页

我先示范

内文：星期一早晨，克劳德和妈妈陪爸爸走到拍拍车站。克劳德因为不能去逛市场，于是满脑子想的都是芒果，幻想芒果美滋滋的味道。对芒果的幻想或许中和掉他一部分的失望感。我现在暂停阅读，幻想一下芒果。我会想象芒果的气味和口感。

我们一起

内文：星期二，拍拍车从山上驶下来。注意观察克劳德意识到自己不能去钓鱼后的反应。他做了什么？【他想象自己钓鱼的样子。】大家站起来，表演一下克劳德假装钓鱼时的样子。你觉得他假装钓鱼会改善他的情绪吗？

该你了

内文：星期五，一名男子敲打着钢鼓……把克劳德的反应告诉身边的同学。你觉得他是什么感受？现在，站起来，把他的反应表演出来。敲完鼓后，你感觉好点了吗？

阅读后

引导独立阅读

把人物的反应画出来或表演出来，与人物进行换位思考，这可以加深你对人物所做反应的理解。在阅读的时候你可以尝试这样做。不过，如果你要把人物的反应表演出来，请确保你不会干扰别人的学习。在写作时，你应该考虑你笔下的人物对其他人或事件的反应。你可以模仿本书的绘者，通过在插画中加入细节向读者展示人物的反应。

创新写作：【制作一本包含封面和七页纸的空白书，每页分别代表一周中的一天。】如果你乐意把你一周七天的经历写出来，我为你制作了一些空白书。我还收集了下列按照一周七天的顺序写成的书，供大家作为范文参考：

《饼干周》（*Cookie's Week*，Ward，1988）

《完美的正方形》（*Perfect Square*，Hall，2011）

《需要拯救的猪》（*Pigs to the Rescue*，Himmelman，2010）

《零号线：下一站善良》（*Zero Local: Next Stop Kindness*，Murrow & Murrow，2020）【无字图画书】

《寻鸟指南》（*How to Find a Bird*，Ward，2020）

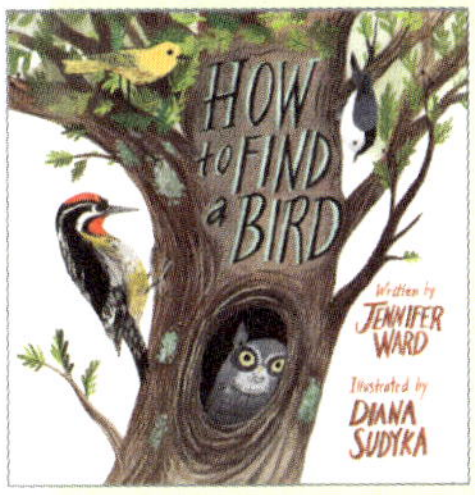

朗读活动：指南式结构

内容简介：书中的男孩和女孩到户外观察鸟类。作者带读者与他们结伴而行，向他们学习寻找这些满身羽毛的朋友的诀窍。作者给全书中出现的鸟类都做了标注。书末附加材料中分享了观察和识别鸟类的相关资料和方法。

寻找类似书时需要留意以下几点：

- 书中有新颖的步骤式文本结构；
- 书中有可供孩子在个人写作中借鉴的结构和思想。

学习目标：

- 我能注意到书中的指南式结构。
- 我能将指南式结构运用到个人写作中。

有助于孩子加深理解的提示语

阅读前

留意正文以外的部分蕴含的信息

大家看到书封上的鸟了吧？你能认出它们羽毛的颜色吗？分清羽毛的颜色是识别鸟类的一种方法。还有哪些身体部位可以帮助你识别鸟类？绘者戴安娜·苏迪卡（Diana Sudyka）写实风格的插画能让我们认识许多不同种类的鸟。

带着问题阅读：鸟是非常有趣的生物，无论你住在什么地方，都常常能见到鸟类的身影。作者詹妮弗·沃德（Jennifer Ward）在《寻鸟指南》这本书中给我们提供了一些观察鸟类的小窍门。我们将从写作的角度出发阅读这本书，看看作者是如何分享这些观鸟窍门的。在阅读过程中，我会写下作者给出的建议，方便大家记住并在寻鸟时使用。

阅读中

- 内文：想找到鸟，你需要做好藏身。我们已经学到了两种寻鸟的方法。如果你想找到鸟，你应该怎么做？【在图表、白板或电子文档中快速记下“藏身”和“缓慢移动”。】
- 内文：寻找鸟时不要一味抬头看。我们还可以在列表中添加哪些建议？【在图表、白板或电子文档中快速记下“不要出声”“抬头看”“低头看”。】

- 内文：所以，寻找鸟时不要一味抬头看。我们学了向上看和向下看。这页告诉我们还有一个地方可以找到鸟儿。是哪里呢？【向前直视。】
- 内文：如果你投喂一些食物，可以招来鸟。我居然没有想到这个寻鸟窍门。我们把这招添加到列表中。你见过喂食器旁边的鸟儿吗？

重要词汇和便于孩子理解的定义：

- 聪慧：聪明，善于解决问题
- 寻找：试图找到某物
- 悄悄：安静、不出声

阅读后

- 读完这本书后，你有没有觉得自己比以前更擅长寻鸟了？
- 我们再读一遍根据书中内容列出的寻鸟指南。我们还能加入别的内容吗？

孩子们共同制作的“寻鸟指南”

拓展练习

- 选择某件你擅长做的事情。写一篇指南，向我们展示做这件事的步骤或诀窍。
- 找到书中结尾跨页中描写鸟鸣声的词汇，然后对比词汇和鸟鸣声。讨论作者为什么要在这页用这些拟声词来表现鸟鸣声。

延伸阅读

- **《如何创造一只鸟》**（*How to Make a Bird*，McKinlay，2021）

内容简介：海边的一座摇摇欲坠的房子里，一个小女孩用骨头、羽毛和其他寻来的东西创造了一只鸟。大功告成后，她神奇地将这只鸟放飞了——这个情节是这本指南式图书中突如其来的转折。

- **《如何解决问题：攀岩冠军的成与败》**（*How to Solve a Problem: The Rise (and Falls) of a Rock-Climbing Champion*，Shiraishi，2020）

内容简介：十几岁的攀岩天才阿诗玛·白石（Ashima Shiraishi）将自己要攀登的每一块巨石看作一个亟待解决的问题。她从每一次跌倒中总结经验，并利用所学知识规划并付诸下一次行动，直至成功登顶。这本励志书本身是一堂社会情感培养课。一定要看一看阿诗玛攀岩的视频片段——她真的太棒了！

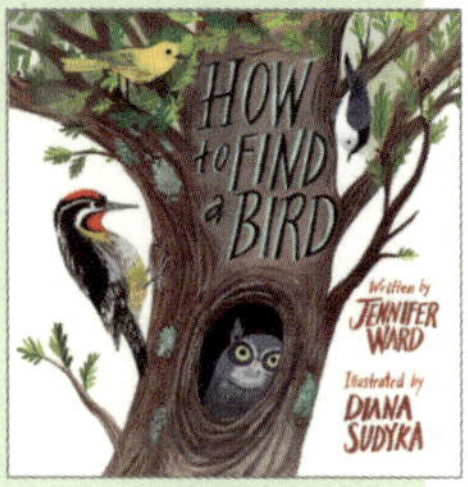

共读活动1——关注高频词：寻找单词

阅读前

背景铺垫：如果你能快速读出和写出高频词，即那些你经常读到且会拼写的单词，那么你可以把更多精力留给学习那些更有挑战性的单词。我们复习一下从《寻鸟指南》这本书中找到的、你认识的高频词。

阅读中

解读关键页

我先示范

【给孩子展示下列高频词：down（下）、find（找）、have（有）、look（看）、some（一些）、your（你的）、when（何时）、where（何地）。根据孩子的需求添加或删除单词。这个活动的目的是让孩子通过反复接触熟悉的单词强化理解，而非引入或教授孩子新单词。】

我们一起

从列表中选择一个高频词。把它写在白板上。用手划过这个单词并顺势读出来。今天我们一边读，一边寻找高频词。当你在书中看到或听到白板顶部的这个单词时，在白板的其他位置再写一遍。

该你了

你写了多少遍这个单词？这让你对高频词有什么认识？

阅读后

引导独立阅读

你可以独自或和同学一起寻找高频词。通过这种方法可以复习巩固这些重要单词，并在你自己之后的写作中运用它们。

共读活动2——精读促进理解：查看标注

阅读前

背景铺垫：标注能够帮助读者识别图片上的事物。阅读标注内容既能帮助你更好地理解图像，同时也能帮助你更深入地理解文字。作者做标注的方式多种多样。我们看看作者和绘者在《寻鸟指南》中做了什么样的标注。

阅读中

解读关键页

我先示范

内文：*保持安静也是个好策略*。这只鸟旁边的标注告诉我它是一只冻原天鹅。我之前不太了解冻原天鹅，而现在我通过标注知道了它的名字后，可以在这个基础上搜索更多信息。

我们一起

内文：*当然，只要抬头，你总能发现鸟*。哇！这页中有很多标注。你能认出哪些鸟？我们一起阅读这些标注，大家注意将鸟的名称与外貌匹配起来。【*着重指出扇尾翔食雀和金翅雀。*】

该你了

内文：*如果你投喂一些食物，可以招来鸟*。你可能在家附近见过本页中的一些鸟。你能认出哪几种？问问身边的同学认出了哪些，然后一起读一下标注。

阅读后

引导独立阅读

这本书中的标注对于你的阅读起到了什么作用？你在创作自己的非虚构作品时，可以在什么位置加上标注？【*讨论给某个动物、某件物品或它们的某个部位做标注的不同方式。*】

创新写作：你学到了很多寻找鸟类的方法。制作一张标题为“寻鸟指南”的海报或幻灯片，给同学介绍一种在寻鸟时能用到的方法。

《吃掉苍蝇的十三种方式》（*13 Ways to Eat a Fly*，Heavenrich，2021）

朗读活动：用别出心裁的方式分享知识

内容简介：如果孩子喜欢重口味的知识，他们会津津有味地读完这本独具一格的书中的每页内容。书中有13种不同种类的苍蝇构成的蝇群嗡嗡嗡地在书页中飞过。然后，又一个接一个地以不同的方式被吃掉了。这本书非常真实且别出心裁，读起来乐趣无穷。

寻找类似书时需要留意以下几点：

- 书中采用了颇有创意的非虚构文本结构；
- 书中有可供孩子在个人写作中借鉴的结构和思想。

学习目标：

- 我能注意到非虚构作品中采用的特殊结构。
- 我能将特殊结构用于创作自己的非虚构作品。

有助于孩子加深理解的提示语

阅读前

留意正文以外的部分蕴含的信息

你在封面上看到了什么动物？这些动物喜欢吃苍蝇吗？我读完封底文字后，大家一起数一数封底有多少只苍蝇。大家数出来了吗？你能预测书中的内容吗？

带着问题阅读：我们在写作时需要做出很多决定。其中一个决定是设计文本结构。大家读《吃掉苍蝇的十三种方式》时，注意作者是用什么结构来组织内容的。

阅读中

- 内文：**十三：瞬间致死**。等等！什么？你听到我刚读的那个知识点了吗？我再读一遍。你知道青蛙居然是用眼球把苍蝇推进喉咙的吗？你对这个知识点有什么反应？和同学谈一谈。
- 内文：**十二：蛛丝缠绕**。作者在这页通过对比帮助我们理解蜘蛛是如何用蛛丝把苍蝇网住的。你能想象这个场景吗？你注意到这页中的苍蝇有什么变化吗？【只剩12只了，起初有13只。】
- 内文：**七：半空被捕**。Midflight（半径）的前缀 mid- 意思是中间的部分、点、时间或位置。这页中有两个词含有这个前缀。了解前缀的含义对于你学习这个知识点有什么帮助？
- 内文：**二：僵化死去**。啊，这页内容太恶心了。告诉身边的同学你从这页学到了什么知识！

阅读后

- 你对哪个知识点印象最为深刻？为什么？
- 作者是如何组织书中的知识点的？你能在自己的写作中使用这个结构吗？

拓展练习

- “3-2-1”策略（Zygouris-Coe et al.，2004/2005）。先写出你在听我读这本书时的三个新发现，然后写下两个你觉得很突出或很有趣的知识点，最后写一个没有解决的问题。参考“3-2-1”练习纸。
  - 3个新发现
  - 2个有趣知识
  - 1个未解问题

延伸阅读

● **《爆笑昆虫记》**（*The Bug Club*，Gravel，2021）

内容简介：本书融合了两种形式——日志和知识讲解。作者埃莉斯·格拉韦尔（Elise Gravel）讲述了她对昆虫的迷恋，并分享了一些她最爱的昆虫的相关知识。她在书中流露出对昆虫的巨大热情也会感染读者，让他们一起加入“昆虫俱乐部”。

● **《蝴蝶其实很恶心！》**（*Butterflies Are Pretty Gross!*，Mosco，2021）

内容简介：你知道吗，有些蝴蝶的屁股长得像头，有些蝴蝶甚至会吃大便？孩子们会兴致勃勃地听书中的一只帝王蝶解说这类鲜为人知的知识。这本书是“自然界最高机密”系列中的第一本。第二本是《花朵其实很古怪》（*Flowers Are Pretty Weird*，Mosco，2022）。

姓名：____________________

3-2-1

3个新发现

____

____

____

2个有趣知识

____

____

1个未解问题

____

____

“3-2-1”练习纸

重要词汇和便于孩子理解的定义：

- 狼吞虎咽：快速吃下或吞咽
- 大嚼：大口吃东西并发出声音
- 夺走：抢走某物

共读活动1——匹配字母与发音：-ed 词尾

阅读前

背景铺垫：我们要重读这本书中成对的押韵词，并重点学习 -ed 词尾。动词后面加上 -ed 就会由现在时变为过去时或过去完成时。-ed 词尾有三种不同的发音：/id/、/d/ 和 /t/。

阅读中

解读关键页

我先示范

内文：**十三：瞬间致死。**读这两页中成对的押韵动词时，我会重点关注 -ed 词尾，并用心听它的发音。单词 zapped（瞬间致死）和 wrapped（缠绕）结尾处的 -ed 都发 /t/ 音。这是 -ed 的一个发音。

我们一起

内文：**九：瞬间捉住。**和我一起读这一对押韵词。【snatched（瞬间捉住）和 hatched（破壳而出）。】听一听词尾 -ed 的发音。两个单词的尾音是什么？

该你了

内文：**三：化成液体。**精读这页和下页中成对的押韵词。【liquefied（化成液体）和 zombified（僵化）。】这两个单词词尾 -ed 的发音与前面几个有什么不同？【它们的发音是 /d/，而不是 /t/。】

阅读后

引导独立阅读

我们读或写带有 -ed 词尾的单词时，记住，虽然它们写成 -ed，但发音并不一定是 /ed/，记住这点很重要。《吃掉苍蝇的十三种方式》中以 -ed 结尾的单词发音有 /t/ 和 /d/。你能在自己阅读的书中找到 -ed 结尾的单词吗？给单词加 -ed 词尾时，记住要同时加上两个字母，而不是只加 t 或 d。

创新写作：这本非虚构作品中，作者给我们展示了吃掉苍蝇的十三种方式。我想大家肯定不愿意吃苍蝇，既然如此，那么大家想一想你最爱的食物。你可以用哪三种方式吃这种食物？我打算写出三种吃苹果的方式。

共读活动2——探究作者的写作技巧：创意十足的附加材料

阅读前

背景铺垫：作者出于多种原因会在书中提供附加材料。附加材料可以给读者提供更多的背景信息，拓展书中的知识，也可以解释作者或绘者的创作方式。作者苏·海文里奇在《吃掉苍蝇的十三种方式》的附加材料中加入了很多有趣的内容。我们来看看吧！

阅读中

解读关键页

我先示范

内文：非人类食虫动物的美食指南。这部分内容让我捧腹大笑。作者写得就像是我们要吃苍蝇一样。【朗读这部分，重点关注作者是如何别出心裁地将知识点完美融入到这个指南中的。】

我们一起

内文：营养成分表。大家以前在什么地方见过这样的标注？【食品包装上。】你以前在书里见过吗？我觉得把它加在这里是个非常聪明的做法。你认为呢？

该你了

内文：苍蝇可食用部位。你从这张示意图中学到了什么知识？注意苍蝇每个身体部位后面的注释。和身边的同学讨论一下作者为什么要添加这些细节。

阅读后

引导独立阅读

本书的附加材料以颇具创意的方式拓展了正文中的信息。你可以多留意其他含有创意十足的附加材料的非虚构作品，把它们分享给大家，这样我们就可以在写作时把它们作为范文使用了。

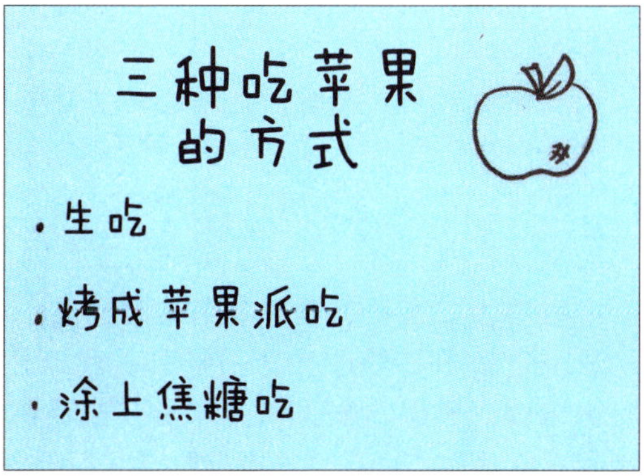

三种吃苹果的方式

《你好，雨！》（*Hello, Rain!*，Maclear，2021）

朗读活动：寻找有趣的表达

内容简介：暴风雨中，小女孩和小狗冲到户外玩耍嬉戏，因为他们觉得“在雨天里玩是一场冒险”。他们跳进水坑里，让迷你帆船队扬帆启航，在树下安静地休息。突然一声惊雷，他们吓了一跳，赶紧躲进室内，直到暴风雨过后，一道彩虹横贯天空。

寻找类似书时需要留意以下几点：

- 书中的用词独特且有趣；
- 书中有可供孩子在个人写作中借鉴的语言。

学习目标：

- 我能注意到作者是如何使用独特且有趣的词汇的。
- 我能在写作时使用独特且有趣的词汇。

有助于孩子加深理解的提示语

阅读前

留意正文以外的部分蕴含的信息

看看封面上的女孩和小狗。你能说出他们对雨的感受吗？你喜欢雨天去户外玩吗？为什么？绘者克里斯·特纳姆（Chris Turnham）使用数字工具创作了书中五颜六色的插画。如果让你用一个词来形容这幅封面插画，你会用哪个词？【如果你有精装版，那么留意护封和书壳在设计上有什么不同之处。】

带着问题阅读：我迫不及待给大家读读这本书了。书中的写作方式非常独特。我们重点关注作者京·马克利尔（Kyo Maclear）描述这场雨天冒险时用的文字。带上雨伞，我们一起去雨中的户外玩耍吧！

阅读中

- 内文：旧雨衣、胶靴、最好的伞。为什么这把伞是女孩的最爱？注意作者和绘者是如何设计这页中的颜色词汇的？你觉得他们为什么把颜色词汇写在伞的周围？你可以在自己的作品中这样设计吗？
- 内文：暴雨、倾盆大雨、小雨、暴风雨、毛毛雨、蒙蒙细雨。图中的雨滴里所有的词都是雨的同义词。有你不熟悉的词吗？【解释一下孩子不熟悉的词。】起初，我以为 mizzle（蒙蒙细雨）不是个单词，所以我查了一下字典。它的确存在！它是指蒙蒙细雨。你最喜欢用哪个词来形容雨？
- 内文：在安静的角落里，一滴雨会被碰触五次。你能想象雨滴落到地面之前所能碰触的位置吗？看看这页的省略号，你预测接下来会发生什么？

- 内文：**地面泛着闪亮的绿光**。注意观察这页插画，它是以鸟瞰的视角呈现的。你认为我们为什么将它称为“鸟瞰图”？
- 内文：**你好，唱出美妙歌声的麻雀**。哪个词在这页反复出现了？【你好。】还记得这本书的书名吧：《你好，雨！》。你认为作者为什么在这页中重复使用“你好”这个词？

阅读后

- 你发现作者的用词特点了吗？有没有哪一部分你想让我再读一遍的？
- 这本书有没有改变你对雨的感觉？

拓展练习

- 你最喜欢哪种天气？把它画出来。然后用一些有趣的词语描述这种天气的景象和声音。
- 认真观察！气候观察员：为了对你最爱的天气有更多的了解，我收集了一些书籍和资料。我还在旁边放了一个空白日历，以便大家跟踪并记录下周每天的天气状况。我很期待听大家讲述自己的观察心得。

延伸阅读

● **《水滴：一场水循环之旅》**（*DROP: An Adventure Through the Water Cycle*，Moon，2021）

内容简介：我曾读过很多介绍水循环的书，但这本尤为出众。故事是从一个拟人化的水滴的视角讲述的，它已经存在了45亿年，经历了水循环各个环节。前环衬和后环衬中的信息图分别展示了水的三态变化和水循环。【详见第223~227页的精读活动。】

● **《雨中玩乐》**（*Soaked*，Cushman，2020）

内容简介：下雨了，森林中的动物都很丧气，尤其是熊——这个故事的讲述者。动物们纷纷挤入熊的洞穴去避雨，却发现驼鹿的呼啦圈让洞穴拥挤不堪。回到洞外，熊不再在水里打滚，而是从树上取回了驼鹿的呼啦圈，摇了起来。一时间，泥水四溅、到处是欢声笑语。阿比·库什曼（Abi Cushman）的这部处女作充满了幽默的插画细节和丰富的拟声词。

重要词汇和便于孩子理解的定义：

- 爆裂：突然爆开或爆发
- 蹲下：弯曲双腿、降低身体
- 下水：进入水中

共读活动1——推敲文字：拟声词

阅读前

背景铺垫：作者通过使用丰富的词汇为作品增姿添彩。加入拟声词可以帮助读者更好地想象声音。

阅读中

解读关键页

我先示范

内文：空气中满是期待。我读到拟声词“隆隆、隆隆”时，可以想象出远处的雷鸣。

我们一起

内文：屋顶上响起叮叮、咚咚、扑通的声音。哇，这个跨页中有很多拟声词。我们再读一遍，用心听这些词的读音。

该你了

内文：我很好奇雨是如何决定什么时候该发出扑通声的……重读这页内容，和同学聊聊拟声词。我们把这页和“屋顶上响起叮叮、咚咚、扑通”那页比较一下。两页的文字有什么相通和不同的地方？作者向我们传递了什么信息？

阅读后

引导独立阅读

如果大家用心寻找，我打赌你会在很多书中发现拟声词。【让孩子把他们最爱的拟声词记录在要点图或笔记本上。】

创新写作：这本书的标题是《你好，雨！》。如果让你写一本关于天气的书，你会选择哪种天气？我写的是一本关于雪的书，书名是《你好，雪！》。我在每一页都对那些我在下雪时会用的东西说“你好”。这是我的作品。

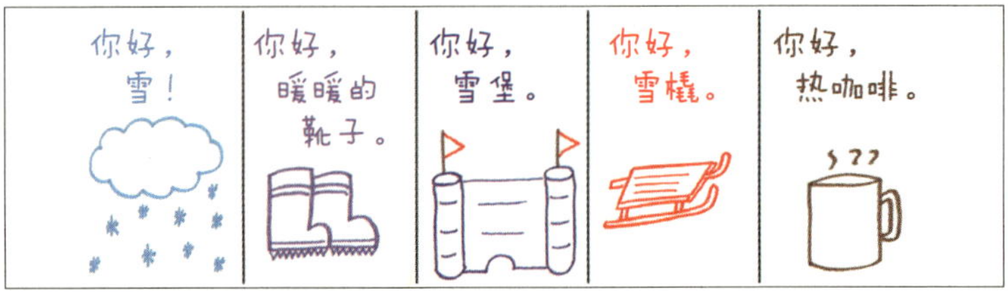

共读活动2——探究作者的写作技巧：运用修辞表达

阅读前

背景铺垫： 作者创造性地使用语言，以期让读者对故事留下深刻的印象。其中一个手法是运用修辞表达。修辞是指以极富想象力的方式使用语言。我们一起探索《你好，雨！》中修辞表达的特点。

阅读中

解读关键页

我先示范

内文：不同的雨演奏不同的曲调。我很好奇："难道雨会演奏乐器吗？"不能，这里作者其实是运用了修辞表达，这样我就能想象雨天的各种声音。小雨的声音与倾盆大雨的声音截然不同。我想这就是作者笔下这句"不同的雨演奏不同的曲调"的含义。也就是说，她并没有直接写"不同的雨有不同的声音"，而是把雨声比喻成了音乐。

我们一起

内文：大街上，一个个雨伞盛开出美丽的花朵。作者在这页中再次使用了修辞表达。雨伞真的能开花吗？什么才能开花？你能想象她这句"雨伞盛开出美丽的花朵"的真正含义吗？你认为这样写是不是比直接写"人们撑开伞"更有趣？

该你了

内文：风信子、毛地黄、蓍草。你能从这页中找到修辞表达吗？【讨论这个表达："饥渴的根喝起水来"。】

阅读后

引导独立阅读

理解和使用修辞表达能为语言增添力量。写作时，你不妨在描述事物时把它比喻成读者可能更熟悉的东西。

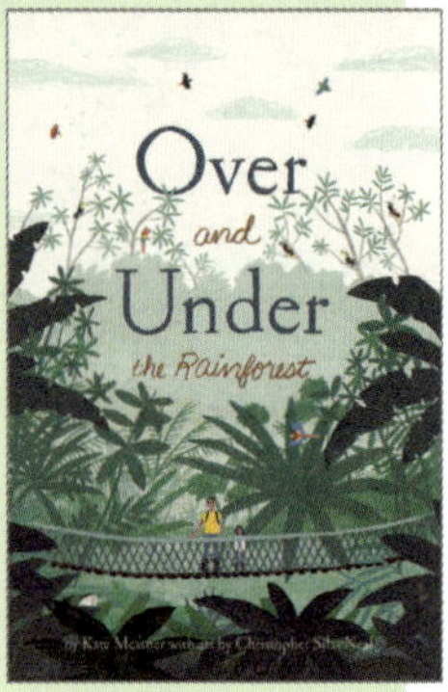

《雨林里，枝叶间》（*Over and Under the Rainforest*，Messner，2020b）

朗读活动：发掘感官语言

内容简介：穿上你的徒步鞋，跟着书中的小女孩和她的看护人，一起来一场雨林探险。他们一起爬过人行桥，窥探雨林树冠和地面上的动物。

寻找类似书时需要留意以下几点：

- 书中采用了第一人称叙述视角，是叙事类非虚构作品；
- 书中描述事件时使用了感官语言；
- 书中的主角带着好奇心探索自然。

有助于孩子加深理解的提示语

阅读前

留意正文以外的部分蕴含的信息

对比封面图中人物与周围树木的大小，你发现了什么？你在热带雨林中徒步过吗？如果没有，你是否希望以后来场雨林之行？

带着问题阅读：我们一边徒步穿越雨林，一边思考作者凯特·梅斯纳（Kate Messner）是如何借助语言帮助我们体验书中小女孩的所见所闻所感的。我们可以记下作者使用的描述感官感受的语言。这些描述感官感受的词汇或短语被称为感官语言。

阅读中

- 内文：*在斑驳的阳光中，我们徒步走进雨林，穿过湿漉漉的树叶。*想想这页中的用词。你会用什么感官去想象小女孩的感受？
- 内文：*树上上演着一场大型交响乐。*这幅插画是不是很神奇？它给我们的感觉是我们正从地面向上看。你是用什么感官感受这页中的雨林的？
- 内文：*我们步履蹒跚，每走一步，吊桥便左摇右晃。*大家站起来。假装你正站在摇摇晃晃的吊桥上，表演一下这个场景。如果你在这座桥上，会是什么感觉？
- 内文：*下午，雨开始淅淅沥沥地落下，轻轻敲打着头顶的树叶。*

学习目标：

- 我能注意到感官语言。
- 我能思考如何在个人写作中使用感官语言。

闭上眼睛，听我读第一段。然后和同学讨论一下你听到了什么。

- 内文：一声突兀、急促的咔嚓声，我瞬间僵在原地。如果你在黑暗的雨林中听到咔嚓声，你会有什么反应？

阅读后

- 作者对感官语言的运用是否让你在脑海中想象了一场生动的雨林之旅？
- 你认为作者为什么选择从小女孩的视角讲述这个故事？

拓展练习

- 重读我们从这本书中发现的感官语言。你注意到了什么？

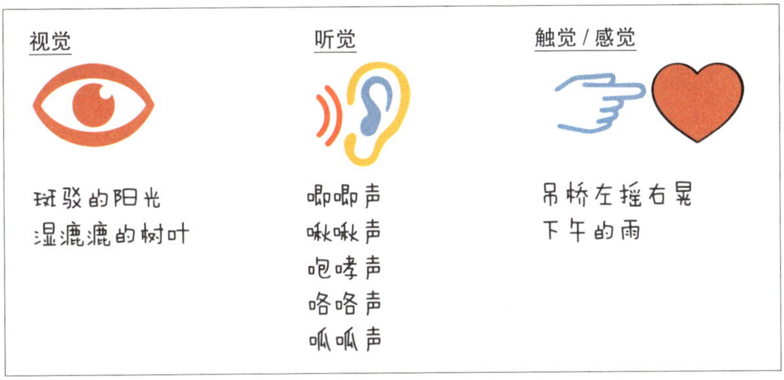
视觉
听觉
触觉 / 感觉
斑驳的阳光
湿漉漉的树叶
唧唧声
啾啾声
咆哮声
咯咯声
呱呱声
吊桥左摇右晃
下午的雨

感官语言

- 我们从这本书中了解了雨林的两层空间：树冠和地面。其实还有另外两层空间。我们唱一首我创作的《雨林的层层空间》，就会了解另外两层空间。

雨林的层层空间
作词：玛丽亚·沃尔瑟（Maria Walther）
曲调：《我的爱人在海洋中漂流》（*My Bonnie Lies Over the Ocean*）

热带雨林有上下四层空间
上至天空、下至地面
独特的动物占据各自的空间
我们先把树顶空间来窥探

露头树、树冠、林下叶层和地面
这是我们眼中所见……
露头树、树冠、林下叶层和地面

树的顶部，角雕闯入视线
下面藏着猴子和藤蔓
林下叶层是蟒蛇的家园
箭毒蛙把地面当作乐园

露头树、树冠、林下叶层和地面
这是我们眼中所见……
露头树、树冠、林下叶层和地面

我创作的《雨林的层层空间》

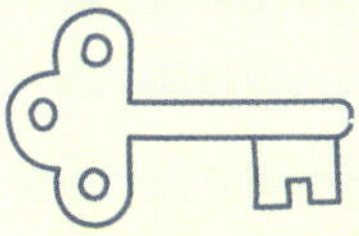

重要词汇和便于孩子理解的定义：

- 阳光浴：躺在温暖的阳光下
- 饱餐：吃得饱饱的
- 摇摇晃晃：来回移动、摇摆不定

认识写作者 探究作者：凯特·梅斯纳（Kate Messner）
你知道吗？ • 凯特曾做过电视新闻记者和中学英语老师。 • 她住在尚普兰湖畔。
作者其他作品： •《福奇医生：一位布鲁克林男孩成为美国医生的经历》（*Dr. Fauci: How a Boy From Brooklyn Became America's Doctor*，2021）【人物传记】 •《费格斯和齐克》（*Fergus and Zeke*，2017）【"轻松读"系列】 •《如何写作一个故事》（*How to Write a Story*，2020）【教程】 •《峡谷之上，峡谷之下》（*Over and Under the Canyon*，2021）【"之上之下"系列作品】

延伸阅读

● **《池塘上，池塘下》**（*Over and Under the Pond*，Messner，2017b）

内容简介：这是凯特·梅斯纳自然系列中的第三本，讲述了一位母亲和儿子去户外的池塘划船的故事。和本系列中的其他书相似，这个故事解释了水下的隐秘世界。在作者注释中，作者简要地介绍了山地池塘生态系统中繁荣生长的生物之间的相互作用，并且建议读者精读正文内容，找出这种相互作用的生物。

● **《花园里，泥土中》**（*Up in the Garden and Down in the Dirt*，Messner，2015）

内容简介：作者描写了女孩和祖母在花园中忙着种植、照料和收获，与此同时，也带读者一睹泥土之下的世界。可以将这本书作为在春季学习植物科学单元时的阅读材料，也可以让孩子在写作时借鉴书中的感官语言。你还可以引导孩子关注书中重复出现的"花园里/泥土中"的跷跷板结构，并鼓励他们在写作中借鉴模仿。【参考《上好一堂绘本课》（*The Ramped-Up Read Aloud*）第156页中的朗读活动】

共读活动1——推敲文字：表示方位的词

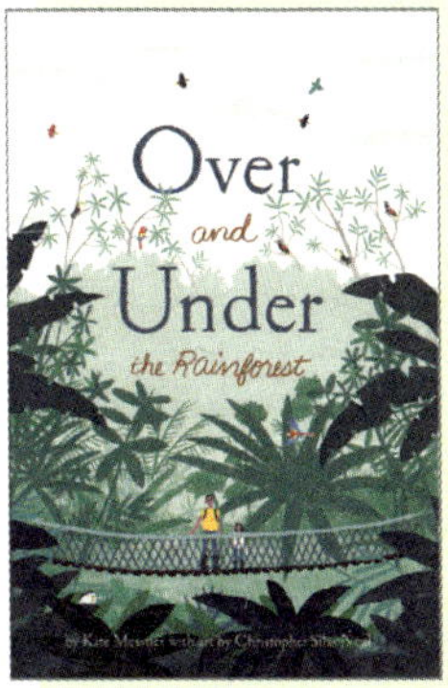

阅读前

背景铺垫：这本书标题中的“里”与“间”都是表示方位的词。表示方位的词是用来表示某物相对于其他物体所处的位置。从封面图中我们可以看到，桥在雨林的地面“之上”，人物在雨林的树冠“之下”。我们看看能否从这本书中找到其他表示方位的词。

阅读中

解读关键页

我先示范

内文：树上藏着一个隐秘的世界……这页有三个表示方位的词：在……上、在……里、在……下。我把它们记到表示方位的词汇表中。

我们一起

内文：我们沿着人行桥往上爬……你能在这页中找到表示方位的词吗？【在……上、朝、在……上、之上、之下、在……里】用表示方位的词描述我们教室天花板的位置。门在哪里？地板呢？我把它们记到表示方位的词汇表中。

该你了

内文：森林深处，雨渐渐停了。和朋友一起再读一遍这页内容，找到尽可能多的表示方位的词。把它们写在白板上。【里面、之上、上方、周围。】我们把它们记到表示方位的词汇表中。

《雨林里，枝叶间》中表示方位的词（按照书中出现的顺序）		
into（进入）	through（穿过）	up（上方）
In（里面）	under（之下）	down（下方）
along（沿着）	on（上面）	to（朝，向）
over（之上）	below（正下）	here（这里）
above（正上）	around（周围）	at（在）

阅读后

引导独立阅读

在阅读中，表示方位的词可以帮助你想象人物、场所或物体的位置。你在说话或写作时，也可以将表示方位的词用于描述物体或人物位置。

共读活动2——精读促进理解：通过阅读附加材料学习更多知识

阅读前

背景铺垫：写作者会出于多种原因在书中提供附加材料。附加材料可以给读者提供更多的背景信息，拓展书中的知识，并且解释作者或绘者的创作方式。凯特·梅斯纳在这本书末加入了作者注释，介绍了书中所绘的每种动物。

阅读中

解读关键页

我先示范

内文：*动物简介*。这本书里有很多我不熟悉的动物。我想了解更多！作者在附加材料中按书里出现的顺序列出了这些动物。我想了解更多关于长鼻蝙蝠的知识，所以我要读读它图片旁边的文字介绍。

我们一起

你想对哪种动物有更多的了解？选一个，我们一块学习。【继续以同样的方式再学习几个动物。】

该你了

【为了让所有孩子都有机会学到更多关于热带雨林动物的知识，你可以朗读这部分，并录成音频或视频。然后，把录制内容放在他们可以随时听随时学的地方。】我会把这本书留在教室图书角里，这样你就可以独自或和同学一起学习更多关于雨林动物的知识了。

阅读后

引导独立阅读

《雨林里，枝叶间》中添加附加材料的目的是向你展示更多关于书中动物的知识。留意你读的其他书中的附加材料。思考作者加入这部分内容的目的。你想不想在自己的作品末尾添上附加材料？不妨试一下。我们很期待读到你作品里的附加材料。

创新写作：从《雨林里，枝叶间》中选择一个你想深入了解的雨林动物。在“动物简介”这页读一读它的相关介绍。然后写出你从书中学到的两个最有趣的知识点。

《写！写！写！》（*Write! Write! Write!*，VanDerwater，2020）

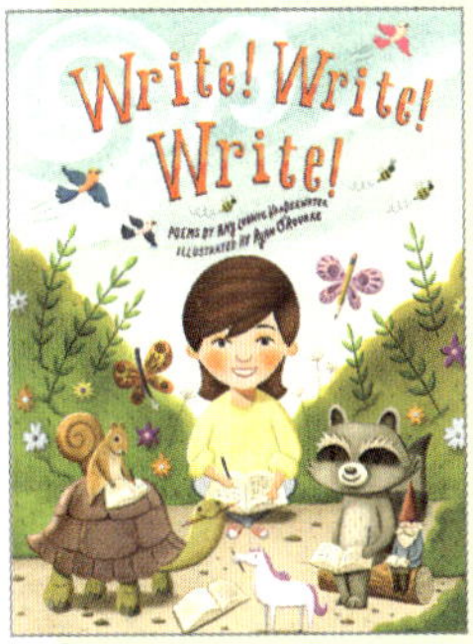

朗读活动：向诗人学习

内容简介：在这本收录了22首关于写作乐趣和挑战的诗集中，阅历丰富的诗人兼教师艾米·路德维格·范德沃特（Amy Ludwig VanDerwater）为那些初出茅庐的诗人提供了深刻的见解和丰富灵感。

寻找类似书时需要留意以下几点：

- 书中的诗歌主题是为人熟知的话题；
- 书中使用了多种诗歌创作手法。

学习目标：

- 我能注意到诗人采用的诗歌写作技巧。
- 我能将学到的诗歌写作技巧运用到自己的诗歌创作中。

有助于孩子加深理解的提示语

阅读前

留意正文以外的部分蕴含的信息

这本书封面图上的人物在做什么？【写作。】回答正确，因为书名正是《写！写！写！》。你认为作者艾米·路德维格·范德沃特希望你在读完本书后怎么做？

带着问题阅读：注意封面上的话："艾米·路德维格·范德沃特的诗作"。这是一本诗选。诗选是指诗集。封底上有一首诗：《一个愿望》，我们要像诗人一样读读这首诗，并向作者学习关于诗歌和写作的知识。

阅读中

- 【我在下文中提供了阅读这本书的不同方式。我建议每次朗读活动只读三到五首诗。读完每首诗之后，用这类问题引导孩子们展开讨论："作者在这首诗中用了什么手法？你能否把诗中的思想、结构或写作技巧运用到自己的诗歌创作中呢？"】
- 方式1：【提前选一些能引起孩子共鸣的诗。】这本书里有22首诗，我挑了几首我觉得大家会喜欢的诗。我迫不及待要和大家分享了。
- 方式2：我们看看目录。我先念前几首诗的标题。【大声读出前五首诗的标题。】哪个标题听起来有意思？【只要孩子兴致不减，积极参与，那么继续用这种方式练习。】
- 方式3：这本书中有32页关于写作的诗歌。大家从6到32之间任选一个数字，我们就读这页的诗。【只要孩子兴致不减，积极参与，

那么继续用这种方式练习。】

重要词汇和便于孩子理解的定义：

- 具体词汇取决于你选择朗读的诗歌。

阅读后

- 你最喜欢哪首诗？你为什么喜欢这首诗？它让你有何感想？有何感受？
- 你想学习并参考哪首诗来创作自己的诗歌？

拓展练习

- 我们读这些诗的时候，你注意到了什么？我们把作者采用的不同写作技巧列出来。
- 作者这本诗选中所有的诗都是围绕同一个主题——创作。如果让你围绕某个主题创作一本诗集，你会选择什么主题？

延伸阅读

● 《图书之乐与文字之趣》（*Bookjoy Wordjoy*，P. Mora，2018b）

内容简介：这本书的创作初衷——引用作者帕特·莫拉（Pat Mora）的话——在于分享“文字的乐趣、发现新词的乐趣、精听词汇发音的乐趣、倾听押韵的乐趣、将英语和西班牙语等多语种融合于诗中的乐趣以及对文字精雕细琢的乐趣”（引自《写给教师和家庭的话》）。可以读一读这本书中《搜集词汇》这首诗——它描述了一场长达一年的趣味词语发现之旅。

● 《读！读！读！》（*Read! Read! Read!*，VanDerwater，2017）

内容简介：这本诗选描绘了各式各样的阅读，从阅读麦片包装盒上的字到阅读连环漫画。第10页的《阅读时间》是进入辅助式独立阅读[1]前绝佳的铺垫材料，而第14页的《词汇收集》可以用于激发孩子对词汇的兴趣。

---

① 辅助式独立阅读（supported independent reading）：以学生阅读为主，教师视情况给予少量辅导。——译者注

共读活动1——精读提升流利度：读者剧场[1]

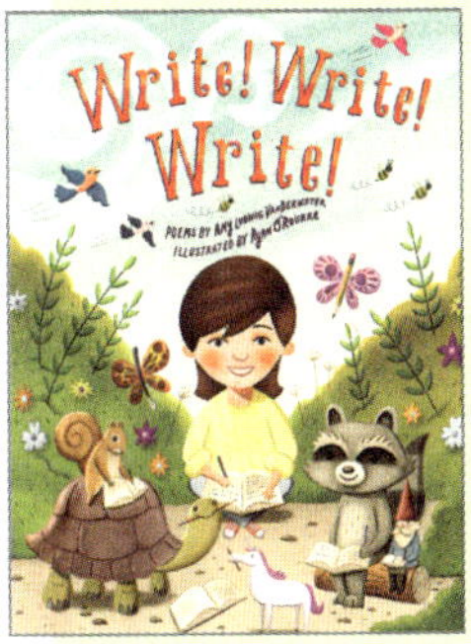

阅读前

背景铺垫：我们要给全校人表演艾米·路德维格·范德沃特的某首诗。【请其他班级、老师或学校其他员工欣赏这场诗歌表演。也可以将这场简短的表演录成视频寄给孩子的家长。】

阅读中

解读关键页

我先示范

内文:《致谢语》。这首诗非常适合读者剧场活动，因为它有四个诗节。我们先一起练习并表演第一节。随后我们分成三个小组，每个小组练习一个小节。最后，所有人齐读最后两个字:“爱，我”。首先，我先朗读整首诗，大家跟着我读。注意听我朗读每个诗节时的语调。

我们一起

【把所有孩子分成三组，给每组中的每个孩子发一份本组所分配小节的文稿，即《致谢语》这首诗中以“亲爱的”开头的那节内容。】我们先进行跟读练习，我每读一行，大家跟着重复一遍。现在轮到大家了。齐声朗读你们组分到的小节。你们的目标是能够流畅地、有感情地把诗读出来。【给孩子留出练习时间，并视情况提供辅导。】

该你了

准备表演吧。记住一定要大声点，确保观众能听清。表演过程中出了小错误也不用慌张。忽略它们，继续往下演就好，这才是表演者的风范!

阅读后

引导独立阅读

练习并演出这首诗对读者有什么帮助？你有没有发现，你练习得越多，读得就越流利？现在从写作角度出发思考这首诗：作者将其中三个小节设计成了致谢语的形式。这是一种有趣的诗歌结构，你也不妨尝试一下。如果你要写一首致谢诗，你会向谁表示感谢？

---

① 读者剧场（reader's theater）：美国课堂的一种朗读活动，孩子可以看着剧本或根据书本改编的台词声情并茂地朗读。——编者注

创新写作：借鉴作者在清单诗《修改是……》中采用的创作思路，自选主题并自创一首诗。《修改是……》是一首押韵诗，你的诗不一定要押韵。你可以写一写某个季节、某项运动、某个家庭成员，甚至是学校。我写了一首关于游泳的诗。

共读活动2——探究作者的写作技巧：清单诗

阅读前

背景铺垫：阅读并探究诗歌对于创作诗歌很有帮助，因为我们可以从中学到作诗技巧并运用在自己的诗歌创作中。阅读作家的诗歌可以帮我们找到主题灵感、学会别出心裁地运用语言，并借鉴不同的诗歌结构等。

阅读中

解读关键页

我先示范

内文:《修改是……》。我先读一遍这首诗，并留意它的结构特点。我注意到它的布局就像一个清单。除了最后一行，其他每一行的开头都是“一点点”，每一行的结尾都是一个专门修饰“修改”的词。

我们一起

内文:《修改是……》。大家和我一起再读一遍。和同学聊一聊你注意到了什么。【孩子可能会注意到押韵规律和反义词的运用。】

该你了

内文:《修改是……》。这一次，你要自己精读这首诗。然后和朋友谈谈你发现了哪些可以运用到个人创作中的思想、词汇或诗歌结构。

游泳

冷静准备
水花四溅
浮出水面
娴熟上岸
浑身湿透
静候晾干
终于……
成功游完

清单诗示例

阅读后

引导独立阅读

你喜欢这首诗吗？你通过学习这首诗学到了哪些可以运用到自己创作中的方法？精读是不是很有效？

《最后一根吸管：孩子与塑料》(*The Last Straw: Kids vs. Plastics*，Hood，2021)

朗读活动：尝试写作技巧

内容简介：诗人的创作目的多种多样。苏珊·胡德（Susan Hood）写作这个作品的目的在于揭示塑料的真相。书中第一首诗是《神奇的塑料》，它首先详细描述了塑料的各种用途，随后揭露了人类过度依赖塑料产品的后果。作者描述了一些致力于寻找解决方案的人，以此点燃读者的希望，激发灵感。这本体裁多元、层次多元的作品包含了诗歌、补充知识和内容丰富的附加材料。此外，苏珊·胡德还提供了诗文注释，具体解释了每首诗的写作技巧和采用格式。本书对读者的视觉和听觉而言都是场科学盛宴。

寻找类似书时需要留意以下几点：

- 书中的诗歌涉及有趣的主题；
- 书中使用了多种诗歌写作技巧。

学习目标：

- 我能思考诗人创作的目的。
- 我能注意到诗人采用的诗歌写作技巧。
- 我能将学到的诗歌写作技巧运用到自己的诗歌创作中。

有助于孩子加深理解的提示语

阅读前

留意正文以外的部分蕴含的信息

和身边的朋友讨论一下封面上的孩子在做什么。仔细观察他们捡的垃圾，你发现了什么？

带着问题阅读：这部诗集的标题是《最后一根吸管（straw）》。你听过“最后一根稻草[①]”的谚语吗？谚语中 straw 的字面意思与书名中的实际含义不同。【讨论一下“最后一根稻草”的含义。】副标题是“孩子与塑料”。我们读一读书中的几首诗，并思考作者的写作目的。阅读过程中，我们将学到更多的诗歌创作知识。

阅读中

- 内文：《神奇的塑料》。作者为什么要写这首诗？我来读一读这首诗

---

① 英文中 straw 有吸管和稻草的意思，诗人在这里借用了谚语，利用一词的多义传达了环保的理念。——译者注

重要词汇和便于孩子理解的定义：

【具体词汇取决于你选择朗读的诗歌。】

下面的那段背景介绍，我们可以从中获得更多的信息。

- 内文:《海洋的变化》。这首诗让你有什么感受？谁是“最聪明的哺乳动物”？
- 内文:《从瓶子到伙伴》。这首诗描述了一个孩子发现了问题，并积极采取行动解决问题。她发现的问题是什么？她又是如何解决的？
- 内文:《加入团队》。这首诗呼吁我们做什么？

阅读后

- 作者创作这部诗集的目的是什么？
- 你学到了哪些关于塑料的新知识？

拓展练习

- 读完这本书之后，你是否会改变你的某些行为？把你计划做的改变写出来或画出来。
- 内文:《回归之路》。【做这个拓展练习之前，收集一些环保类图文材料，如食品包装、路标照片或书籍封面。为孩子们提供便利条等文具，以便他们遮住不想使用的词语。】我们要模仿这首诗创作“拼贴诗”。你需要从身边收集一些带文字的材料，如标签、食品包装或书籍标题等。然后，你可以把那些用不到的词遮住或删掉。和你的同伴一起创作一首“拼贴诗”。

延伸阅读

● **《泥土之书：生活在我们脚下的动物的诗歌》**（*The Dirt Book: Poems About Animals That Live Beneath Our Feet*，Harrison，2021）

内容简介：这本诗集为读者展示了迷人的地下世界。它可以作为我们学习昆虫和地下生物的绝佳辅助材料。注意跨页中将地上和地下两个世界分割开来的垂直线。

● **《像我一样》**（*Just Like Me*，Brantley-Newton，2020）

内容简介：这本颂扬女性力量的诗集用优美的诗歌和生动的插画赞美了那些欣赏自己、拥抱缺点、接纳自己的女孩们。一定要读一读书中那首运用了大量比喻的《情绪》，以及可以作为探讨好奇心话题的《探索者》。

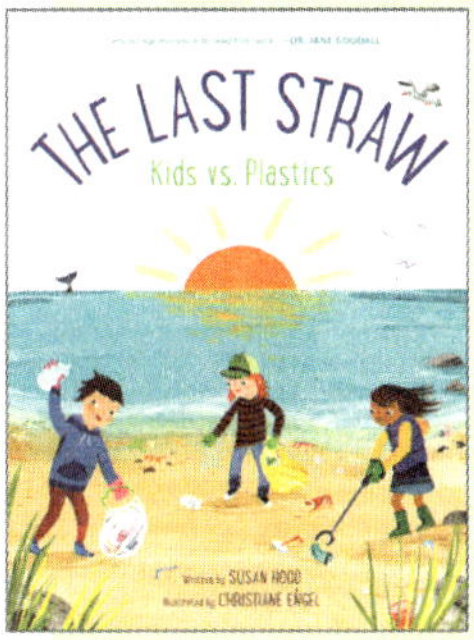

共读活动1——精读提升流利度：读者剧场

阅读前

背景铺垫：我们要给学校的师生员工表演苏珊·胡德的某首诗，以此说服他们不再使用塑料袋。【请其他班级、老师或学校其他员工欣赏这场诗歌表演。也可以将这场简短的表演录成视频寄给孩子的家长。】

阅读中

解读关键页

我先示范

内文:《禁用塑料袋》。这首诗非常适合读者剧场活动，因为它有十个小节。大家分成小组，每个小组练习一个小节。分组之前，我先朗读整首诗，大家跟着我读。注意听我朗读每小节时的语调。

我们一起

【把全班分成十组，给每组中的每个孩子发一份本组所分配小节的文稿。】我们先进行跟读练习，我每读一行，大家跟着重复一遍。现在轮到大家了。齐声朗读你们组分到的小节。你们的目标是能够流畅地、有感情地把小节读出来。【给孩子留出练习时间，并视情况提供辅导。】

该你了

准备表演吧。记住一定要大声点，确保观众能听清。表演过程中出了小错误也不用慌张，忽略它们，继续往下演就好，这才是表演者的风范！

阅读后

引导独立阅读

练习并演出这首诗对读者有什么帮助？你有没有发现，你练习得越多，读得就越流利？现在从写作角度出发思考这首诗。作者创作这首诗的目的是劝告读者不再使用塑料袋。她给出了什么理由？这首诗说服你了吗？你认为我们说服观众不再使用塑料袋了吗？如果你要写一首劝诫诗，你会选择什么主题？

共读活动2——探究作者的写作技巧：象形诗或形状诗

阅读前

背景铺垫： 苏珊·胡德在这本书中创作了形态各异的诗歌。我们可以从这本书的诗文注释中了解更多她的创作技巧。我们今天要精读的诗歌形式称为象形诗，也称形状诗。这种诗歌将文字排布成与主题相呼应的形态。

阅读中

解读关键页

我先示范

内文:《大太平洋垃圾带》。我第一次读这页时感到有些困惑。我得搞明白该如何读这首象形诗或形状诗。我看到作者给了一个提示——大写字母 H。我要从这儿开始朗读。

我们一起

内文:《大太平洋垃圾带》。我们一起精读这首象形诗之前，先看几个能够加深我们理解的词。第一个词是“旋涡”。旋涡就像涡流。液体或空气旋转时会产生旋涡，中心形成的真空可以把东西吸进去。我们冲马桶时会产生旋涡。“环流”是指海洋中洋流的循环模式。我们再读一遍《大太平洋垃圾带》，思考作者为什么会将这首诗设计成这种特殊的形状。

该你了

内文:《挺身而出，勇敢呼吁》。这是另外一首象形诗。作者把它设计成了什么形状？你发现每个诗句的共同点了吗？【它们都以单词 up 结尾。】大家站起身来，用洪亮的声音重新朗读这首诗。

阅读后

引导独立阅读

精读这本书中的象形诗时，我们注意到苏珊·胡德设计的诗句排列形式丰富了文字的含义。象形诗或形状诗非常独特。如果你也想写一首象形诗，那么先敲定一个主题。然后，琢磨出一个最能体现你想法的诗句排列形式。在脑海中确定后，你可以通过头脑风暴确定一些与主题相关的词汇。之后就进入了最有趣的环节——字斟句酌，直到它们变成诗的样子。最后，把整首诗的形状画出来，并把文字写在形状的内部和周围，但要确保读者能够理解。

创新写作：为你要创作的象形诗或形状诗敲定一个主题。先把诗写出来。然后，用铅笔勾勒出与所选主题相关的轮廓。沿着铅笔线的边缘把诗文写出来。如果你发现字数太少，可以试着重复某个词或某句诗。如果你发现字数过多，可以在形状中添加一些细节，并把文字填进去。

我最爱的用于启发写作的资源

参考书目

教学参考书目

Adams, M. (1990). *Beginning to read: Thinking and learning about print*. MIT Press.

Allington, R. L. (2009). *What really matters in fluency: Research-based practices across the curriculum*. Pearson.

Britton, J. (1983). Writing and the story of the world. In B. M. Kroll & C. G. Wells (Eds.), *Explorations in the development of writing:Theory, research, and practice* (pp. 3–30). Wiley.

Burkins, J., & Yaris, K. (2016). *Who's doing the work?* Stenhouse.

Burkins, J., & Yates, K. (2021). *Shifting the balance: 6 ways to bring the science of reading into the balanced literacy classroom*.Stenhouse.

Cobb, C., & Blachowicz, C. (2014). *No more "look up the list" vocabulary instruction*. Heinemann.

Cunningham, P. M. (2013). *Phonics they use: Words for reading and writing* (6th ed.). Pearson.

Cunningham, P. M. (2017). Phonics they use: Words for reading and writing (7th ed.). Pearson.

España, C., & Herrera, L. Y. (2020). *En comunidad: Lessons for centering the voices and experiences of bilingual Latinx students*. Heinemann.

Fisher, B., & Medvic, E. F. (2000). *Perspectives on shared reading: Planning and practice*. Heinemann.

Fisher, D., Frey, N., & Hattie, J. (2021). *The distance learning playbook: Teaching for engagement and impact in any setting*. Corwin.

Hammond, Z. (2015). *Culturally responsive teaching and the brain: Promoting authentic engagement and rigor among culturally and linguistically diverse students*. Corwin.

Hiebert, E. H., & Raphael, T. E. (1998). *Early literacy instruction*. Harcourt.

Holdaway, D. (1982). Shared book experience: Teaching reading using favorite books. *Theory Into Practice*, 21(4), 293–300.

Hoyt, L. (1999). *Revisit, reflect, retell: Strategies for improving reading comprehension*. Heinemann.

Hoyt, L. (2002). *Make it real: Strategies for success with informational texts*. Heinemann.

Johnston, P., Champeau, K., Hartwig, A., Helmer, S., Komar, M., Krueger, T., & McCarthy, L. (2020). *Engaging literate minds: Developing children's social, emotional, and intellectual lives, K–3*. Stenhouse.

Mesmer, H. A. (2019). *Letter lessons and first words: Phonics foundations that work*. Heinemann.

Parkes, B. (2000). *Read it again! Revisiting shared reading*. Stenhouse.

Pearson, P. D., & Gallagher, M. D. (1983). *The*

instruction of reading comprehension. Contemporary Educational Psychology, 63(5), 317–344.
Pinnell, G. S., & Fountas, I. C. (1998). *Word matters: Teaching phonics and spelling in the reading/writing classroom*. Heinemann.
Rasinski, T., & Smith, M. C. (2018). *The megabook of fluency: Strategies and texts to engage all readers*. Scholastic.
Rawlins, A., & Invernizzi, M. (2019). Reconceptualizing sight words: Building an early reading vocabulary. *The Reading Teacher*, 72(6), 711–719.
Routman, R. (2018). *Literacy essentials: Engagement, excellence, and equity for all learners*. Stenhouse.
Souto-Manning, M., Llerena, C. L., Martell, J., Maguire, A. S., & Arce-Boardman, A. (2018). *No more culturally irrelevant teaching*. Heinemann.
Walther, M. (1998). *First grade teachers blending phonics and whole language: Two case studies*. Northern Illinois University.
Walther, M. (2019). *The ramped-up read aloud: What to notice as you turn the page*. Corwin.
Walther, M., & Biggs-Tucker, K. (2020). *The literacy workshop: Where reading and writing converge*. Stenhouse.
Weakland, M. (2021). *How to prevent reading difficulties: Proactive practices for teaching young children to read*. Corwin.
Zygouris-Coe, V., Wiggins, M. B., & Smith, L. H. (2004/2005). Engaging students with text: The 3-2-1 strategy. *The Reading Teacher,* 58(4), 381–384.

推荐阅读书目

Abe, M. (2020). *Avocado asks: What am I?* Doubleday.
Allen, T. (2020). *Sometimes people march*. HarperCollins.
Archer, M. (2021). *Wonder walkers*. Nancy Paulsen.
Archer, P. (2018). *A hippy-hoppy toad* (A. Wilsdorf, Illus.). Schwartz & Wade.
Ardagh, P. (2019). *Bunnies on the bus* (B. Mantle, Illus.). Candlewick.
Arnold, A. (2020). *What's the matter, Marlo?* Roaring Brook.
Ashman, L. (2013). *Rain!* (C. Robinson, Illus.). Houghton Mifflin Harcourt.
Atinuke. (2020). *Catch that chicken!* (A. Brooksbank, Illus.). Candlewick.
Bailey, J. (2019). *A friend for Henry* (M. Song, Illus.). Chronicle.
Barnett, M. (2020). *A polar bear in the snow* (S. Harris, Illus.). Candlewick.
Becker, A. (2013). *Journey*. Candlewick.
Bernstein, A. (2021). *We love fishing!* (M. Rosenthal, Illus.). Simon & Schuster.
Bernstrom, D. (2020). *Big Papa and the time machine* (S. W. Evans, Illus.). HarperCollins.
Betts, B. (2020). *My first book of planets: All about the solar system for kids*. Rockridge Press.
Bigwood, K. (2021). *Secret, secret agent guy* (C. Krampien, Illus.). Atheneum.
Boelts, M. (2020a). *Kaia and the bees* (A. Dominguez, Illus.). Candlewick.
Boelts, M. (2020b). *The purple puffy coat* (D. Duncan, Illus.).

Candlewick.
Bogan, C. (2017). *Where's Rodney?* (F. Cooper, Illus.). Yosemite Conservancy.
Brantley-Newton, V. (2020). *Just like me*. Knopf.
Brewer, H. D. (2020). *Love is powerful* (L. Pham, Illus.). Candlewick.
Brown, P. (2021). *Fred gets dressed*. Little Brown.
Bryon, N. (2019). *Rocket says look up!* (D. Adeola, Illus.). Random House.
Bryon, N. (2020). *Rocket says clean up!* (D. Adeola, Illus.). Random House.
Camper, C. (2020). *Ten ways to hear snow* (K. Pak, Illus.). Kokila/Penguin.
Canty, J. (2019). *Heads and tails: Underwater*. Candlewick.
Carr, J. (2021). *Star of the party: The solar system celebrates* (J. Medina, Illus.). Crown.
Cherry, M. A. (2019). *Hair love* (V. Harrison, Illus.). Kokila/Penguin.
Chin, J. (2014). *Gravity*. Roaring Brook.
Condon, J. (2020). *The pirates are coming!* (M. Hunt, Illus.). Nosy Crow/ Candlewick.
Copp, M. W. (2020). *Wherever I go* (M. D. Mohammed, Illus.). Atheneum.
Cordell, M. (2019). *Explorers*. Feiwel and Friends.
Cornwall, G. (2017). *Jabari jumps*. Candlewick.
Cornwall, G. (2020). *Jabari tries*. Candlewick.
Curry, P., & Curry, J. (2019). *Parker looks up: An extraordinary moment* (B. Jackson, Illus.). Aladdin.
Cushman, A. (2020). *Soaked!* Viking.
Cusolito, M. (2018). *Flying deep: Climb inside deep-sea submersible ALVIN* (N. Wong, Illus.). Charlesbridge.
Czajak, P. (2018). *The book tree* (R. Kheiriyeh, Illus.). Barefoot Books.
de la Peña, M. (2015). *Last stop on Market Street*(C. Robinson, Illus.). Putnam.
de la Peña, M. (2018). *Carmela full of wishes* (C. Robinson, Illus.). Putnam.
de la Peña, M. (2021). *Milo imagines the world* (C. Robinson, Illus.). Putnam.
Deenihan, J. L. B. (2019). *When Grandma gives you a lemon tree* (L. Rocha, Illus.). Sterling.
Deenihan, J. L. B. (2020). *When Grandpa gives you a toolbox* (L. Rocha, Illus.). Sterling.
Detlefsen, L. H. (2020). *On the go awesome* (R. Neubecker, Illus.). Knopf.
Diaz, L. (2021). *Paletero man* (M. Player, Illus.). HarperCollins.
DiPucchio, K. (2019). *Grace goes to Washington* (L. Pham, Illus.). Disney/ Hyperion.
DiPucchio, K. (2021). *Oona* (R. Figueroa, Illus.). HarperCollins.
Dorléans, M. (2020). *The night walk*. Floris.
Drago, F. Z. (2020). *Gustavo the shy ghost*. Candlewick.
Duffield, K. S. (2020). *Crossings: Extraordinary structures for extraordinary creatures* (M. Orodán, Illus.). Beach Lane.
Elliott, D. (2012). *In the sea* (H. Meade, Illus.). Candlewick.
Elliott, Z. (2020). *A place inside of me: A poem to heal the heart* (N. Denmon, Illus.). Farrar Straus Giroux.
Elya, S. M. (2017). *La princesa and the pea* (J. Martinez-Neal, Illus.). Putnam.
Evans, S. W. (2012). *We*

march. Roaring Brook.
Ferry, B. (2020). *Swashby and the sea* (J. Martinez-Neal, Illus.). Houghton Mifflin Harcourt.
Fisher, V. (2019). *Now you know what you eat: Pictures and answers for the curious mind.* Scholastic.
Fleming, C. (2020). *Honeybee: The busy life of Apis Mellifera* (E. Rohmann, Illus.). Holiday House.
Floca, B. (2021). *Keeping the city going*. Atheneum.
Flood, N. B. (2020). *I will dance* (J. Swaney, Illus.). Atheneum.
Florian, D. (2012). *UnBEElievables: Honeybee poems and paintings*. Beach Lane.
Florian, D. (2007). *Comets, stars, the moon, and Mars: Space poems and paintings*. Harcourt.
Fogliano, J. (2020). *My best friend* (J. Tamaki, Illus.). Atheneum.
Franklin, A. (2019). *Not quite Snow White* (E. Glenn, Illus.). HarperCollins.
Gravel, E. (2021). *The bug club*. Drawn & Quarterly.
Griffin, M. B. (2021). *Ten beautiful things* (M. Lechuga, Illus.). Charlesbridge.
Grimes, N. (2020). *Southwest sunrise* (W. Minor, Illus.). Bloomsbury.
Hale, S., & Hale, D. (2014). *The princess in black* (L. Pham, Illus.). Candlewick.
Hall, M. (2011). *Perfect square*. Greenwillow.
Hare, J. (2020). *Field trip to the ocean deep*. Holiday House.
Harrison, D. L. (2021). *The dirt book: Poems about animals that live beneath our feet* (K. Cosgrove, Illus.). Holiday House.
Haughton, C. (2019). *Don't worry, Little Crab*. Candlewick.
Haworth-Booth, E. (2020). *The last tree*. Pavilion.
Heard, G. (2021). *My thoughts are clouds: Poems for mindfulness* (I. Roxas, Illus.). Roaring Brook.
Heavenrich, S. (2021). *13 ways to eat a fly* (D. Clark, Illus.). Charlesbridge.
Higgins, R. T. (2015). *Mother Bruce*. Disney/Hyperion.
Hill, S. L. (2020). *Mars' first friends: Come on over, Rovers!* (E. Paganelli, Illus.). Sourcebooks.
Hillery, T. (2020). *Harlem grown: How one big idea transformed a neighborhood* (J. Hartland, Illus.). Simon & Schuster.
Himmelman, J. (2010). *Pigs to the rescue*. Henry Holt.
Ho, J. (2021). *Eyes that kiss in the corners* (D. Ho, Illus.). HarperCollins.
Ho, R. (2019). *Red rover: Curiosity on Mars* (K. Roy, Illus.). Roaring Brook.
Hoang, Z. G. (2020). *A new kind of wild*. Dial.
Hoffman, M. (1991). *Amazing grace* (C. Binch, Illus.). Dial.
Hoffman, M. (2020). *Dirt cheap*. Knopf.
Hood, S. (2021). *The last straw: Kids vs. plastics* (C. Engel, Illus.). HarperCollins.
Hudson, N. (2021). *Turtle in a tree*. Dial.
Hughes, C. D. (2012). *National Geographic Kids first big book of space*. National Geographic.
Hughes, C. D. (2013). *National Geographic Kids first big book of the ocean*. National Geographic.
Hurley, J. (2020). *Beehive*. Paula Wiseman/Simon & Schuster.

Ismail, Y. (2020). *Joy* (J. Desmond, Illus.). Candlewick.

James, L. (2020). *I promise* (N. Mata, Illus.). HarperCollins.

James, S. (2017). *Frog and beaver*. Candlewick.

Jenkins, S. (2003). *What do you do with a tail like this?* (R. Page, Illus.). Houghton Mifflin.

Jenkins, S. (2014). *Eye to eye: How animals see the world*. Houghton Mifflin Harcourt.

Jenkins, S. (2016). *Animals by the numbers: A book of animal infographics*. Houghton Mifflin Harcourt.

Jenkins, S., & Page, R. (2017). *Who am I? An animal guessing game* (S. Jenkins, Illus.). Houghton Mifflin Harcourt.

Jin, B. (2019). *Two wool gloves* (L. Li, Illus.). Reycraft.

John, J. (2021). *Something's wrong! A bear, a hare, and some underwear* (E. Kraan, Illus.). Farrar Straus Giroux.

Jonker, T. (2021). *Blue floats away* (G. Snider, Illus.). Abrams.

Joseph, D. (2020). *I want to ride the tap tap* (O. Ganthier, Illus.). Farrar Straus Giroux.

Judge, L. (2020). *Play in the wild: How baby animals like to have fun*. Roaring Brooks.

Kerascoët. (2018). *I walk with Vanessa: A story about a simple act of kindness*. Schwartz & Wade.

Khalil, A. (2020). *The Arabic quilt: An immigrant story* (A. Semirdzhyan, Illus.). Tilbury House.

Kousky, V. (2018). *Harold loves his woolly hat*. Schwartz & Wade.

Ku Rhee, H. (2020). *The paper kingdom* (P. Campion, Illus.). Random House.

Larios, J. (2021). *Delicious! Poems celebrating street food around the world*. Beach Lane/Simon & Schuster.

Larkin, S. (2019). *The thing about bees*. Readers to Eaters.

Layton, N. (2016). *The tree*. Candlewick.

Lê, M. (2018). *Drawn together* (D. Santat, Illus.). Disney/Hyperion.

Lê, M. (2020). *Lift* (D. Santat, Illus.). Disney/Hyperion.

Lendler, I. (2021). *Nia and the new free library* (M. Pett, Illus.). Chronicle.

Lindstrom, C. (2020). *We are water protectors* (M. Goade, Illus.). Roaring Brook.

Lobel, A. (1985). *Whiskers and rhymes*. Greenwillow.

Loney, A. J. (2019). *Double bass blues* (R. Gutierrez, Illus.). Knopf.

Ludwig, T. (2020). *The power of one: Every act of kindness counts* (M. Curato, Illus.). Knopf.

Maclear, K. (2021). *Hello, rain!* (C. Turnham, Illus.). Chronicle.

Maier, B. (2018). *The little red fort* (S. Sánchez, Illus.). Scholastic.

Maillard, K. N. (2019). *Fry bread: A Native American family story* (J. Martinez-Neal, Illus.). Roaring Brook.

Maizes, S. (2021). *Atticus Caticus* (K. Kramer, Illus.). Candlewick.

Mann, J. K. (2020). *The camping trip*. Candlewick.

Marcero, D. (2020). *In a jar*. Putnam.

Martinez-Neal, J. (2018). *Alma and how she got her name*. Candlewick.

Martinez-Neal, J. (2021). *Zonia's rain forest*. Candlewick.

Mattick, L. (2015). *Finding*

Winnie: The true story of the world's most famous bear (S. Blackwell, Illus.). Little, Brown.

Maynor, M. (2021). *A house for every bird* (K. Juanita, Illus.). Knopf.

McAnulty, S. (2021a). *A small kindness* (W. Leach, Illus.). Running Press Kids.

McAnulty, S. (2021b). *Mars! Earthlings welcome* (S. Lewis, Illus.). Henry Holt.

McCardie, A. (2021). *Let's play! A book about making friends* (C. Larmour, Illus.). Candlewick.

McClure, W. (2021). *A garden to save the birds* (B. Mayumi, Illus.). Albert Whitman.

McGinty, A. B., & Havis, A. B. (2020). *The sea knows* (S. Laberis, Illus.). Simon & Schuster.

McKinlay, M. (2021). *How to make a bird* (M. Ottley, Illus.). Candlewick.

Méndez, Y. S. (2019). *Where are you from?* (J. Kim, Illus.). HarperCollins.

Messner, K. (2015). *Up in the garden and down in the dirt* (C. S. Neal, Illus.). Chronicle.

Messner, K. (2017a). *Fergus and Zeke* (H. Ross, Illus.). Candlewick.

Messner, K. (2017b). *Over and under the pond* (C. S. Neal, Illus.). Chronicle.

Messner, K. (2020a). *How to write a story* (M. Siegel, Illus.). Chronicle.

Messner, K. (2020b). *Over and under the rainforest.* Chronicle.

Messner, K. (2021a). *Dr. Fauci: How a boy from Brooklyn became America's doctor* (A. Bye, Illus.). Simon & Schuster.

Messner, K. (2021b). *Over and under the canyon* (C. S. Neal, Illus.). Chronicle.

Metcalf, L. H., Dawson, K. V., & Bradley, J. (2020). *No voice too small: Fourteen young Americans making history* (J. Bradley, Illus.). Charlesbridge.

Miller, P. Z. (2019). *Remarkably you* (P. Barton, Illus.). HarperCollins.

Milner, C. (2018). *The bee book.* Dorling Kindersley.

Moon, E. K. (2021). *DROP: An adventure through the water cycle.* Dial.

Moore, J. (2007). *Freckleface Strawberry* (L. Pham, Illus.). Bloomsbury.

Mora, O. (2018). *Thank you, Omu!* Little, Brown.

Mora, P. (2018). *Bookjoy wordjoy* (R. Colón, Illus.). Lee & Low.

Morris, R. T. (2019). *Bear came along* (L. Pham, Illus.). Little Brown.

Mosco, R. (2021). *Butterflies are pretty gross!* (J. Souva, Illus.). Tundra.

Mosco, R. (2022). *Flowers are pretty weird!* (J. Souva, Illus.). Tundra.

Murrow, E., & Murrow, V. (2020). *Zero local: Next stop: Kindness.* Candlewick.

Newman, M. (2011). *Polar bears.* Henry Holt.

O'Leary, S. (2020). *Maud and Grand-Maud* (K. Pak, Illus.). Random House.

Olson, J. G. (2020). *A little space for me.* Roaring Brook.

Page, R. (2021). *The beak book.* Beach Lane.

Pak, K. (2016). *Goodbye summer, hello autumn.* Henry Holt.

Park, L. S. (2010). *A long walk to water.* Clarion.

Park, L. S. (2019). *Nya's long walk to water* (B. Pinkney, Illus.). Clarion.

Penfold, A. (2018). *Food truck fest!* (M. Dutton, Illus.). Farrar Straus Giroux.

Penfold, A. (2021). *Big feelings* (S. Kaufman, Illus.). Knopf.

Pham, L. (2016). *The bear who wasn't there*. Roaring Brook.

Pham, L. (2021). *Outside, inside*. Roaring Brook.

Portis, A. (2020). *A new green day*. Holiday House.

Prasadam-Halls, S. (2020). *I'm sticking with you* (S. Small, Illus.). Henry Holt.

Pumphrey, J. (2020). *The old truck* (J. Pumphrey, Illus.). W. W. Norton.

Quintero, I. (2019). *My papi has a motorcycle* (Z. Peña, Illus.). Kokila/ Penguin.

Read, K. (2019). *One fox: A counting book thriller*. Peachtree.

Rex, A. (2016). *School's first day of school* (C. Robinson, Illus.). Roaring Brook.

Reynolds, E. (2021). *Amara and the bats*. Atheneum.

Richards, D. (2021). *Watch me* (J. Cepeda, Illus.). Feiwel and Friends.

Roberts, J. (2014). *The smallest girl in the smallest grade* (C. Robinson, Illus.). Putnam.

Robinson, C. (2019). *Another*. Atheneum.

Robinson, C. (2020). *You matter*. Atheneum.

Rocco, J. (2011). *Blackout*. Disney/Hyperion.

Rockliff, M. (2021). *Try it! How Frieda Caplan changed the way we eat*. Beach Lane.

Rockwell, L. (2020). *The all-together quilt*. Knopf.

Rosenstock, B. (2018). *Otis and Will discover the deep: The record-setting dive of the Bathysphere*. Little, Brown.

Rosenthal, A. K. (2009). *Yes day!* (T. Lichtenheld, Illus.). HarperCollins.

Saeed, A. (2019). *Bilal cooks daal* (A. Syed, Illus.). Simon & Schuster.

Salas, L. P. (2019). *Lion of the sky: Haiku for all seasons* (M. López, Illus.). Millbrook.

Sayre, A. P. (2013). *Eat like a bear* (S. Jenkins, Illus.). Henry Holt.

Scanlon, L. G. (2018). *Kate, who tamed the wind* (L. White, Illus.). Schwartz & Wade.

Scheele, K. (2021). *A pizza with everything on it* (A. J. Pizza (Miller), Illus.). Chronicle.

Scott, J. (2020). *I talk like a river* (S. Smith, Illus.). Neal Porter/Holiday House.

Sheppard, M. (2020). *My rainy day rocket ship* (C. Palmer, Illus.). Simon & Schuster.

Shiraishi, A. (2020). *How to solve a problem: The rise (and falls) of a rock-climbing champion* (Y. Xiao, Illus.). Make Me a World/Random House.

Singer, M. (2021). *Best day ever!* (L. Nixon, Illus.). Clarion.

Singh, S. J. (2020). *Fauja Singh keeps going: The true story of the oldest person to ever run a marathon* (B. Kaur, Illus.). Kokila/Penguin Random House.

Smith, H. (2019). *A plan for Pops* (B. Kerrigan, Illus.). Orca.

Smith, M. G. (2020). *When we are kind* (N. Neidhardt, Illus.). Orca.

Snyder, G. (2021). *Listen* (S. Graegin, Illus.). Simon & Schuster.

Soontornvat, C. (2020). *Simon at the art museum* (C. Davenier, Illus.). Antheneum.

Soontornvat, C. (2021). *Ramble shamble children* (L. Castillo, Illus.). Nancy Paulsen.

Spencer, S., & McNamara, M. (2020). *The bug girl (a true story)* (Kerascoët, Illus.). Schwartz & Wade.
Spires, A. (2019). *Fairy science*. Crown Books.
Spires, A. (2020). *Fairy science: Solid, liquid, gassy*. Crown Books.
Springstubb, T. (2020). *Khalil and Mr. Hagerty and the backyard treasures* (E. Taherian, Illus.). Candlewick.
Steele, K.-F. (2019). *A normal pig*. HarperCollins.
Sterling, M. (2021). *When Lola visits* (A. Asis, Illus.). Katherine Tegen/HarperCollins.
Stewart, M. (2014). *Feathers: Not just for flying* (S. S. Brannen, Illus.). Charlesbridge.
Stewart, M. (2017). *Can an aardvark bark?* (S. Jenkins, Illus.). Beach Lane.
Stewart, M. (2018). *Pipsqueaks, slowpokes, and stinkers: Celebrating animal underdogs* (S. Laberis, Illus.). Peachtree.
Subisak, T. (2021). *Jenny Mei is sad*. Little, Brown.
Swanson, M. (2020). *Sunrise summer* (R. Behr, Illus.). Imprint.
Tariq, A. (2021). *Fatima's great outdoors* (S. D. Lewis, Illus.). Kokila.
Tekiela, S. (2021). *Whose house is that?* Adventure.
Tey, P. (2018). *In-between things*. Candlewick.
Trevino, C. (2021). *Seaside stroll* (M. Lechuga, Illus.). Charlesbridge.
Trius, M. (2020). *Me and the world: An infographic exploration* (J. Casals, Illus.). Chronicle.
Underwood, D. (2019a). *Ogilvy* (T. L. McBeth, Illus.). Henry Holt.
Underwood, D. (2019b). *Reading beauty* (M. Hunt, Illus.). Chronicle.
Underwood, D. (2020). *Outside in* (C. Derby, Illus.). Houghton Mifflin Harcourt.
VanDerwater, A. L. (2017). *Read! Read! Read!* (R. O'Rourke, Illus.). Wordsong.
VanDerwater, A. L. (2020). *Write! Write! Write!* (R. O'Rourke, Illus.). Wordsong.
Velasquez, E. (2019). *Octopus stew*. Holiday House.
Walker, T. (2020). *Nana Akua goes to school* (A. Harrison, Illus.). Schwartz & Wade.
Wang, A. (2021). *Watercress* (J. Chin, Illus.). Neal Porter/Holiday House.
Ward, C. (1988). *Cookie's week* (T. de Paola, Illus.). Putnam.
Ward, J. (2017). *What will grow?* (S. Ghahremani, Illus.). Bloomsbury.
Ward, J. (2020). *How to find a bird* (D. Sudyka, Illus.). Beach Lane.
Watson, S. (2018). *Best friends in the universe* (L. Pham, Illus.). Scholastic.
Williams, L. (2017). *If sharks disappeared*. Roaring Brook.
Williams, L. (2018). *If polar bears disappeared*. Roaring Brook.
Williams, L. (2019). *If elephants disappeared*. Roaring Brook.
Williams, L. (2021). *If bees disappeared*. Roaring Brook.
Wolff, A. (2021). *How to help a pumpkin grow*. Beach Lane.
Woodson, J. (2018). *The day you begin* (R. López, Illus.). Penguin.
Yang, K. K. (2019). *A map into the world* (S. Kim, Illus.). Carolrhoda.